韬略平天下

春秋韬略

谭汉生　著

长江出版传媒｜崇文书局

图书在版编目（ＣＩＰ）数据

春秋韬略 / 谭汉生著． -- 武汉：崇文书局，
2018.1（2023.1重印）
（韬略平天下）
ISBN 978-7-5403-4869-4

Ⅰ．①春… Ⅱ．①谭… Ⅲ．①中国历史－研究－春秋
时代 Ⅳ．①K225.07

中国版本图书馆 CIP 数据核字 (2017) 第 313067 号

春秋韬略
CHUNQIU TAOLUE

策　　划　田扬帆
责任编辑　刘雨晴
出版发行　长江出版传媒　崇文书局
地　　址　武汉市雄楚大街 268 号 C 座 11 层
电　　话　(027)87677133　邮政编码　430070
印　　刷　湖北画中画印刷有限公司
开　　本　700mm×1000mm　1/16
印　　张　19
字　　数　287 千字
版　　次　2018 年 1 月第 1 版
印　　次　2023 年 1 月第 3 次印刷
定　　价　56.80 元

（如发现印装质量问题，影响阅读，由本社负责调换）

前　言

一

公元前 770 年的一天，一队车马从西周都城镐京匆匆启程。迫于犬戎铁蹄的威胁，周平王要告别西京，迁都东京雒邑。然而这位新即位的国王做梦也没有想到，他要告别的不仅仅是他的祖辈们苦心经营过的一个都城，而是在告别着整整一个时代。那犹在耳际的烽火台上褒姒的笑，那尚未凝固的骊山脚下幽王的血，已使得周平王头上的那顶王冠失却了往昔的尊严和光辉。他现在要去的是一个被孔子称为"礼崩乐坏"的时代，是一个"礼乐征伐自天子出"一变为"自诸侯出"，再变为"自大夫出"，三变为"陪臣执国命"的王权陵替的时代，是一个射王中肩的郑庄、九合诸侯的齐桓、作宫践土的晋文、称雄西戎的秦穆、问鼎中原的楚庄、后起勃兴的吴越交相竞霸的时代，是一个一统的禁锢被打破、多元的政治方兴未艾的时代……

宗法统治秩序的破坏，使国家之间靠礼法维持的平衡为兼并和战争所替代。大国争霸、小国图存，成了自始至终凸现在春秋历史舞台上的一大主题。围绕着这一主题，国与国之间展开了一场场荡人魂魄的生死大搏杀。据鲁史《春秋》一书所载，列国间的战争共有四百八十三次，朝聘会盟共有四百五十余次。春秋之初，成型的封国尚有一百三十一个，经春秋一世的混战吞并，至战国开始时，只剩下秦、楚、齐、燕、韩、赵、魏七个大国和十多个奄奄待毙的泗上小侯了。

当春秋三百年的历史一步步地走出这个结果时，我们看到了刀光剑影的武力抗衡，我们更看到了五彩纷呈的智慧角逐。

二

外在权威的动摇，启自于人的内在自觉。人开始从松动的宗法制的锁链中、从王权一统的禁锢中走出来，人从历史的帷幕后走到了前台。

战争打破了有序，兼并制造着混乱，为人的潜能发挥、人的智慧迸发提供了丰沃的社会土壤。在这个个人前途和国家命运面临着生死抉择的特殊年代里，人们把韬略方计提到了从未有过的地位。一言可以丧国，一言可以兴邦，几乎成了时人的口头禅。延揽人才，成了想有所作为的统治者们的当务之急。穷巷之中、瓮牖之下，留下了访士求贤者的身影与足迹。叫卖的商贾、驱车的马夫、结草的老人，一一开启了他们智慧的锦囊。山野鄙夫登上庙堂，罪囚家奴出入帷帐，布衣为国相，饭牛及大夫，是春秋时代涌现的奇观。在这里，我们看到了有着强烈的社会责任感和历史使命感的春秋人。这就是孔子说的"天生德于予"的人，这就是孟子说的"天将降大任于斯人"的人，这就是张载说的"为天地立心，为生民立命，为往圣继绝学，为万世开太平"的人，这就是顾炎武说的"天下兴亡，匹夫有责"的人，这就是文天祥说的"人生自古谁无死，留取丹心照汗青"的人，这就是鲁迅先生所称道的中国的"脊梁"。

齐桓公曾把这种人形象地比作霸主的"船骥"。的确，任何一位霸主都不能须臾离开这些能济河致远的"船骥"。如郑庄公有公子突、公子忽，齐桓公有管仲、鲍叔，晋文公有舅犯、郭偃，秦穆公有百里奚、由余，楚庄王有孙叔、沈尹，吴王阖庐有伍员、文义，越王勾践有范蠡、大夫种。就是一些中小国家也不乏这类卓异特立之人，如郑国的子家、子产，鲁国的季文子、曹刿，宋国的华元、向戌，卫国的石碏，随国的季梁，虞国的宫之奇等。在春秋短暂的三百年间，出现了那么多璀璨夺目的明星，他们云谲波诡的权谋和他们功效卓尔的智略，大大地启迪了后世的智慧，成为人们永久效法的典范。

在穿过黑暗的奴隶制隧道后，历史惊奇地发现：人的潜能无限，人的智慧无涯。

三

春秋，是人的智慧大放异彩的时代。迭兴的霸业，是人的权谋践履；瑰丽的学说，是人的智略高扬。滥觞于春秋后期的诸子百家，已经超越了某个国家和地区的局限，开始从理论的高度对社会的前途进行整体设计，对人类的归宿进行终极思考。它们是人类的大智慧、大韬略。

孔子的仁学，从人的血缘亲情，即人的心理情感中寻找维系社会的支撑点。老子的道学，则是强调人的自然属性，在人与天地万物的和合中，寻找理想的郅治之世。积极进取的孔学和清静自然的老学，分别代表着人的两种不同层次的需要，成为中国历史中交融互补、不可或缺的两大显学，它们与后来东渐的佛学共同构成了中国文化的主干。《孙子兵法》总结了前人的用兵经验，提出"上兵伐谋"的主张，从而把谋攻提到军事上最重要的地位。

在旧的奴隶制土崩瓦解、新的封建制尚未确立的春秋一代，除了继之的战国能与之媲美外，中国古代历史上再也没有哪一个朝代有过如此宽松的环境和思想的自由。因此，几乎中国所有的学说和思想都可以在这里找到它的活水源头。春秋，被西方学者誉为人类历史上的"轴心时代"，它"产生了所有我们今天依然在思考的基本范畴"。（[德] 卡尔·雅斯贝尔斯：《人的历史》，转引自《现代西方史学流派文选》，上海人民出版社 1982 年版，第38—40 页。）春秋，这个永远为后人仰止的黄金时代，它思想的光辉依然洒落在我们今人的屋宇窗前。

四

纵观春秋一代的韬略，有一个颇耐人寻味的历史现象：在周天子势力日益缩小，王权统治已名存实亡之时，日渐壮大的诸侯霸主却屡屡打出了"尊王"的旗号来。而诸侯霸主们并无多少尊王之举，无非是口里嚷嚷，所行都是与王权相悖的霸业之实。尊王与霸业的矛盾，却在霸主们的手中奇迹般地统一起来了。"尊王"喊得最厉害的齐桓公，霸业也最鼎盛，削王的霸业竟离不了"尊王"的旗号。"尊王"在这里既是一种道德，又是一种韬略。这不仅是春秋时代，同时也是整个中国古代韬略文明的一大特色。

以孝亲事君为核心的伦理型文化，决定了古代中国成了一个上演道德剧的舞台。道德渗透于一切领域，繁衍在中华土壤上的谋略文化，自然也不例外。毋庸置疑，伦理道德在引导谋略的价值取向上有着积极的意义。汤武的仁义之师，管仲的节制之兵，这类以理服人、以德柔天下的心战、政治战成为谋略追求的极致。

由于敬老忠君伦理道德的深刻浸润，中国古代的谋略文化，尤其是政治谋略文化具有自己独特的风貌。它们或打出君王的牌子，如春秋霸主们的"尊王"和曹操的"挟天子以令诸侯"；或亮出尚古的旗号，如历代的复古尚古思潮——从孔子的"吾从周"至近代康有为的《孔子改制考》，这些说明了道德对谋略具有深刻的影响和制约作用。谋主们不得不借助强大的道德力量，来推行自己改革的谋略主张。由于谋略采取的不是直奔主题，而是曲线迂回的方式，因而使得中国古代的谋略主张少有摧枯拉朽式的锐意进取，而多是柔风细雨般的温和改良。

在黑白两色伦理的关注下，人们首先关心的是谋略的道德性质：是善？是恶？是否合理？而往往忽略了谋略本身的价值和意义。况且善恶标准只是相对的，在当时看来是合理的，从长远来看也许并非如此。历史上常常就是那些超常越轨的谋略，成就了大业，推动了历史前进。因此，一味地追求谋略的道德意义，其结果有可能是，那被道德标准所裁汰掉的，也许正是有着鲜活生命力的谋略。宋襄公的义战便是一个显例，大司马公孙固前后提出趁楚军半渡和未摆好战阵时出击的谋略，被宋襄公的道德标准一一裁汰。泓之战，实际上成了宋襄公的无谋之战。

就伦理道德本身而言，它是对人的操行的规范，要求人们循规蹈矩，体现出僵硬的有序性。就谋略艺术本身而言，它追求的是不囿常规、出奇制胜，体现着灵活的无序性。显然，道德的规范与谋略的追求有扞格。而一旦道德标准凝固化、绝对化，那么这种矛盾就更加尖锐起来，伦理道德便成了禁锢人的智谋的牢笼。召忽死于忠君，伍尚死于孝亲，从史书记载的有关材料来看，召忽和伍尚亦非等闲之辈，可惜的是他们最终没能走出这座牢笼。

就在有人以身殉道时，有人却走了出来，得到了另一片施展才谋的新天地。管仲没有追随召忽，伍员没有效法伍尚，"九合诸侯"、助吴弱楚，便是他们的谋略之花结出的硕果。

在伦理至上的中国，谋士们不仅需要超人的智慧，或许更需要超人的勇气。古如是，今亦如是。

目录

第
一
章

CHAPTER 1

射向王权的第一箭

国外有一则关于魔瓶的神话，说是一旦魔瓶开启后，魔鬼便再也无法收回，只能任其横行于世。在古老的东方中国，亦有一则相似的神话。

传说夏朝末年，夏王将两条龙所吐的漦（龙吐的涎沫，为龙的精气所在）珍藏于椟，占卜显示这样非常吉利，且告之后世，不得开启，否则不吉利。于是这个藏漦之椟传经夏商至周，无人敢开启。到周厉王时，厉王好奇地将藏漦之椟打开，结果龙漦流至王庭，无法收回。龙漦化为玄鼋，进入后宫，附着在一个后宫小妾的身上，使其既笄而孕，生一女婴，这就是妖女褒姒的神奇来历。

在这则神话的背后，我们发现了耐人寻味的文化底蕴。所谓神奇的被锁藏的龙漦，实则是危及王权的人的自由精神的象征。夏王将其禁锢，殷代不予开启，故夏殷虽亡，王权犹在。周厉王一旦开禁，不但断送了西周，也致使历经夏商周的王权失落。春秋时，霸权代之而起，这种权力中心下移而多元政治勃兴的局面，可以说在某种程度上，也正反映了在黑暗的专制王权下，人们对自由的向往和追求。

王权的失落，霸权的兴起，为人的谋略施展拓出了一片自由的天地。

魔瓶一旦开启，逃出的"妖魔"便再也不想回去了。

史伯预言

　　如果说是"妖怪"褒姒断送了西周，使王权式微；那么便可以说是"魔鬼"郑伯迎来了春秋，让霸权崛起。

　　郑国的君主之所以能在春秋之初率先登上霸主的擂台，荣膺"小霸"之称号，担当起揭开春秋霸业序幕的历史使命，与西周末年史伯的预言有很大的关系。何谓兴邦之言？斯谓也。

　　郑国的开国君主郑桓公，最初封于郑（今陕西省华县）。早在犬戎的铁蹄踏破西周的王廷之前，郑桓公就开始为郑国的前途深深担忧起来。他看到幽王失政，诸侯异心，明白西周的倾覆只是迟早之事。而他的封国正临近犬戎之地，地理位置十分不利。怎么办？他于是去向素负远见卓识盛名的史伯讨教。

　　郑桓公问史伯："王室多故，我将避难何处？"

　　史伯非常肯定地回答："只有雒邑以东、黄河济水之南可居。"他指出成周雒邑附近已难以插足，因为这里除了周王的子弟和亲戚以外，都是蛮夷之人，并打消了郑桓公南移西迁的想法，认为西戎贪利、南楚必兴，难以久处。他认为选择雒邑以东、河济之南才是上策。这里虽地近虢、郐两个大国，但其君贪而好利，百姓不附。郑桓公只要凭借王朝司徒的身份，给虢、郐两君一点小恩惠，他们就会轻分其地。而一旦天下有事，他们又将背信弃义。这样便可奉辞伐罪，率成周之军攻占虢、郐，然后就可图谋四方了。

　　接着郑桓公向史伯询问天下大事，史伯通过分析得出的结论是：西周将于三年之内弊败，继之而兴的将是齐、晋、秦、楚。并且，他要郑桓公赶紧行动，在动乱之前建立起新的根据地，否则，大难临头再做准备，就来不及了。

史伯的预见，使得郑桓公提前一步看到了历史发展的趋势，及时地将郑国民众从关中地区迁到河济之南（今河南省新郑市附近）。可惜郑桓公壮志未酬，就在保卫周王室的战斗中为犬戎所杀。但是，他为自己的孙子郑庄公赢取了宝贵的时间，使其在未来风云突起的诸侯争霸战中，抢先一步夺得了盟主的地位。

在天下大乱的战争时代，选择一块什么样的根据地，对于政权的生存和发展起着至关重要的作用。诸葛亮在著名的《隆中对》中为刘备选择荆益两州作为蜀汉发迹的根据地，可以说与史伯选择河济之南作为郑国的迁都地，有着异曲同工之妙。他们对天下大势透辟的分析和精确的预见，成为我国古代韬略中深谋远虑的典范之作。

当我们为史伯、诸葛亮的远识深深折服时，我们也看到了他们的谋略得以实现，正是以虢、郐二君，以及刘璋、张鲁之辈贪求近利、引狼入室的鼠目寸光之愚为前提条件的。可见，长远的韬略正是把无知和愚昧作为垫脚石，超前的眼光正是立足于平庸和近视之上。这就给了我们一个启示：弥补自身的缺陷，就是破除敌方韬略的最好办法。

称霸先安内

常言道：自古英雄多磨难。而郑庄公的磨难，提前在他的娘胎里就开始了。当他经过生死搏斗挣扎着爬出母腹时，睁开眼睛看到人世间的第一样东西，就是一张憎恨他的母亲的脸。《史记·郑世家》记载："生之难，及生，夫人弗爱。"

于是，这个取名"寤生"（逆生，谓产儿足先出）的难产儿，从出生之日起，就注定了他的人生历程将是坎坷多艰的。也许正是这种"弗爱"的逆境培养了郑庄公坚忍顽强、沉稳早熟的性格，为他日后在较量中制服对手创造了条件。

郑庄公十三岁那年，其父郑武公病危，其母武姜乘机要立他的弟弟共叔段为太子，幸而郑武公未许，才使武姜的这一计划落空。这一年郑武公病死，郑庄公继位。对此，武姜和共叔段自然心中不甘。为了夺取王位，他们开始向郑庄公发起了咄咄逼人的攻势。

为了获取一块谋反的根据地，武姜出面为共叔段请求封邑。狡黠的武姜首先看中了地势险要的制邑（今河南省荥阳市境）。当然，郑庄公亦知制邑的重要，但直接地拒绝，对于刚刚即位、年纪尚轻、根基还不稳固的郑庄公来说，自然是不明智的。聪明的办法是既要回绝，又要让对方不失面子，这看起来是道难题，然而郑庄公做到了。他巧妙地说："制邑嘛，太险了，（东）虢叔因此死在了那里。求他邑唯命。"这听起来倒像在为共叔段着想了，武姜无法，只得另请京地。

京，亦是一个大都，它超过了规定的制度，对郑庄公仍然构成威胁，故谋臣祭仲劝阻，郑庄公不予答应。郑庄公心里明白，若再不应许，自己就是食言不信了，这对于刚即位的他来说，失去的恐怕更多。况且从武姜逼人的势态来看，不给块像样的地盘，她是不会善罢甘休的。值得玩味的是他给祭仲的回答："这是母亲姜氏的意见，我又有什么办法呢？"一副可怜巴巴的弱者形象，是让人同情呢，还是激发起那些想维护君王尊严的忠臣对武姜淫威的怨愤呢？这只有郑庄公自己心里清楚。显然，他的目的都达到了，这从后面他的大臣们不断呼吁讨逆的言辞中便可得知。在柔弱退让的外表下，正隐匿着进击的锋锐。

祭仲不平道："姜氏的要求哪里能满足呢？不如及早除掉，以免滋蔓难图。"祭仲虽然已察出了姜氏图谋不轨之心，但未能明了时机是事情成败的关键。姜氏和共叔段的野心，此时才刚刚露出端倪，过早的动手，反而会使郑庄公自己背上不孝不悌的罪名。即便成功，亦失民心。这对于不仅想稳固君位，而且想称霸诸侯的郑庄公来讲，实在是一着下招，最好的办法是让武姜和共叔段的野心逐渐昭著于世人。故郑庄公说："多行不义必自毙，你姑且等待吧！"言语中饱含着自信，似乎一切都在所料之中。可见，此时的郑庄公已经把被动的退让化作主动的诱敌深入了。

果然，共叔段到京后，首先使郑国西边和北边的边境城邑在接受郑庄公的统治时，也同时接受他的统治。

公子吕见状非常气愤，说道："一国不堪二主，不能让民众滋生异心。"

"别担心，他将自取灭亡。"郑庄公却坦然道。

共叔段见郑庄公没有什么反应，便进一步将西边和北边的边境城邑变成自己的私邑。

公子吕终于按捺不住了，对郑庄公说："可以动手铲除共叔段了，不然他占多了地方，会得到百姓的拥护。"

郑庄公依然不急不躁："他对君主不义，就不能使其民众亲附，只会加速灭亡。"

共叔段见郑庄公还在容忍，以为他确实软弱无能。便放开胆子无所顾忌地整治城郭，修缮武器，扩充士卒起来，开始做偷袭郑都的准备，从而让谋反作乱的企图彻底暴露出来。武姜也积极行动，届时将开启城门在内策应。

郑庄公得知武姜和共叔段的行动日期后，见时机已成熟，立即果断宣布："是时候了！"命公子吕率两百乘伐京。正如郑庄公所料，京人马上背叛了共叔段。共叔段逃至鄢，郑庄公亲自领兵伐鄢，共叔段又逃到共。至此，共叔段的势力被彻底击溃。

郑庄公将武姜赶出国都，迁置城颍（今河南省襄城县东北），并发誓说："不到黄泉，决不相见！"

这段"郑伯克段于鄢"的历史，是郑庄公一手导演的。武姜和共叔段只是他所设计的剧情中扮演的两个角色而已。郑庄公深谙武姜和共叔段的野心，非常明白他们这一步在干什么，下一步要干什么。为了让他们沿着自己的"逻辑""顺利"地发展，尽早暴露出他们的罪行，郑庄公有意为他们拆除"路障"，处处亮起绿灯。这样，历史的屏幕上便出现了这样一出戏：一边是急功近利的冒进，一边是老谋深算的退让；一边是热闹非凡的表演，一边是不动声色的观察。郑庄公在退让中所释放的"沉默""软弱"的迷惑烟雾，不断地怂恿着对手的野心。武姜和共叔段开始时还是遮遮掩掩的请邑，使二邑兼听于郑庄公和自己，继而是明火执仗地吞并和大张旗鼓地完聚治兵了。

《老子·三十六章》云："将欲歙之，必固张之。将欲弱之，必固强之。将欲废之，必固兴之。将欲夺之，必固与之。"《鬼谷子·谋篇》亦云："去之者，纵之。纵之者，乘之。"这种充满着辩证法则的韬略思想，可以说早在郑庄公克段的实战中就充分体现出来了。

在"黄泉"下寻找圆满

郑庄公迁走武姜后，照理可以松口气，为这场家族内部的权力争夺战画上一个句号了。但郑庄公事后一想，仍觉欠妥。本来赶走共叔段就已达到目的了，却又凭着自己一时的怨愤把母亲武姜撵出都城，幽禁他地，这很容易授人以柄，落个"不孝"的坏名声，而这正是当初他在克段之役中要竭力规避的。共叔段就是丝毫不顾忌传统伦理，才引起京人叛离，归于失败的。看来迁母之举，的确欠考虑。赶紧予以补救，才是明智的做法。

然而，使郑庄公为难的是，他已经发了"不到黄泉，决不相见"的誓言，如果就这样硬着头皮去会见母亲的话，既伤君威，又害面子，或许更得不偿失。怎么办？

史书上记载郑庄公在发过至死不见母亲的誓言后，就"既而悔之"起来。"悔之"，就是郑庄公在此耍的一个小小的聪明。既然史书能够明确地记下这"悔之"，那么当时知道此事的人一定不少。可想而知，必定是郑庄公在人前常常表露出这种"拳拳孝子心"的悔悟之情，并把当时自己欲孝不能的两难尴尬昭著于世人了。郑庄公明白，世上自会有为国君排忧解难的忠臣。

果然，有个叫颍考叔的郑国人，听到这事后，向郑庄公献上了"阙地及泉，隧而相见"的变通办法，从而使郑庄公终于尽到了自己的"孝心"。

其实，凭着郑庄公与武姜、共叔段周旋的智谋，他何尝找不到此类变通之法。只是他不能这样，他不能自己主动地去掘地及泉，去隧道里会见母亲武姜。那样的话，味道就变了。于是，君王的面子和尊严不能不要，而母亲呢，亦不能不见，在这道难下的台阶之间，颍考叔便找来了这个"梯子"。同时，郑庄公不自己设法会见母亲的原因，是想通过外人来解决，便可产生一定的社会反响。让问题在社会上绕了这么一个圈子后，其孝其情就昭示无遗了。

君子曰："颍考叔，纯孝也，爱其母，施及庄公。"（《左传·隐公元年》）

看来，郑庄公的补救之法，获得了成功。"君子"之议，不仅没有谴责，反而流露出称许的意味来。至此，郑庄公与武姜、共叔段的斗争，才算真正画上了一个圆满的句号。这种"义利"两全的成功韬略，在历史上也可谓不多见。

郑国在安定后，迅速强大起来。郑庄公非常庆幸他的祖父给他留下的这块地盘，它的自然环境优越，正居交通便利、四通八达的中原腹地，使郑国的商业飞速发展，从而带动了整个经济的繁荣。它的政治环境良好，周边多是些弱小的国家，北边的晋国尚未兴起，南面的楚国势力还难及中原，齐、秦较远，故无边患。正踌躇满志的郑庄公立足于这块宝地之上，怎能不产生一种跃跃欲试的冲动呢？于是，他把目光移向国外，开始挽弓搭箭，在悄悄地寻觅着他的"猎物"了。

王权与霸权的第一战

在郑庄公的眼里，最具吸引力的"猎物"，莫过于周天子手中那握有的权柄。

权力欲，是统治者们施谋用略最根本的内驱力。统治、占有一切的"自我扩张"意志，是他们最高的生活原则和最高的道德原则。历经夏商周的王权，正是这种权力意志的最高体现。

然而西周进入中后期，开始日渐衰落。尤其是："（平王）以乱，故徙居东都王城，于是王室之尊与诸侯无异。"（《诗谱·王城谱》）

显然，强盛起来的郑庄公再也不能接受这样一个事实，即他的所作所为，仍然要受制于这个"与诸侯无异"的周王室。于是，打破王室独尊、"礼乐征伐自天子出"的传统格局，对于雄心勃勃地想去号令诸侯的郑庄公来说，便是急不可待的了。

郑庄公利用祖父勤王的政治资本和位居周朝卿士的政治地位，屡屡代表周天子，向不听命于己的诸侯，实行着"征伐"的权力。

共叔段谋败后，其子公子滑逃到卫国。宋国的公子冯因国内局势波荡，来投奔了郑国。这样，围绕着这两位公子，郑国与宋、卫之间展开了一系列的战争。尤其是与宋国的战争，使其蒙受了很大的损失。宋殇公在位十年，十一战，国内民不堪命，终于导致了宋华父督弑殇公的内乱。华父督为讨好郑庄公，迎立了公子冯为宋庄公。

击败宋、卫两国后，郑庄公又联合齐、鲁，于公元前712年攻占许国，为郑国向南发展扫清了障碍。

郑庄公在军事上的一系列胜利，使他终于在中原各国的君主中逐渐取得了霸主的地位。

霸权的兴起，是以王权的旁落为代价的，这自然引起了周天子的不满。郑庄公的霸业，显然与他是王朝卿士、独揽着执政大权、频频以周天子的名义四处征讨的政治优势密切相关。周天子要想扼制住郑庄公的发展势头，就必须铲除郑庄公的这一优势，而这正击中了郑庄公的要害。于是卿位之去留，成了周郑之间斗争的焦点。

早在周平王时，平王就已觉察出郑庄公的野心，打算削弱郑庄公的权力，分出一半给虢公。郑庄公闻讯后，十分不满。平王怕得罪郑庄公，只好矢口否认了此事。但狡黠的郑庄公以口说无凭为由，他要与平王互换儿子为人质作为担保，于是出现了"周郑交质"的历史事件。平王死后不久，郑庄公的胆子更大起来，他派部下抢割了属于周所有的温地的麦子和成周一带的稻禾。郑周的矛盾开始趋于白热化——

前 717 年，郑庄公朝桓王，桓王无礼。

前 715 年，虢公忌父被任为周朝卿士。

前 712 年，桓王强夺郑的邬、刘、蒍、邘四邑。

前 707 年，桓王剥夺了郑庄公的卿位，从此郑庄公不朝王。

桓王试图扶王权大厦之将倾，重振昔日天子之神威，亲率陈、蔡、卫诸侯军队讨伐郑庄公。郑庄公亦率兵迎战，两军在繻葛相遇（今河南省长葛市东北）。

王权与霸权，终于面对面地走到了兵戎相见的战场。

桓王按传统战法，把军队分为左中右三军，呈"品"字形摆开。中军是桓王所率的周军主力，右军是虢公林父所率的周军和蔡、卫两国的军队，左军是周公黑肩所率的周军和陈国的军队。

针对周军和诸侯之军所布的战阵，郑子元（公子突）向郑庄公献计道："陈国内乱未止，士兵没有斗志，如果先攻击陈军，陈军势必溃散。这样，周军既要照顾溃军，又要对付郑军，阵容也将大乱。蔡、卫两军见状，也难以支撑，必争先逃走。然后我们集中力量进攻周王所率的中军，就可一举成功了。"这是史书记载中最早提出的先打弱敌，后集中力量攻打强敌的战略，这在后世的战争中屡奏功效。在解放战争时期的正太战役中，毛泽东在为中央军委起草的给晋察冀军区的电报中，就采用了这种战略思想："先打弱的，后打强的，你打你的，我打我的。"

郑庄公根据郑子元的建议，以曼伯率右拒（方阵），祭仲率左拒，原繁和高渠弥率中军随己。战斗开始后，正如郑子元所料，蔡、卫、陈三军旋即溃逃，郑庄公以左中右三军合击周军主力，周军大败。郑军将领祝聃一箭射中桓王的肩膀，桓王忍着伤痛指挥军队撤退。祝聃建议郑庄公乘胜追击，以便彻底打垮周军，活捉周天子。然而郑庄公突然止住了郑军的攻击，并说出了一段令人深思的话："君子不欲多上人，况敢陵天子乎？苟自救也，社稷无陨，多矣！"（《左传·桓公五年》）

"天子是正统"的观念在人们的心目中往往是根深蒂固的，因此，郑庄公与天子的争夺不能不有所克制。这与其说是他对这个周天子的顾忌，毋宁说是他对那个世俗观念中的天子的顾忌；与其说他不敢再去追逐王师，毋宁说他不敢超出传统对他的偏激行为所能容忍的限度。

纵观郑庄公生前的所作所为，他似乎总在走极端，又似乎总在竭力地把这种极端拉回到适中的位置上。黄泉会母是，攻占许国亦是。当年郑庄公攻占许国后，又分出一半许国的土地给新立的许君，这种举措立刻受到"君子"的啧啧赞许。这次又如法炮制，"射王中肩"后，当夜就派祭仲去探视王疾。

这种走出去、拉回来的策略，在伦理至上的古代中国，不失为一种既灵活又理智的谋略。它能在一定程度上冲击传统伦理的厚壁，又能为传统伦理所容（至少还可忍受）。

周天子想扼杀新兴的霸权于摇篮之中，反而使自己的威风一扫而尽。春秋一代，天子亲征，只此一役，标志着王权对霸权的最后一次出征。

从此，周天子龟缩进狭小的王畿之中，再也管不着外面的春夏与秋冬了。

从此，所谓"天子"只是一种象征符号，成了被霸主们用来充当门面的点缀。

"夷王足下堂，桓王箭上肩。"西周的夷王没有想到，他对刚崭露头角的诸侯们礼有所加的"足下堂"之举，却成了他的子孙蒙羼"箭上肩"的不祥之征。

郑庄公正是用兴盛的国力和他在周王朝秉政的政治优势作为厚实的弓身，用他超人的机智和谋略作为强劲的弓弦，搭上他用称霸雄心造就的利箭，射向了那千百年来无人敢冲犯的代表着神圣王权的周天子。

这一箭，射出了历史上一个崭新的生命——春秋霸权。

"尊王攘夷"与"九合诸侯"

郑庄公弯弓射大雕，显示出霸业初起者的豪气。但郑国毕竟只是个中小之国，这就大大地局限了郑庄公霸权的势力范围，使之未能成为真正意义上的春秋霸主。

因此，郑庄公的意义不是在于他的"小霸"（即小范围内的霸主），而是在于他把周天子赶进了那块逼仄的王畿，从而为继起的巨霸们的表演清扫出了一个宽阔的舞台。

在这个舞台上，第一位登台亮相的，是从流亡地莒国匆匆赶来的齐国公子。幸而管仲的飞箭没有在半路上将他射杀，才使得后人永久地记住了他——齐桓公！

垂钓智慧

殷商季年，渭河边来了一位垂钓的老翁。

后来人们知道，这位老翁在此钓到了一个"泱泱乎大国之风"的东方齐国。

这就是太公垂钓干政，受封于齐的动人故事。

能钓到整整一个封国的，当然不是太公手中的那根三尺鱼竿，而只能是太公胸中的那根智慧之竿。

三尺鱼竿只能用来钓鱼，而智慧之竿则能用来钓功、钓名、钓国。两样竿儿，孰重孰轻，一目了然。然而没有鱼竿创造出太公与周西伯的遇合，那智慧之竿恐怕也只能枉枯于胸际。两样竿儿，孰重孰轻，已浑然不清。这就是隐与仕的辩证统一：直奔功利的执着，却往往寄寓于自然山水的游娱之中。

这位太公可谓把鱼钓到家了。

"万世谋祖"的横空出世，却缘于一根小小的鱼竿，这着实令人反思再三。满腔的才能，需要选择一种适当的方式去实现。才能固然重要，表现和运用才能的智略也许更重要！

这样，我们对那些历史上不绝于耳的"怀才不遇"的不平之鸣，又有了一些新的看法。有的确实是未遇上"周西伯"，有的恐怕是缺乏太公这样的"垂钓智慧"，其所怀之"才"，本身就是一种缺陷之才了。

太公由垂钓入仕，凭智谋兴周，从一个渭河之滨的老叟一跃为东海之滨的封君。齐国的出现，无疑是人的谋略智慧结出的硕果。

太公至国后，垂钓的智慧亦用于治国之中。通商工之业，便渔盐之利，不偏执于一端，不囿于陈规，因俗简礼，权宜变通，显示出齐国恢宏大度、活泼开放的文化性格，从而与隆礼崇义的鲁国文化形成了鲜明的对比。

作为对太公功业的一种回报，周天子授予他行使特权——"东至海，西至河，南至穆陵，北至无棣，五侯九伯，实得征之。"（《史记·齐太公世家》）

正是这一特权，为后来的齐桓公"尊王攘夷"、东征西伐、雄霸诸侯提供了强有力的政治依据。

智者见于未形。早在齐国新建之时，周公旦就叹息道："呜呼，鲁后世其北面事齐矣！"（《史记·鲁周公世家》）

拉开序幕

在齐桓公跃登霸台亮相前，必得有人为之击鼓奏乐，拉开序幕。

太公开创齐国后，诚如周公旦所料，太公的子孙们接过了那根智慧之竿，继续保持着齐国恢宏大度、活泼开放的优良传统，从而使齐国一直成为周王朝非常重视的头等封国。即便在郑庄公"小霸"之际，齐僖公仍能凭借着自己的势力，充当郑与宋、卫之间的和平使者，从中斡旋，在当时有"小主诸侯盟会"之声誉，更有人送给他"小伯（霸）"之桂冠。

齐僖公之子齐襄公继位后，郑国发生了内乱。郑庄公死后，大臣祭仲开始专权。继位的郑厉公（原公子突）对此深感忧患，于是指使祭仲的女婿雍纠去谋杀祭仲。雍纠在没有摸清其妻底细的情况下，却与她商量起此事来。其妻一时没了主意，便偷偷地跑去咨询她的母亲："丈夫与父亲，哪一个更亲？"其母斩钉截铁地回答道："人人都可以做你的丈夫，而能做你父亲的只有一个人，这怎么能相比呢？"就这样，祭仲从女儿那里获悉了厉公与雍纠的密谋，先下手杀了雍纠，厉公因谋败只得出奔。事后，厉公无奈怒嘲雍纠："谋及妇人，不也死得活该吗？"由此可以看出谋，尤其是密谋，不可不慎也。厉公去祭仲心切，匆匆谋及雍纠这种见识浅陋的愚夫，等待他的自然是流落异乡的可悲下场。

郑国内乱，使它很快丧失了郑庄公苦心经营所获得的霸主地位。齐襄公抓住了这一有利时机，开始插手郑国的内部事务。祭仲赶走厉公后，迎立了公子忽为昭公，不久高渠弥又杀了昭公，立公子亹。鲁桓公十八年（前694），诸侯在首止（今河南省睢县东南）盟会，齐襄公于盟会期间杀了公子鼍，从而迫使郑国屈服于自己。不久他又暗使力士彭生拉杀鲁桓公，使鲁国也不能奈他何。可以说在齐桓公登位之前，齐国已在向霸主的地位步步逼近。只是由于齐襄公内行不修，言而不信，又暴虐残忍，诛杀不当，从而延缓了齐国称霸的行程。

为了躲避齐襄公的淫威，他的两个弟弟出奔国外，公子纠奔鲁，由管仲、召忽辅佐；公子小白奔莒，由鲍叔辅佐。

鲁庄公八年（前686），齐襄公派连称、管至父两位大夫戍守葵丘，当时正是瓜熟季节，故约定待明年瓜熟之时再派人去替代他们。可是时间到了，齐襄公不守承诺，两个人于是怀恨在心。齐襄公有个堂弟名叫公孙无知，在齐僖公时颇受优待，齐襄公却将其待遇大大降低。连称、管至父因此与公孙无知联手，以齐襄公的侍妾、连称的堂妹为内应，于是年冬天十二月，乘齐襄公田猎坠车伤足之机，起兵杀了齐襄公，立公孙无知为齐君。不久，公孙无知又被雍林人杀掉，齐国出现一时无君的局面。

齐国的内乱，为逃亡在外的群公子返齐提供了一个绝好的契机。齐国的大贵族国氏和高氏阴召公子小白回国。与此同时，鲁国在得知无知的死讯后，亦发兵送公子纠返国，并派管仲另率一支部队埋伏在莒国通往齐国的必经之路旁，张弓以待。当小白一行路过时，管仲伏弩射小白，小白应声倒下。管仲以为小白已死，大功告成，赶紧派人驰报公子纠，送公子纠的鲁国军队闻讯后，便放慢了赶路的速度，过了六天才到达齐国。然而，令管仲和公子纠一行大吃一惊的是，这时捷足先登的小白已被高傒等拥立为齐桓公。

一只看不见的神秘之手

如果把时运比作一只看不见的神秘之手，那是再恰当不过的了。就是这只手，它能把人送进天堂，也能将人打入地狱。

垂钓的老翁，幸遇西伯，吕尚成了太公望。流亡的公子为带钩护佑，小白成了齐桓公。

原来管仲射去的那只利箭，只射中了小白腰间的带钩，没有想到这只小小的带钩竟决定了一个人的生死，从而进一步影响了齐国后来的历史。这无疑给了我们一个深刻的启示，小与大、轻与重往往是相对的。就巍巍千里之堤而言，小小的蚂蚁尚不足挂齿，而就蚁穴能毁千里之堤而言，小小的蚂蚁却不能不挂齿。

小小的带钩使小白免遭利箭透心的危险，从而为其以后的发展提供了可能。不过带钩的功用也就到此而止了，小白要想登临君位，还得靠他自己的智慧。当时援助他回国的莒国，其力量不及帮助公子纠返国的鲁国。虽然在国内他有高、国两大贵族的暗中支持，但现在是否能登上君位的关键则是谁先能入齐国的问题，而这对小白来说显然不利。鲁国不仅派出了大量军队护送公子纠回国，且仍有余力出兵去伏击他奔齐的队伍，莒国却没做到这些。于是形势的严峻是不言而喻的，一边是毫无阻挡的能顺利回国的坦道，一边是处处潜伏着危机随时会被阻断的归途。也就是说小白即使有带钩的护佑能免于死难，也会因管仲的穷追不舍、干扰破坏而延误回国的时间。是否能"先入为主"，对小白来说，依然是凶多吉少。然而就在那箭中带钩的一刹那，小白突然意识到这支来向他索命的利箭，也许正是上天来拯救他于危难之中的"幸运之箭"！试想，要让敌人从根本上丧失斗志，还有什么方法能比得上让敌人发现对手突然消失了？于是一切在"小白佯僵"的假象面前发生了改变。剑拔弩张的敌人果然在发现对手突然消失的情况下松弛下来，急促赴齐的步子放慢了，围追堵截小白一行的行动停止了。

小白这一"死"，可称得上是千古之"妙死"，无限的生机由这一"死"而创造出来，险途化为坦道，厄运变作幸运。在这里我们看到了，人在命运面前并非完全被动，在某种程度上，人能用自己的智慧和谋略为自己创造出自己所需要的"时运"来。

时运，成了一只看得见摸得着的现实的手。

由此可见，时运来了，倘无才智相托，那么吕尚依旧是吕尚，充其量只能是众多的西伯幕僚里增列的一名食客；小白也还将是小白，充其量也只能是长长的诸侯名单中加进的一位庸主。

时运，对于智者才是一种赏赐，对于愚者则是一种浪费。同样的机遇，交出的有可能是截然不同的答卷，吴与越的兴衰隆替即是一显例。

在这种意义上讲，与其说是命运选择了你，毋宁说是你自己选择了自己。选择了自己，才有可能去寻找到时运。

也即是说，君子求诸己，小人求诸人。良农谨耕耨之事，未必收也，然而收者，必此人也。

齐桓的"船骥"

人，陆行不如车马，水行不如舟船，然能驱乘泛舟，绝江致远，何也？人能以己之不能托于船骥之能。君人之术，霸主之道，亦如是。智士、贤者，乃君王霸主之船骥也。

然而，齐桓公怎么也没想到，他的霸业"船骥"里，最最不可缺少的竟是那个曾想陷他于死地的仇敌管仲。

齐桓公登位后，即发兵拒公子纠一行入境，与鲁战于乾时（今山东省临淄西），大败鲁军，迫使鲁人杀了公子纠，召忽随即自杀殉主。齐桓发兵攻鲁，初衷是想杀掉管仲，报一箭之仇。鲍叔牙劝阻道："如果您只想治理齐国，我和高傒协助您就足矣；如果您想去称霸诸侯，则非管夷吾不可。"

齐桓公当然想称霸诸侯，于是为了霸业之宏愿，放弃了一己之私仇，显示了齐桓公以大局为重的胸怀与气度。

霸业的竞争，在某种意义上可以说是人才的竞争。运筹帷幄，靠人才；决胜疆场，靠人才。一个人的智慧和才能毕竟有限，事事能的君主，自古绝无。况且，即便有这么个事事能的君主，那么他的精力又怎能去面面兼顾？故君主的才能不是表现在己有所长上，而是表现在能用人之长上。天下无粹白之狐，而有粹白之裘，取之众白也。汉高祖刘邦曾就他为何能取天下的原因讲过一段精辟的话，这可以作为君主"取之众白"的一个典范：

"夫运筹策帷帐之中，决胜于千里之外，吾不如子房。镇国家，抚百姓，给馈饷，不绝粮道，吾不如萧何。连百万之军，战必胜，攻必取，吾不如韩信。此三者，皆人杰也，吾能用之，此吾所以取天下也。项羽有一范增而不

能用，此其所以为我擒也。"（《史记·高祖本纪》）

故有人曾总结道："古之王者，其所为少，其所因多。因者，君术也。"（《吕氏春秋·任数》）

这样，人才的竞争，说到底又是谋略的竞争了。

齐桓公要用管仲，首先面临的就是如何将管仲弄回齐国的问题。齐国有鲍子知管仲之贤，那么鲁国也必有知管仲之贤者，如果直接去召回管仲，是断然行不通的。鲍子献计说，只有向鲁国请求把管仲当罪囚押回来，并再三申明齐君要亲自解决管仲才能解恨，这样才有可能借助齐国新败鲁国的有利条件，迫使鲁国交出管仲。

鲁国的大夫施伯看出了鲍子的用心，他对鲁庄公说："齐国并不想杀管仲，要回管仲的真正意图是想用他。管仲乃天下之才子，所在之国，必得志于天下。如果放他回到齐国，势必是鲁国后患的祸根。"

庄公寻问对策，施伯认为只有杀了管仲，还齐国一个尸首，才是上策。

齐国的使者闻讯，赶紧对鲁庄公施加压力说："我们齐君就是想亲杀管仲，如果不能生得，为臣岂不空请一场？"鲁庄公无法，只得把管仲交给了齐使。

管仲料定鲁庄公在权衡利弊之后，不久又会翻悔。为了早点逃出虎口，使车夫不致因疲乏而影响了赶路的速度，于是即兴编了一首悠扬激昂的黄鹄之曲，教车夫们学唱。就这样边唱边赶路，居然一天走了两天的路程，飞快地离开了鲁国。鲁庄公后来果然后悔，可是派兵已追之不及了。

鲍叔牙早在齐与鲁交界的边境地堂阜（今山东省蒙阴县西北）恭候，待管仲一到，马上解除了管仲身上的桎梏，安排他斋被后去见齐桓公。齐桓公旋即拜管仲为相，委以国政。

管仲不仅幸免于死，反而受到重用，功劳自然归功于鲍子，故当时有"天下不多管仲之贤而多鲍叔能知人也"（《史记·管晏列传》）之言。确实，没有鲍子的知人，也就不可能有后来管仲辅佐齐桓公九合诸侯、一匡天下的功业。

管仲后来曾感慨地自述道："我曾与鲍叔做买卖，分财利时自己多占多取，鲍叔不以我为贪，知我贫也。我曾为鲍叔谋事却不成功，鲍叔不以我为愚,知时机有利与不利之别也。我曾三次做官三次被逐,鲍叔不以我为不能,知我不逢时也。我曾三战三逃,鲍叔不以我为怯,知我有老母也。公子纠争位事败,召忽殉死,而我幽囚受辱,鲍叔不以我为无耻,知我不羞小节而耻功名不显于天下也。"最后,管仲仰天长叹:"生我者父母,知我者鲍子也!"

鲍子进管仲,以身下之,不为管仲表面的缺失所蔽,可谓知人也;齐桓不计私仇,拔管仲为国相,可谓善任也;管仲不拘小节,不盲从召忽死君,以显功名于天下为己任,可谓知时务也。此三子之智谋,犹如托起齐国霸业的三只鼎足,缺一不可。

古人常训帝者,谛也;王者,往也。意即帝为天下所归往。何以能让天下归往?曰,士所归,天下从之。何以能让士归往?曰,礼贤下之。真正的士,是五帝难得而友,三王难得而师之人,他们傲禄爵,轻其主,大有非梧桐不栖,非清流不游的凤龙之志。人主只有去其尊贵之色,方可近之得之。故尧不以帝见善卷,北面而问。周公旦为得贤才,常常是"一沐三捉发,一饭三吐哺",据说他"朝于穷巷之中、瓮牖之下"的贤德之士就达七十余人。子产相郑,往见壶丘子林,不以相尊,就其弟子之末座。魏文侯见段干木,立倦而不敢息……

齐桓公造访小臣稷,也表现了这种君子用人的风范。当时他一天内三次登门而未得见,其随从开始劝阻说:"万乘之主,见布衣之士,一日三至而不得见,亦可以止矣。"

桓公摇头说:"不能这样。轻视禄爵的高士,自然轻其主;轻视霸业的君主,也自然轻其士。纵使他小臣稷轻视禄爵,我怎敢轻视霸王之业呢?"桓公坚持不断地去拜访小臣稷,直到见到才肯罢休。故时人称桓公虽内行不修,霸亦可矣。

宁戚商歌干桓公的故事,则从另一个方面反映了桓公用人的风采。宁戚在卫国不能得志,就搭乘商车远道来齐,暮宿齐都东门之外,饭牛居商车之下。恰遇桓公夜出城门,宁戚觉得机会来了,于是击牛角而歌。桓公闻声,以为非常之人,与之论天下大事,甚是欢心,桓公想委以重任。随行大臣劝说应先派人去了解此人底细,然后再用不迟。桓公认为大可不必,凡人固难完全，以人之小恶，亡人之大美，正是君主失天下之士的原因。桓公这种不查底细，不计小过，不因小失大，不因一朝缺失而误人终生的用人方法，确实令千秋之后的我们这些子孙为之汗颜！

桓公正是凭借着他以谋得士、以礼待士、以长取士的殚心收罗，使得他的政廷人才济济。

有了这些乘风破浪、驰骋千里的"船骥"，齐桓公的霸业可以扬帆启程了。

"尊王"与霸业

挟渔盐之富、拥管仲之贤的齐桓公在迈向霸坛时，仍觉得他的霸业之资中少了一份很重要的东西，这便是一面名正言顺的旗帜，一面能号令诸侯使民心归服的旗帜，而这并不是他想要得到便能轻松得到的。

正当齐桓公为此事焦虑焚心时，南夷与北狄相继侵扰中原诸国的现象越来越严重。《公羊传·僖公四年》是这样来描述当时的危急情形的："南夷与北狄交，中国不绝若线。"

南夷，实际是指南方的楚国；北狄，实际是指北方的狄人和山戎。南夷和北狄的交相攻伐，使中原诸国的生存已到了千钧一发的危急关头。而这时龟缩在一隅的周天子已无力担当起领导诸侯抵御外侵的重任，曾小霸一时的郑国也因郑庄公的去世在走下坡路。谁能领导诸侯共同攘夷，成了当时中原诸侯各国共同关注的焦点。齐桓公看准这一时机，听从管仲的建议，打出了"尊王攘夷"的旗帜，借联合中原各国驱逐夷狄势力之机，达到号令诸侯，称霸中原的目的。

"尊王"只是一种手段，霸权才是齐桓公要达到的目的。

初兴的霸业，毕竟是不能容于传统礼制的异质事物，它必须要有一件人们能认可的外部包装，这就好比苦涩的药丸需要裹上一层糖衣，才能易于为人们接受一样，郑庄公、齐桓公都是深谙此理的老手。

但郑庄公推行霸权之时，王权虽然已日薄西山，却仍有一定的力量与霸权来个最后一搏，周郑交质、繻葛一役即是例证。因此，自始至终郑庄公很难打好"天子"这张王牌，王权和霸权在他那里，更多地表现为一种对峙。

不过，他在繻葛之役中一箭将天子射进那块逼仄的王畿之地，为齐桓公舞弄"尊王攘夷"这面旗帜提供了一个良好的政治舞台。

齐桓公行霸之时，天子已经被封闭在那块狭窄的天地里过着苟延残喘的日子。尽管许多打着天子招牌的征伐和会盟并非天子本意，有时甚至天子连一纸通知书都未收到，但这都无妨，天子再也不敢出来理论什么了。齐桓公此时考虑的不是去揣摩天子的意图，考虑的是如何向其他诸侯作一个体面的交代，即如何魔术般地将霸权与尊王这两种水火不相容的东西巧妙地掺和在一起，让其他诸侯无话可说，至少是没有将太明显的把柄授之他人。幸运的是，齐桓公在管仲一帮谋臣的鼎力相助下成功了。因此我们看到了，王权和霸权在他那里表现更多的是一种"和合"。于是，满足私欲的扩张，成了体现天子的意愿；排除异己的征伐，成了代表王权的惩罚。一件"尊王"的外衣，便使得一切不合理变得"合理"起来。

于是齐桓公"尊王"喊得愈响，他的霸业就愈盛，王权自然也就愈衰。后起的晋文公如法炮制，也成功地打出了"尊王"的旗帜，而西秦、南楚、东边的吴越，则因自身客观条件有所限制（它们一向被排斥在中原文化之外，或被称为"夷"，或被视作"蛮"，因此很难成功地打出"尊王"的旗号），故他们的霸业也就远不及桓、文之盛了。

"尊王"，真可谓是历史上最大的骗局、最大的谎言！甚至连戚戚于周礼之陵迟、汲汲于仁义之倡兴的孔子，也不惜将他的学说思想中最高境界的"仁"给予了管仲和齐桓公："如其仁！如其仁！"（《论语·宪问》）

或许孔子这位伟人看得更远，虽然他毕生致力恢复王权时代的周礼，但当中原文化要遭毁灭中断时，他认为这个礼就应该去服从那个能使中原华夏文明得以保存延续下来的"大礼"："微管仲，吾其被发左衽矣！"（《论语·宪问》）

这也许就是为何孔子一再斥责管仲无礼，却又许其"仁"的深刻根源吧！

不管怎么说，人们当时相信了齐桓公和管仲，是他们的谎言骗过了人们，抑或是人们欺骗自己甘心来接受这种谎言？也许两种可能都存在。在世风日下、人心不古的"礼崩乐坏"时代，在天子王权日渐式微的岁月，再提

"尊王"，无疑是给人们失落的精神一种慰藉，给人们空虚的灵魂一种寄托。在非礼行为到处充斥的现实中，有人能提出"尊王"已难能可贵了，尽管这种"尊王"让人觉得疑惑重重，但人们宁可信其有，因为人们已经没有了奢望，周天子早就回天无术，只能求助于诸侯的这种"勤王"之举了。也许齐桓和晋文他们就是利用了这一点，大做起文章来。

"尊王"，是大谎言。

"尊王"，更是大韬略！

匕首下的承诺

齐桓公打着"尊王攘夷"的旗帜准备去四处征伐会盟时，一开始并不顺利，他的第一次联合诸侯的行动就遇上了麻烦事。

常言道，攘外先得安内。齐桓公要想联合诸侯抗击外侵，首先要看他是否有能力安定中原诸侯内部，充当矛盾是非的仲裁者，从而博得各个诸侯的信任。而这是他迈向霸主的第一步，也是至关重要的一步。

当时宋国发生内乱，宋万杀了宋闵公，宋国公族又借助曹国的力量赶走了宋万，立了新君宋桓公。齐桓公觉得这是一次出面联合诸侯平定宋乱的机会，他在管仲的建议下，提出尊崇王室，朝拜天子。他得到天子的许可，会合诸侯，规定宋国的君位。于是齐桓公约了宋、鲁、陈、蔡、卫、郑、曹、邾等国，于公元前681年三月初一至齐国西部的北杏（今山东省东阿县北）会盟，并声言谁不参加就要兴师问罪。结果届时只来了宋、陈、蔡、邾四国，其余四国没有参加。

管仲认为不能就此罢休，如果让未赴约的国家轻松地逃脱而不加惩罚，那么日后就再也没有威信来号令诸侯了。他建议齐桓公必须采取行动，让与会国协同讨伐，迫使未盟国就范。但此时宋国国君态度冷漠，夜里偷偷地溜走了。齐桓公一怒之下要举兵去征讨宋国，管仲立即制止说，宋国是肯定要去征讨的，不过因其太远，可以先放一下。不如先向未盟国鲁国开刀，可以立见成效。齐桓公听从了管仲的意见，果然鲁庄公见齐国大兵压境，立刻许诺以献遂邑来求和，于是两国君主在柯地（今山东省东阿县境）会盟。

在盟会上，鲁庄公将歃血为盟时，不料鲁庄公的随从曹沫突然抽出匕首，劫桓公于盟坛之上，他厉声道："还我被侵之地！"桓公迫于无奈，只得同意。当曹沫收起匕首回到原位时，桓公想翻悔不认，并想处死曹沫。管仲立刻制止道："如果被劫时许诺，继而食言背诺，这只能满足一时之小快，却弃信于诸侯，失天下之援助了，此举不可取。"

齐桓公再次听从管仲的建议，尽归鲁国三次战败时的所亡之地。

齐桓公承诺守信的做法，立刻传了开去，诸侯闻之心悦诚服。不久，齐桓公于公元前 680 年借天子名义，率齐、陈、曹等国军队伐宋，周天子派大夫单伯与诸侯之军会合，宋国被迫与齐订约。同年冬天，齐、鲁、宋、卫、郑在鄄地（今山东省鄄城县东）会盟，第二年春天复盟于鄄，史书于是记载："齐始霸也。"（《左传·庄公十五年》）

曹沫劫桓，这在表面上看来于齐不利，但齐桓公能听从管仲的建议坚守诺言，即便这是在武力劫持的特殊情形下所许的诺言。这无疑为齐桓公博得了一个可以信赖的好名声，而可以信赖的好名声显然是会盟诸侯一个非常重要的条件，它往往是武力的征服也难以企及的。

一件看似不利的事情，能转化为于己有利的事情，这是一种本领，一种并非人人都能驾驭的谋术。无怪乎司马迁在《史记·管晏列传》中评价管子时说："其为政也，善因祸而为福，转败而为功。"

与之为取

生活中不懂得给予，什么都怕失去的人，那么他什么也不会得到。农民播下种子，洒下汗水，是为了获取一个金色的秋天。为政者给人民以好处，是为了再在人民那里索取好处。所谓"知与之为取，政之宝也"。(《史记·管晏列传》)

齐桓公早在柯地之盟上，尝到了返鲁侵地而得天下人心的"与之为取"的甜头，故在日后的霸业中如法炮制，屡试不爽，算起来他在"五霸"之中是一个最"舍得"的君主了。对于一地之得失他并不计较，计较的是能否获得诸侯的信赖和拥戴。齐桓公曾问管仲，他想四处征伐，将以哪些国家为依托呢？管仲回答说，南伐时以鲁，西伐时以卫，北伐时以燕，不过要先归还其被侵之地才能做到这些。于是桓公如数归还，使得四邻大亲，这就为齐桓公后来随心所欲，"择天下之甚淫乱者而先征之"(《国语·齐语》)创造了条件。齐桓公正是在这种"予"与"取"的不断交易下，使他的霸业一步步地走向了巅峰。

公元前663年，山戎大举侵燕，燕来使告急。齐桓公亲率大军远征救燕，一直打到了孤竹国一带（今河北省西北部）。齐军为追击逃窜的孤竹国国君，在沙漠中迷失了方向。管仲向齐桓公献策说："我听说老马识途，燕马多从漠北而来，可能熟悉这一带环境。可挑选数匹老马放之先行，大概就能找到出路了。"

齐桓公依其言，果然老马引大军走出了沙漠。不久，齐军困在山里，找不到水源。齐桓公的左相隰朋上计道："蚂蚁冬居山之南坡，夏居山之北坡，其穴口的土堆若有一寸高，那么从这个地方往下掘八尺深便可找到水。"

齐军按隰朋的方法，果然寻到了水源。

《韩非子·说林》曾就以上二事评论说："以管仲之圣而隰朋之智，至其所不知，不难师于老马与蚁。今人不知以其愚心而师圣人之智，不亦过乎？"

确实，人之才识难以万全。故孔子说"三人行，必有吾师焉"。虚心好学，谦虚谨慎，才能使自己立于不败之地。

齐桓公击败了山戎，又灭了其同盟国令支和孤竹，解除了燕国的威胁，使燕庄公十分感激，当齐桓公返齐时，燕庄公恋恋不舍地送了一程又一程，不知不觉地进入了齐国境内。齐桓公觉察后，对燕庄公说："非天子，诸侯相送不出境，吾不可以无礼于燕。"（《史记·齐太公世家》）

于是把燕庄公所至的齐地划归燕国。

燕庄公本来对齐桓公的鼎力相救已感激涕零，以致他忘了礼制的约定，像送天子一样把齐桓公送出了国境仍依依难舍。此时，齐桓公还要分割自己的疆土给他，使得他只有紧紧握着齐桓公的手，一时不知说什么才好。齐桓公顺势叮嘱燕庄公：复修其先君燕召公之政，按时纳贡于周。

齐桓公劳师远征，几陷危境，未得寸土之利不说，还割舍了自己的一部分土地，这一切似乎为的是末了那一句叮嘱燕君尊王的话。当然，齐桓公不会用付出将士的鲜血和国土的代价，而只是为了说上一句娓娓动听的话而已。他远征山戎不获寸利的做法，无非是在向世人表白，他齐桓公东征西伐之目的，不是为了扩张领土，不是为了一己之私利，他自己什么也不想得到，他只是想让中原得以安宁，使王室得以尊崇而已。这种"崇高"的境界，自然引来了强烈的社会反响："诸侯闻之，皆从齐。"（《史记·齐太公世家》）

而这种强烈的社会反响，这种使人心归服的效果，正是齐桓公真正想得到的。齐桓公做出什么也不想得到的样子，其目的自然是什么都想得到。

一介武夫，能凭据他的武力征服一个人的肉体，而一名政治家，却能运用他的谋略征服千万人的心灵，这就是赳赳武夫与精明的政治家之间的区别所在。

齐桓公知与之为取的另一个典范之作，是他的"迁邢存卫"的壮举。

卫懿公好鹤，远近闻名。按当时礼制，只有大夫以上的官员才可乘坐轩车，卫懿公却让鹤坐着它去四处周游。故当公元前660年狄人大举侵卫时，国人都说："让鹤去打仗吧！鹤享有俸禄爵位，我们哪里能作战呢？"

于是狄人灭了卫国，卫懿公也被狄人尸解后吃了。卫国的城墙被毁，国都抢掠一空。待齐桓公派公子无诡率齐军赶来时，狄人早跑了，只留下一片废墟。卫国的国都仅剩下七百三十人，加上从他地逃来的，也只有五千多人。卫国遗民推选了新的国君，齐军驻扎在卫邑曹地为卫守国。为了解决卫国的困难，齐桓公送给了新立的卫戴公五套祭服和可供驱乘的马车，另外加上牛、羊、猪、鸡、狗各三百只和建房用的一些材料，这样才使卫国遗民稍稍安顿下来。

第二年，即公元前659年，狄人又来攻邢。齐桓公、宋桓公、曹昭公亲率大军前来救邢，赶走狄人后，诸侯之师对邢国的财产秋毫不犯。为了使邢、卫两国摆脱狄人的威胁，齐桓公筑城夷仪（今山东省聊城市西），迁邢于此，赠送马车百辆，士卒千人。次年又在楚丘（今河南省滑县东）为卫国建新都，并送良马三百匹。

齐桓公率诸侯迁邢存卫之举，使他的威名远播，而当时邢、卫两国人民更是视齐桓公为救世主，《左传·闵公二年》载有："邢迁如归，卫国忘亡。"

齐桓公伐戎救燕，迁邢存卫，非但秋毫不取，还送财物，割疆土，失去了些许，却得到"诸侯归之"的霸主地位，得到了"天下诸侯知桓公之非为己动也"的美名。一予一取，失小得大，何乐而不为？

兴灭存亡之德，向来为古之王者所追求的理想，齐桓公做到了。齐桓公虽身为诸侯，却做了王者之事，那么他要去代王发号施令，诸侯们怎能不洗耳恭听呢？中原的诸侯们就这样一步步地走到了齐桓公的身边。

当齐桓公击退了山戎北狄，安定了中原诸侯国的北部边境后，便开始专心致志地对付来自南方楚国的威胁了。

汉水之滨的南北对话

在齐桓公称霸中原时，南边日渐强大的楚国也屡屡派兵伐郑，欲染指中原。早在郑庄公小霸之时，楚国的兴起就引起了中原诸侯的不安："蔡侯、郑伯会于邓，始惧楚也。"(《左传·桓公二年》)

这时，齐、楚势力的不断扩张，使得它们的相撞已势在必行。一件偶然的事件，则加速了这种碰撞的来临。

一天，齐桓公在自己的私苑水池中，与蔡姬嬉于船上，蔡姬凭着自己的好水性，故意荡船吓唬齐桓公。桓公因不习水性，甚为恐惧，要蔡姬立即停止。任性的蔡姬看到齐桓公吓得面如土色，更觉有趣，于是越发荡个不已。齐桓公上岸后，一怒之下遣归了蔡姬，可过后不久，又想召蔡姬回来。蔡侯见其女儿遭遣，心中愤然，一怒之下将她嫁给了楚成王。

公元前656年，齐桓公亲率齐、宋、鲁、陈、卫、郑、曹、许八国联军征伐蔡国，蔡国立即向楚成王求救。未等楚国兵来，蔡国已被八国联军击败。八国联军进而讨伐楚国，楚国亦屯雄兵于边境之上。楚成王派大臣屈完到齐军中会见管仲，责问道："齐在北海，楚在南海，两国相隔这么远，实在是风马牛不相及，不料你们竟闯进了我们的领土，为什么？"

管仲代替齐桓公回答说："昔日周成王命我先君太公说，'五侯九伯，你都可以征伐，以辅弼周王室'，并赐我先君征讨的范围是：东至大海，西至黄河，南至穆陵，北至无棣。你们不进贡苞茅，使王祭物资短缺，寡人因此来责问。况且周昭王南征而不复，寡人也因此来问罪。"

屈完说："苞茅不进，是寡君之罪，今后不敢不供给。至于周昭王之不复，你还是去问问汉水吧！"

两人的态度都很傲慢，各不相让，谈判不欢而散，齐桓公于是率八国联军进驻陉地。

是年夏天，楚成王又派屈完去讲和。齐桓公见楚国准备得很充分，觉得硬攻恐怕不行，遂令八国联军退驻召陵。但为了向楚国显示自己的武力，他让八国之师排列整齐，让屈完和自己一道巡视，并炫耀道："用这样的军队作战，谁能抵御？用这样的军队攻城，何城不克？"

屈完回答时亦字字铿锵："您如果用德慰抚诸侯，谁敢不服？您如果用武力来强取，那么楚国将以方城为城墙，以汉水为城池，您的军队虽多，又有什么用呢？"

齐桓公见一下要征服楚国是不可能的，楚国也认为有强齐在中原，北上图霸亦难成功，故双方只有坐下来，在召陵订立盟约，条件是楚国解除对郑国的威胁，联军解除对蔡国的包围，于是双方言归于好，各自撤兵。

召陵之盟对于齐桓公来说，虽然未能使楚国折服，但扼制了楚国向北发展的势头，从而保住了自己独霸中原的地位。

召陵之盟对于楚国来说，可以说是外交斗争中的一个胜利。八国之师，重兵压境，楚国以一国对数国，最后却在不带任何屈辱条件的情况下媾和，避免了一场看来是凶多吉少的战争。

屈完的不卑不亢、有理有节，凭着自己的外交才能，凭着楚国的众志成城，终于不失一兵一卒，拒八国之师于国门之外，成为外交史上以弱制强的典范。

葵丘，盛衰的分水岭

挥师北燕，耀兵南楚，迁邢存卫，兴灭继绝，嘱燕庄不忘尊王之典，数成王不入苞茅之责，宣武威于外，布恩泽于内，使得德与力、尊王与霸业变得水乳交融、难分彼此。而最令齐桓公得意的，恐怕还是率诸侯拥立周太子继王位，使周襄王感激得赐之文武胙。这样，他的尊王与霸业终于走到了光辉的顶点。

周惠王本想废太子郑，立爱妃所生的王子带为太子。齐桓公于公元前655年，令八国诸侯在首止开会，与太子郑共立盟约，表示了对太子郑的坚决支持。此事为周惠王忌恨，他自知无力与齐桓公抗衡，于是派人召见郑文公，让他去联合楚国，想以此与齐抗衡。结果首止之会的第二年，郑国遭到齐桓公所率诸侯之师的征讨，被迫加入了首止大会上缔结的共辅太子的盟约，使周惠王企图立王子带的计划破产。故周惠王死后，太子郑在齐桓公的帮助下，继承了王位，是为周襄王。

周襄王一直对齐桓公心存感激，在公元前651年，齐桓公于葵丘（今河南省民权县东）大会诸侯之时，特派使者宰孔至葵丘向齐桓公赐文武胙。本来，按礼制规定，周王宗庙祭祀祖先所用的肉——胙，只能分给同姓兄弟之国，而齐是姜姓诸侯国，没有资格得到周王的赐胙。周襄王的破例，是表示对齐桓公的特别恩宠，表彰其文武之功德。周襄王体谅齐桓公年事已高，特意命他无须拜受，齐桓公欲受王命不拜，管仲在一旁劝阻说："不可。"齐桓公受到管仲的提醒，马上显出一副虔诚之态："天威不违颜咫尺，小白怎敢安承王命不下拜，给天子带来耻辱？"

于是趋步下阶，行跪拜稽首之礼，然后升堂再拜受胙。所言所行，合礼得体，在场诸侯，无不称颂。周襄王除赐胙外，还"赏服大辂、龙旗九旒、渠门赤旗"给齐桓公。

可以看出在葵丘之会上，齐桓公于谦恭的外表下已露出骄傲自矜的端倪，而在是年秋天的葵丘再会上，已完全暴露无遗了。齐桓公俨然以天子自居。据《谷梁传》载，他向所盟诸侯"壹明天子之禁"：不准把水患引向别国，不准因别国灾荒而不卖给粮食，不准更易太子，不准以妾代妻，不准妇女参政。最后规定："凡我同盟之人，既盟之后，言归于好。"（《左传·僖公九年》）

齐桓公在盟誓之后更是得意忘形地向诸侯们宣称："寡人南伐至召陵，望熊山；北伐山戎、离枝、孤竹；西伐大夏，涉流沙；束马悬车登太行，至卑耳山而还，诸侯莫违寡人。寡人兵车之会三，乘车之会六，九合诸侯，一匡天下。昔三代受命，有何以异于此乎？吾欲封泰山，禅梁父。"（《史记·齐太公世家》）

封泰山、禅梁父，本是帝王天子的专利，齐桓公却要如此，其意自明。后来经过管仲的极力劝阻，齐桓公才不得已作罢。

周使宰孔见状，未辞先归，路上遇见正要赶去赴葵丘之会的晋侯，宰孔劝晋侯不要去了，继而向他历数了齐桓公在葵丘之会上的种种表现。晋侯听了这些，便回车返国，其他诸侯也开始纷纷叛齐。

当一个霸主的力量还不能足以平定天下时，却要当起天下的主人来，这种僭越之举极易引起其他诸侯的叛离。齐桓公霸主中原，但并不是真正意义上的征服和统治了中原。所谓盟会，也只不过是一种松散的联盟；所谓盟约，也并不具有绝对的法律约束。今天可以承诺，明天则可能背弃。因此，齐桓公还想保持他的霸主地位，就不能放弃他的拘之以利、结之以信、示之以武的既定方针。否则，这个松散的联盟就会土崩瓦解。齐桓公在葵丘之会上暴露出的骄态，已昭示了他霸业衰落的开始。

与此同时，齐桓公九合诸侯的谋主和最大功臣管仲的病逝，也加速了齐桓公霸业衰落的进程。

从救世主到弃儿

如果把齐桓公的霸业比作一座大厦，那么管仲之谋则是这座大厦的支柱。支柱一旦倒塌，大厦也就岌岌可危了。

齐桓公一生中有个最英明的决断，那就是他起用了管仲。虽然他本人不擅深谋远虑，甚至在许多大事上，常常是短见频出，但是有管仲在，有管仲的提醒和帮助，他能克服自身的这些缺陷，使得他的霸业得以迅速地发展。可以说，他的每一步成功，都浸透了管仲的心血与智慧。也许正因为此，他太依赖管仲了，而一旦离开了管仲，他便显得无所适从，这就不可取了。

公元前645年，管仲倒在了病榻上，齐桓公便惶恐不安起来，谁来接替管仲的相位呢？他左思右想得不出结果，最后还是不得不来求教管仲："群臣中还有谁可为相者？"

管仲想知道齐桓公的想法，故说："最了解臣子的莫过于君主。"

"易牙如何？"易牙即雍巫。一次齐桓公慨叹道，人世间的山珍海味都尝遍了，据说婴儿的肉很好吃，可惜没有吃过。易牙听到这话后，赶紧把自己最小的儿子蒸熟了献给齐桓公，甚得齐桓公的欢心。在齐桓公的眼里，这是易牙忠君的表现，故把易牙作为第一人选。

管仲摇头："杀死自己的儿子来迎合君主，非人情，不可。"

"开方如何？"开方本是卫国人，事齐桓公十五年，从不回家省亲，而齐卫之间，不容数日之行。这种"公而忘私"的精神，颇得齐桓公赏识，故开方作为第二人选。

管仲摇头："背离亲人来迎合君主，非人情，难近。"

"竖刁如何?"竖刁知道齐桓公好女色,又生性爱妒,于是自施宫刑来为齐桓公治理宫中之事,取得了齐桓公的信任,故竖刁作为第三人选。

管仲仍然摇头:"自刑来迎合君主,非人情,难亲。"

齐桓公提出的三个人选,管仲都以"非人情"为由予以否定,看来桓公与管仲的选人标准是大相径庭的。蒸子、背亲、自刑,从这三件事中,桓公看到的是忠,管仲看到的却是伪;桓公看到的是亲是近,管仲看到的却是难亲难近。一是从一己之私欲出发,一是从天下之公理出发,其高下短长,自然分明。

管仲死后,齐桓公的耳边再也没了管仲的提醒,他的那些缺点就恶性膨胀起来,对于管仲临死前的忠告也渐渐忘在脑后。难亲难近的三子,受到了齐桓公的亲近,最终导致了三子专权的局面。

齐桓公喜女色,又导致了内宠太多,引发了五公子皆求立的宫廷内部的权力之争,加上与楚交战的频频失利,这些内忧外患,搞得齐桓公焦头烂额。此时年迈的齐桓公已无力挽回霸业将倾的颓势,厄运终于在易牙和竖刁的作乱中降临。

一天,躺在病榻上从昏迷中醒来的齐桓公忽然发现身边没有一个人。他依稀记得自己好多天没吃东西了,饥饿加上重病,使得他不能挪动身子,不知外面发生了什么事情。不知又过了多久,忽见一妇人来到身边,他如见救星一样,张口便道:"我想吃。"

妇人回答:"我无法弄到吃的。"

"我想喝。"

"我无法弄到喝的。"

齐桓公惊问:"什么缘故?"

妇人说:"易牙、竖刁相与作乱,塞宫门,筑高墙,所以无法弄到。"

齐桓公这才知道,原来这位妇人是冒着生命危险、翻越高墙来见他的。若不是这位好心的妇人来看他,他恐怕死前连个人影都见不到。齐桓公悲悔交加,慨然叹息道:"圣人所见真是深远啊!如果九泉之下死人有知的话,我将以何面目见仲父(管仲)哟!"说完,就在所寝的寿宫之中自杀了。

齐桓公死后六十七日,竟无人来收敛,以致尸虫出户。

那个曾龙颜一怒，让蔡国危于累卵，让强楚如履薄冰的齐桓公哪里去了？那个曾甘霖一洒，让邢民如归，让卫人忘亡的齐桓公哪里去了？那个北伐山戎，南征楚蛮，击鼓耀兵于流沙之中，束马悬车于太行之麓的齐桓公哪里去了？那个犯晨夜、冒霜雪、蒙矢石、驰坑谷、陷阵却敌于疆场之上的齐桓公哪里去了？那个执牛耳于盟坛之上，制诸侯于樽俎之间，起生灵于涂炭，扶社稷之将倾的齐桓公哪里去了？……

一个一生都在救世的人，最后却不能拯救他自己，从救世主到囚徒，从世界的中心到无人问津的弃子，齐桓公经历了人世间最剧烈的震荡和最深刻的变迁。

伟大与渺小、光荣与耻辱，有时竟是那么对比鲜明地交集于一身。人们知道那个诸侯宾服、周王赐胙、"五霸桓公为盛"的齐桓公，人们也知道那个弃之病榻、被人遗忘、"尸虫出于户"的齐桓公。

齐桓公用他的伟大谱写了春秋历史上最壮丽的一篇史诗，齐桓公亦用他的渺小铸就了春秋历史上最惨烈的一出悲剧。

不过所幸的是，在临死前，齐桓公终于明白了他的这出悲剧的原因究竟出在了哪里。

第
三
章

CHAPTER3

两难：道德与霸权

公元前 644 年春天，六只鹢鸟出现在宋国都城的天空。这时正刮着大风，六鹢逆风而上，于是出现了一种少有的自然景观：六鹢退飞！

强劲的大风一次次地吹退了奋飞的六鹢，六鹢一次次地搏击再上。就这样，风在肆虐地吹，六鹢在执着地飞……

六鹢退飞的现象难道仅仅只是在自然界里才会出现吗？

它们那种迎难而上的精神，不正是宋襄公图霸的形象写照吗？

齐桓托孤

齐桓公霸业的突然陨落，中原诸侯一下失去了霸主，谁来接替齐桓公的这一位置呢？

历史在等待着众多诸侯们的回答……

平庸的，尤其是国力不强的诸侯自然是缩起了脑袋。

出人意料的是，一个比郑、鲁还要相差一大截的宋国诸侯站了出来——他就是宋襄公！

这就像在拳击的擂台上，一下子冒出个侏儒来，难免引来了阵阵嘘声。

长期以来，人们对宋襄公的这种"自不量力"的做法嗤之以鼻，对他的"仁义之师"极尽挖苦和讽刺，对他的迂腐和顽固则是轻蔑和耻笑。不过细想起来，也情有可原，这在自古以成败论英雄的传统观念中是一种很自然的现象。

一个失败者的阴影，往往会遮住人们的视线，使人们难以看到他身上一些有价值的东西。

当时有一件颇让人费解的事，就是正处于鼎盛时期的齐桓公和管仲却把公子昭托付给了宋襄公，要他日后立公子昭为齐国君主。倘若宋襄公真像后来人们所耻的那样，齐桓公和管仲怎么会把一个国家未来的命运和前途押在这样一个君主身上呢？凭着齐桓公的威势和管仲的圣贤，在众多的诸侯国中他们为何偏偏选中一个殷商余裔的区区宋国呢？想必他们自有他们的道理，历史证明，他们这一着棋走对了。

公元前 642 年，宋襄公率曹、卫、邾等国军队，打败了齐国，终于不负齐桓公和管仲的重托，把公子昭立为齐君，是为齐孝公。

齐桓公和管仲没有看错人，他们早就觉察到宋襄公不是一个满足现状，仰大国之鼻息而维持生存的庸主，他守信义，重然诺，雄心勃勃，将来必有所作为。齐桓公晚年，虽然短见频出，引起国内动乱，自己也未得善终。但是他一直坚信宋襄公的能力，在管仲死后，他并没有把公子昭改托他人，在这一点上，可谓不乏远见。

从宋襄公率诸侯之师打败齐国，成功地立了一个大国之主这件事来看，宋襄公图霸是有一定能力的，并非完全是自不量力，只是在未来的争霸中，他所采用的方式不能因时代的变化而有所改变，显得过于陈旧和迂腐，这才最终导致了他的霸业失败。

在整个春秋历史上，属于中小国家的诸侯敢于称霸，并且还有所作为的只有宋襄公一人（事实上，不少学者仍认为他是"五霸"之一，齐桓公、晋文公、楚庄王、吴王阖闾、越王勾践为"五霸"一说；齐桓公、宋襄公、晋文公、秦穆公、楚庄王为"五霸"另一说），这从另一个方面说明了宋襄公必有不少过人之处。"兹父让贤"就是一显例。

宋襄公本名兹父，其父病重时，他作为太子，应是君位的当然继承人。但是他认为庶兄公子目夷比自己贤能，甘愿放弃即将可得的君位，坚持要父亲立公子目夷为储君。他恳求父亲说："目夷年长且好行仁义，请君父立目夷！"

宋桓公见他说得真诚恳切，便去征求公子目夷的意见。公子目夷急忙推辞道："能谦让国君之位，世上没有比这更大的仁义了。要说讲仁义的话，太子比我强，且舍嫡立庶，不合传统啊！"

公子目夷称道宋襄公的仁义，并非谀美之辞，宋襄公就是以讲仁义、守信用、重然诺而著称于世的，这也正是齐桓公和管仲托孤寄命时所看重的。

兹父虽让贤未成，但是他认为公子目夷比自己贤能，却是颇有眼光的，从后来的历史来看，公子目夷确实有许多胜出宋襄公的地方。

宋襄公讲仁义和信用本无过错，只是他不分对象，不论场合，才使得他固执的仁义和信用，最终成了他霸业的羁绊。

与虎谋皮的代价

和强盗讲信誉，无疑是在开门揖盗。

宋襄公率诸侯之师，策立齐君的成功，大大地鼓动了他称霸诸侯的雄心。既然可以决定堂堂一霸国的君位，那么为何不去试试左右一下整个中原的局势呢？

为了达到这一目的，宋襄公决定先从几个不听命于己的小诸侯身上开刀，这颇有点类似于郑庄公兴霸时的策略，先杀小鸡来给猴看。

他先出兵讨伐与宋有旧怨的曹国，并使之就范，接着拘执了对他不满的滕国国君婴齐，于公元前 641 年夏天，在曹南（今山东省曹县南）会盟曹、邾两国国君。东夷诸国之一的鄫国也想加盟，但未经宋襄公的许可私下与邾国结盟，使盟主宋襄公很是生气，于是他令邾文公杀掉鄫子去祭祀社神。当时已任司马之职的公子目夷询问宋襄公这样做的理由，宋襄公振振有词地说，杀了一个鄫子可以使东夷诸国慑服。后经公子目夷的劝阻，总算饶了鄫国君主的一条性命。

这样小打小闹，的确也镇住了一些小国诸侯，但宋襄公心里明白，要想做齐桓公那样的大霸主，必须要大会一次诸侯才行。他小打小闹的目的，也正是为这种大行动铺垫基础。而要大会诸侯，就得有大国参加。当时的大国不外齐、楚、晋、秦四国，晋国正处于内乱之中，无暇外顾，秦国地处僻远，中有晋国阻隔，难以前来。故宋襄公只需得到齐、楚两大国的支持，便可实行他大会诸侯的目的了。齐国君主齐孝公，是他宋襄公一手扶植起来的，自然不会存在什么问题，现在关键的问题是楚国的态度了。宋襄公自然想过，楚国这个连齐桓公都未能将其征服的国家，能听命于己吗？然而大出宋襄公所料的是，楚成王接受了宋襄公的邀请，于公元前639年春天亲赴鹿上与宋襄公和齐孝公会盟，并推举宋襄公为三国之盟的盟主，答应了当时已附楚国的中原诸侯国如郑、陈、蔡等也归奉宋襄公为盟主。盟会还决定了，将以三国的名义召集诸侯大会。鹿上之盟，标志着宋襄公的图霸事业所能企及的顶峰。

一切来得这么快，真有点让宋襄公大喜过望，没有刀光剑影的大搏杀，没有一波三折的多磨难，一个多少诸侯梦寐以求的可望而不可即的霸主梦，就这么一下子轻而易举地实现了。曾几何时，为了得到它，郑庄公筚路蓝缕，惨淡经营；齐桓公长年征战，奔命四方。而他宋襄公只立了一个齐君，吓唬了几个小诸侯，然后发出一道邀请，就坐在了诸侯霸主的宝座之上，真可谓得来全不费工夫。

轻易得到鹿上之盟盟主的宋襄公，却忘了人世间有一条最基本的交易原则，即等价交换原则。能轻易得到的东西，也是会轻易失去的东西；不花多大代价的东西，往往是没有多大价值的东西。楚国敢与八国雄师决一雌雄，能在一道请帖之下俯首帖耳吗？其中难道就没有蹊跷？

与一个自己尚不能征服的，且比自己还强大的、一直野心勃勃地想来中原做霸主的楚国谋求对自己霸业的支持，这无异于与虎谋皮，既不现实，也很危险。这一切，他宋襄公想过了吗？

正春风得意，以为霸主梦成真的宋襄公，此时正满脑门子地想着大会诸侯的事，自然很少去想这类事情，也许意识到了一二，但仍心存侥幸。而他的庶兄公子目夷一直是清醒和理智的，他再三劝阻宋襄公："宋为小国，却去争做盟会的主人，这将是宋国的祸患啊！"

就在鹿上之盟的那一年秋天，宋襄公召集楚、郑、陈、蔡、曹、许等诸侯国君在盂地（今河南省睢县境）会盟。楚成王这次反应非常迅速，接到宋襄公的邀请后就动身北上。宋襄公颇为感动，向以仁义为上的他一改过去以兵车相会的旧例，为了表示彼此的诚意，决定这次会盟诸侯不带兵车，并且以身作则，只带几名随从赴会。

公子目夷清楚素有蛮夷之称的楚国从来不讲信义，故极力劝说宋襄公一定要带兵车前往，免遭不测。

"不可！我已和诸侯约定不以兵车相会，怎能自我约定，又自我毁弃呢？"对于守信用这一点，宋襄公是从来不马虎的。

可是他的"盟友"楚成王向来是不守信义的，这次也并未对他开恩例外。当宋襄公召他时，他就心怀不满地对他的左右说："他竟然召我！我将前去好好地羞辱他一下！"

于是他暗设伏兵，在盟会上拘捕了宋襄公，并向宋国威胁道，若不服楚，就杀了他们的国君。至此，宋襄公似乎有点悔悟了，他对公子目夷说："你赶紧回去守国吧，宋国就托付给你了，我没有听你的话才落到了这般田地啊！"

公子目夷为了使楚成王的阴谋破产，归宋后，一面设防守国，一面向楚人传过话来："我们宋国赖社稷之神的保佑，已有新君了！"

这一招果然灵验，宋国既然有了新主，执杀宋襄公已失去意义，楚成王见宋国在公子目夷的领导下做好了准备，于是释放了宋襄公。

人曰："吃一堑，长一智。"受辱于盂、虎口逃生的宋襄公，照理可以完全清醒过来了，也许在被执时有所悔悟，但被释后，宋襄公依旧我行我素，还是那个宋襄公。公子目夷见状，无可奈何地叹息道："祸犹未也，未足以惩君！"

古为义，今为笑

郑国自齐失霸后，就附从了楚国。鹿上之盟约定，楚之中原的附从国应侍奉宋国，但郑文公依旧服楚，并亲自赴楚朝见楚成王。这使盟主宋襄公大为恼火，为了维护霸主的地位，于是举兵伐郑。

伐郑之举，实际上是与楚争夺郑国，故公子目夷说："所谓祸在此矣！"（《左传·僖公二十二年》）

楚成王为援救郑国，出兵攻宋，宋襄公欲率兵迎战，大司马公孙固劝宋襄公坚守城池，以逸待劳，宋襄公不听，认为"天"必助宋，宋国一定会兴盛，公孙固摇头道："上天抛弃殷商已经很久了，君将兴之，正是违背天意，罪不可赦！"

宋楚两军相遇于泓水（今河南省柘城县境），这时宋军已排好战阵，楚军正在渡泓水，公孙固建议说："楚军人多，我们人少，应抓住这个难得的机会，趁楚军半渡之际出击。"

"不可。"宋襄公拒绝道。

楚军渡过泓水，战阵尚未排好，公孙固又要求出击。

"不可。"宋襄公再次拒绝。

楚军排好了战阵，宋襄公方令宋军全线出击，但宋军被已站稳脚跟的楚军打得大败，宋襄公的大腿亦被利箭重创。

战败回到都城后，国人纷纷指责宋襄公坐失良机，以致兵败如山倒，孰料宋襄公仍固执地为自己的行为辩解说："君子不伤害敌之伤兵，不俘获头发花白的老兵。古人打仗，不在险要之地阻击敌人。我虽亡国之余（指为殷商余裔），也不能去进攻尚未摆好战阵的敌人！"

公子目夷毫不客气地反驳说："您真是不懂战争！在狭隘之地，敌军来不及摆好战阵，这是天助我也。据险阻击，何尝不可？即便如此，我们还怕不能取胜呢！战场上的对手，都是我们的敌人，虽然年纪已大，头发花白，抓住了绝不放过。对于尚有作战能力的敌之伤兵，怎么就不能再伤害他一次呢？如果怜惜伤兵，那么当初就不应该伤害他们；如果珍爱老人，那么就应该归顺他们。凡率兵打仗，有利于我者就用之，据险扼敌、进击未阵之敌，怎么就不可以呢？"

面对着同样的局势，做出的却是两样的决断，这与其说是战争论的分歧，毋宁说是世界观的区别。《淮南子·泛论训》曾云："古之伐国，不杀黄口，不获二毛（头发花白者），于古为义，于今为笑。"

一义一笑，道出了这种区别所在。

春秋时代，古代所尚的礼乐仁义开始分崩瓦解，这已频频见诸先秦诸子之说。天子一尊的地位被动摇，礼制维持的平衡被打破，进取的开创逐渐取代保守的礼让之风。在权力再次分配的竞争中，在功利重新转让的角逐里，贵与贱、贫与富，不再是命定的天律，而成了人为的结果。

于是，重智巧、重技术、重权谋、重诡辩成为新的时尚，人性中被长久抑制的功名利禄的欲火，被这新起的世风一吹，熊熊燃起。为了功名和利禄，人生成了一台竞技场——

谋于廊庙的智臣、斩将搴旗的斗士、攻剽椎埋的闾巷少年、目挑心招的赵女郑姬、饰剑连骑的游闲公子、焦神极能的方士巫医……无不一一登台献技献艺，安宁稳定的社会秩序于是被血雨腥风的动荡所替代。

历史就是如此复杂和矛盾：新的进取往往面目狰狞，旧的保守往往温馨可人。前进，往往伴随着血腥和暴力；进步，常常以牺牲大多数人的利益为代价。

历史向来就是在这种悲剧性的二律背反中行进。

——历史的哲人如是断言。

泓之战中，宋襄公在有可能以少胜多的种种机会面前，一次次地丧失了它们。谋与略，因不合乎他的仁义标准，被一一裁汰。于是宋襄公的泓之战，无疑成了一场无谋之战，失败的结局理所当然。

这种"仁义之战"固然迂腐可笑，但它在道德沦丧、礼义缺失、奸诈蜂出、暴戾公行的年代，又具有一定的合理性，在某种程度上反映了当时人们对血腥现实的不满，对早期奴隶制所保留的大量原始礼义制度中包含的氏族内部的各种仁爱、人道的企慕。故公允的司马迁在数百年之后来评述宋襄公时，并不像许多人那样以成败来论之："襄公之时，修行仁义，欲为盟主……襄公既败于泓，而君子或以为多，伤中国阙礼义，褒之也，宋襄之有礼让也。"（《史记·宋微子世家》）

《史记·索隐》亦云："襄公临大事不忘大礼，而君子或以为多。且伤中国之乱，阙礼义之史，遂不嘉宋襄之盛德，故太史公褒而述之。"

从战争的角度来讲，宋襄公的礼让是不足取的，但从振世风、完善人格的方面讲，这礼让又具有一定的积极意义。世界上的许多事情就是如此，绝非用一种好坏是非的简单标准就能判明清楚。

宋襄公欲以仁义取霸权，这实际上是他自己给自己出了道难题。以仁义得天下，是汤、武在他们那个时代成功的法宝，在崇"力"事"巧"的春秋一代，再固执地守此"法宝"，已不现实。霸权就其实质而言，是诸侯因力量增大，要求打破王权一统，政治上要求权力再分配的一种斗争结果，它是对传统礼义的背叛，是"礼崩乐坏"的始作俑者。由于礼义在人们观念中根深蒂固，其力量不可小视，故成功的霸主又往往能巧妙地利用礼义作为自己所尚之"力"的外包装，这种"力"与"义""结合"的典范之作，便是管仲、齐桓"尊王攘夷"的成功。孟子云"以力假仁者霸"，正是对春秋时代诸侯霸业的精辟总结。

宋襄公不明时代已变、民风已改，仍把仁义作为求取霸业的主要手段，这势必为"智巧""奸诈"之徒乘机利用。楚成王说"我将好好地去羞辱他一下"，他后来之所以能成功地兑现此话，正是利用了宋襄公的仁义心肠，在泓之战中他能侥幸在半渡和未阵之不利情形下没有遭到攻击，也正得益于宋襄公的仁义。这样固守仁义的宋襄公自然也就难以光大他的霸业，从鹿上之盟为霸主，至盂之地被劫持，只有几个月的光景，就是到泓之战失败，也不过一年有余，宋襄公的霸业终归只能是昙花一现。

就在宋襄公养伤之时，晋公子重耳流亡至宋。宋襄公素闻重耳是个有才德的人，知道他将来必大有作为，只可惜宋国新创，元气大伤，不能帮助重耳回晋夺位，只能用优厚的礼节来接待重耳，并送骏马八十匹以资其行。后来重耳登位称霸，四处讨伐时，宋国安然无恙。这自然与宋襄公礼遇重耳有直接关系。由此，可以看出宋襄公的眼光确有不凡之处。

泓之战后的第二年夏天，宋襄公病逝。

一个颇遭人议的历史人物匆匆走完了他的人生历程。

一个在疾风中迎难而上的形象却永久地留给了后人。

第
四
章

CHAPTER 4

苦难铸就的霸业

苦难之于人类，是痛楚，是浩劫，是毁灭；人类之于苦难，是征服，是奋起，是浩劫后的生存，是毁灭后的重建。

我们诅咒苦难，然而若真的没有了苦难，人类将会是什么样子呢？

于是再也没了失败者和胜利者，再也没了坚强者和懦弱者，人将是清一色的无差别的人。

孟子说：天将降大任于斯人也，必先苦其心志，劳其筋骨，饿其体肤，空乏其身……

巴尔扎克说：苦难是天才的垫脚石。

我们以为：有了苦难，才分出智之高下，才之短长；有了苦难，才有了失败者的哀号和胜利者的欢笑，才有了坚强者的毅力和懦弱者的无能；有了苦难，才有了驳杂纷纭的社会，才有了绚丽多姿的人生。

沧海横流，方显示出英雄本色。只有在苦难中，才能显示出理想的价值，才能突出目标的远大。

从苦难中站起来的人是坚强的，是不可估量的。

多难兴邦

当郑庄公、齐桓公、宋襄公在中原的霸业舞台上有声有色地表演时，长年内乱的晋国却只能在一旁做个沉默的观众。

晋国，为周成王的弟弟唐叔虞始建，地处今山西省及其附近地区。由于长期与戎、狄杂居，文化比较落后。进入春秋后，晋国因嫡系的"大宗"与庶系的"小宗"争夺，长久陷入一种分裂混乱的局面，最后"小宗"总算战胜了"大宗"。齐桓公称霸之时，曲沃武公灭了晋侯缗。

曲沃武公为了得到周天子的承认，把所获取的晋侯缗的宝物统统献给了周僖王，于是曲沃武公正式被册封为武侯，是为晋武公。

本来以小宗代大宗就有悖礼制，这种行为不仅没有引来当时诸侯们的群起而攻，反而得到了为财物所动的天子的承认和册封。从这个沾满血腥味和铜臭味的新爵位之诞生的全过程中，我们看到了，崇尚"力"的新的价值观已逐渐为人们所接受。它一方面表明了，在武力和财富这些"力"的面前，所谓礼制，所谓仁义，是多么脆弱。"力"不仅可以获取权力，获取正统，还可以获取霸业。另一方面又表明了，尽管礼义缺失陵迟，天子江河日下，但曲沃武公夺取权力后，仍要想方设法去获取它们的认可，为自己狰狞的面目涂上"合礼""合法"的保护色。这说明了礼制仁义在现实中和人们的观念中的失落不是同步的。一个真正想有所作为的君主，必须统筹兼顾这两个方面，偏执一端都是不行的。宋襄公崇仁，楚成王尚力（泓之战取胜后，竟有"取郑二姬以归"的无礼之举，受到时人的嗤议，君子是以知其不霸），故他们都只能是霸业舞台上的匆匆过客。

以"小宗"而一跃为"大宗"的晋国新君主，自然不愿自己的篡位之举为其他"小宗"效仿。于是继晋武公之位的晋献公听从士蒍的计谋，先挑拨他们之间的矛盾，使群公子杀掉了桓、庄之族的游氏二子和游氏的全部族人。最后，晋献公于公元前 669 年尽杀群公子。这一大规模剿灭"公族"的行动，使大权迅速集中于国君手中，使晋国的政权得以巩固，从而结束了长期的内乱局面，使晋献公可以专心致力于对外的发展。

就在齐桓公于中原高扬"尊王攘夷"的大旗时，晋献公开始在今山西汾河流域开疆辟土——

公元前 661 年，灭耿、霍、魏三国。

公元前 660 年，伐东山皋落。

公元前 655 年，灭虢、虞两国。

智取虢、虞两国，可以说是晋国对外扩张以谋取胜的千古杰作，它展现了晋国济济的人才、巨大的潜能和无可限量的前程。

公元前 668 年，晋国一部分漏网的公子奔命虢国，虢国借机两次入侵晋国。第二年，晋献公想还以颜色，往伐虢国，士蒍以为时机不成熟，劝晋献公耐心等待时机，他说："虢公向来骄横不恤民众，让其屡战，其民必疲。现虽得意一时，终将为民所弃，到那时再予以还击，虢公想抵御我，又有谁去支持他呢？"

这种等待时机，让敌人自失其民，自乱其政，自耗其能，自去其势，然后一举歼灭的做法，在春秋时代的战争中屡见不鲜。

公元前 658 年，晋国认为伐虢时机成熟，大夫荀息请用屈地产的名马和垂棘产的玉璧贿赂虞国，借道伐虢。

晋献公担心道："屈产之马和垂棘之璧是我晋国之宝，如果虞国受我之礼，又不借道给我，那该怎么办呢？"

荀息分析说："虞是小国，晋是大国，虞若不想借道，必不敢受礼。若受礼借道于我，那么我们的玉璧犹从内库藏入外库，宝马犹从内厩置于外厩。"言下之意，只要虞国肯借道，必逃脱不了为晋所灭的下场。

晋献公仍有顾虑："可是虞国有宫之奇在，必使虞君不受我礼。"

荀息胸中有数："宫之奇虽贤，却生性懦弱，不能强谏。他与虞君从小在宫中一起长大，故虞君对他亲昵有余而敬重不足，最终是不会采纳他的意见的。再说玩好之宝是眼前之物，而国家之亡是未然之事，只有中等以上智慧的人才能看到这点，据臣所知，虞君之智在中等以下。"

晋献公于是派荀息出使虞国，荀息为了说服虞君，重提晋曾助虞伐冀的旧恩，请求虞能回报晋国，助晋伐虢。

宫之奇识破了晋国的诡计，他提醒虞君说，荀息作为一大国的使者，其辞如此卑，其礼如此重，必包藏有不利于虞国的祸心。虞君不听，不仅借道给晋，而且还主动担当起伐虢的先锋。这一年，晋虞联军攻破了虢国的下阳（今山西省平陆县东北）。

公元前 655 年，晋献公再次向虞借道伐虢，宫之奇极力劝谏虞君："虢，虞之表。虢亡，虞必随之。借道一次已属过分，岂可再来一次！谚语有云：'辅车相依，唇亡齿寒。'虞和虢的关系正是如此啊！"

虞君说："晋和我为姬姓同宗，岂能害我？"

宫之奇说："晋与虢不也是同宗，晋却要将它灭掉，又何爱于虞？晋君可以灭掉自己的亲属桓、庄之族，而虞和晋君的关系能和他们相比吗？"

虞君说："我的祭品丰盛而洁净，神必佑我！"

宫之奇说："我听说，鬼神不亲人，只依德行而从。所以《周书》云：'皇天无亲，惟德是辅。'又云：'黍稷非馨，明德惟馨。'因此，无德则民不和，神不享矣。如果晋取虞，明德而荐馨香之贡品，那么神还拒绝享用吗？"

虞君听不进，看来荀息的判断没有错，他的智力果属中下，他的眼睛已被呈现于面前的玩好之物所迷惑，根本无法看到那步步逼近的亡国之患。这样，宫之奇"唇亡齿寒"的警示，以及那一套有关神德关系的理论，对虞君来说，无异于对牛弹琴。遇到如此昏君，最聪明的办法还是避而远之。宫之奇于是率族逃离了虞国，他悲哀地断言："虞不可能腊祭了，晋无须再次举兵灭虞了！"

是年冬天，晋灭虢，于归途上灭虞。荀息一手牵马，一手操璧，还报晋献公："璧还是旧样，只是马齿加长了。"

宝物完成了它们的使命之后，又回到了它们的"内府""内厩"。而对于那个把这些宝物代管得很好的虞君，晋献公亦未忘记发挥他的"余热"，让他作为自己女儿的媵臣，成了再去贿赂秦穆公的"礼物"。

虞君贪眼前之利，忘身后之忧，拒纳忠谏，引狼入室，陷灭顶之灾，沦阶下之囚，可以说是应得之报。常言道：前车之覆，后车之鉴。然而未必尽然，蹈虞君之覆辙者，不乏其人，史书不绝。

晋献公灭虞后，不忘"尊王"，把虞国的贡纳和赋税献给了周惠王。从晋献公开始，晋国日渐强大起来。但是，晚年的晋献公迷上了骊姬，乱了自己的方寸，也乱了朝廷的纲纪。改立夫人，逼死太子，弄得晋国人人自危，使刚刚从内乱中走出来的晋国，又陷入了内乱之中。

"移人"的骊姬

当男人们把女人们从社会上驱逐回家，并用各式各样的绳索把她们圈在家庭这块小天地里时，他们似乎在用自己发达的肌肉向女性证实了他们的力量。然而事实似乎并非如此，他们之所以这样对待他们的同类异性，这样不近人道地对她们进行种种践踏，恰恰证明了他们自己的虚弱。这种虚弱不是来自他们外表裸露的肌肉，而是来自他们内在隐秘的心灵，这便是对那用家庭的厚壁和伦理的锁链关不住锁不了的那与生俱来的、生机盎然的、咄咄逼人的对女色的贪婪和恐惧。

在女色面前，孔武有力的男人们显出了自己的猥琐：他们争风吃醋，大打出手，亡命者、亡国者大有人在。一出出悲剧的频繁上演，使自信的男人开始自卑起来："夫有尤物，足以移人""英雄难过美人关"。痛定思痛，在清醒之余，他们开始用恶毒的语言攻击起她们："女人是祸水""女人是妖魔"！

于是有智者开始留意于男人的这一弱点，利用它来施计设谋，并且在历史上能频频得手。多少英雄没有失算于运筹的庙堂，没有折戟于喋血的疆场，却沉沦于香艳之中，就擒在卧榻之前。

于是有人开始出来总结了："兵强者，攻其将；将智者，伐其情。"（《三十六计》）

所谓"骊姬之乱"，正是那众多的"伐其情"而成功的例子之一。

鲁庄公二十八年（前666），晋献公意欲伐骊戎。晋大夫史苏占卜说："胜而不吉。"晋献公不听，举兵伐骊戎大获全胜。骊戎之君为讨晋献公欢心，将貌美的女儿骊姬送给了晋献公，晋献公果然欢心，对骊姬宠爱有加。庆功宴上，晋献公认为史苏的占卜之辞只说对了一半，故只许史苏喝酒，不准吃东西。史苏在酒宴后对群大夫说："世上有男兵就必有女兵，如果晋以男兵胜戎，那么戎亦必以女兵胜晋！"

里克问："如何讲？"

史苏回答说："昔夏桀伐有施，有施人进献妹喜，妹喜受宠，于是乎与殷之贤臣伊尹协力亡夏。殷辛伐有苏，有苏氏进献妲己，妲己受宠，于是乎与周之贤臣胶鬲同心亡殷。周幽王伐有褒，褒人进献褒姒，褒姒受宠，于是乎与虢石甫同逐太子宜臼，立己出之子伯服，招致西戎伐周，周是以亡。今晋君寡德而宠俘女，不是在步三季之王的后尘吗？"

史苏把"美人计"中的美人视为女兵，与男兵相等，可谓是古人对这些美人儿的最高评价了。

晋献公立骊姬为夫人，生奚齐，其妹生卓子。骊姬为使其子得立太子，采用了一系列有计划、有步骤的阴谋诡计。

她先通过梁五和东关嬖五这两个晋献公的嬖臣，以替国家考虑为由，向晋献公建议让太子申生出居曲沃，重耳出居蒲，夷吾出居屈。这样便巧妙地把几位公子从晋献公身边支开，让奚齐留在了都城绛。

从空间上疏远了太子与晋献公的距离后，接着骊姬从心理上入手。要想损害一个人的形象，那最直接的办法是说这个人的坏话。但是对于一个品行端正的人来说，这种办法就未必灵验了，弄不好或许会适得其反。骊姬现在面对的对手太子申生就是一个为国人所称道的忠孝仁厚之人，这样，骊姬就不能不花费一点脑筋了。既然要攻击的对象是一个好人，既然说一个好人的坏话是愚蠢的，那么就不能在这"好"字上做文章吗？既然不能说坏话，那么何不试着去说一些"好话"呢？如果听话的人是一个喜欢嫉妒的人，而这些"好话"的内容又触动了他的利益时，"好话"岂不就成了坏话？夸大一个人的缺点能损人，夸大一个人的优点，有时亦有异曲同工之妙。

于是骊姬选择了一个良辰美夜，趁晋献公高兴之际，开始为太子说起"好话"来："我听说申生仁义宽厚，颇有得民之术，而君今又迷恋于我，必使国政荒废，倘若申生以国家大局为重，另有所图，您将怎么办呢？何不杀了我，不要因一妾而乱百姓啊！"

晋献公安慰骊姬说："太子既能施惠于民，岂有不施惠其父的道理？"

骊姬却道："我听说，为仁与为国不同。为仁者，爱亲之谓仁；为国者，利国之谓仁。所以治民者无私亲，以民众为亲。晋国自桓叔以来，谁能爱亲？只有无亲，才能兼并翼，您好好地想想吧！如果杀君能利民，谁能阻止？杀亲无损于人，谁能去之？等到大难临头再去忧虑，不是太迟了点吗？"

这一说倒使献公恐惧起来："怎么办才行？"

骊姬献上"计策"："您何不告老而交出政柄呢？申生得政满足了他的欲望，您失政却保全了身家性命。"

在这里，骊姬抓住了晋献公的两个根本弱点：一是贪色，一是爱权。她夸大了申生的优点及其影响力，让晋献公感到申生夺权势在必行，易如反掌，进而给一时显得手足无措的晋献公的"计策"是，让他放弃两样心爱的宝贝——她的美色和晋国的权柄，这无疑是在要晋献公的老命。其结果自然是引起晋献公对申生的恼怒："你不要担忧了，我有办法来对付他！"

申生的仁义宽厚一下子竟成了他图谋篡权的罪恶"资本"，献公对申生的看法也由信任一下子变成了憎恶，这便是骊姬一席"好话"的结果。骊姬见"好话"达到目的后，又生出一计，要晋献公命申生率兵伐狄，这一计可谓不败之计。若胜了狄，则证实了骊姬关于太子善用众的"好话"成立；若不胜，则可以不胜罪之。胜与不胜，太子申生都会危身。士芳对此早有察觉，还在申生伐霍时便已指出："如果克敌，将以得众罪害之；如果不克，将因以罪之。太子唯一的选择是逃亡，这样君得其欲，太子远死，且有学做吴太伯之令名。"

然而，太子没有接受这条士芳给他指出的唯一活路。为了拯救太子，里克则搬出古制来说服晋献公："太子在君行时则留守，有留守时就从君。从军叫抚军，留守叫监国，这是古代早已确立的制度。至于统帅军队、专断谋略，那是国君与正卿的事，而非太子之职。如果太子统军，禀命则无威严，专命就会不孝，所以君之嗣子不可以率军，请国君还是放弃太子率军的打算吧。"

晋献公却说："我还不知道是哪个儿子来继承我的君位呢？"

一句话让里克无言以对，世人皆知的太子申生，晋献公并不予以承认。里克知太子申生必将被废，于是只能明哲保身，谢病不从太子之师。

晋献公废太子之意已明，便对骊姬说："我想废太子，以奚齐代之。"这正是骊姬梦寐以求的，但骊姬马上"谦让"起来，说："太子之立，诸侯尽知。太子数次将兵，百姓附从，怎么能以贱妾之故而废嫡立庶呢？如果君执意如此，贱妾只好自杀了。"

人世间的事情就是这样，你越是猴急般地想得到某样东西，其效果往往不佳，尤其是那些人们非常敏感的东西。你若装着与己无关，顾盼左右而言它，显得心平气和，显得节操"高尚"，那么你就越是有可能得到。骊姬自然深谙此道，她在整个施谋过程中，只字不提立奚齐之事，似乎一直在为晋献公着想，为晋国着想，甚至为了照顾这些大局，她甘愿牺牲自己，几次提出来要晋献公断绝与她的夫妻关系。对于这样的"贤妻"，晋献公能用什么来回报呢？其结论自然是非常清楚的。就这样，骊姬牵着晋献公的鼻子，顺着由她开启的逻辑思路，由晋献公自己主动提出立奚齐一事来。骊姬不愧为权谋场中的高手，仅就智慧而言，骊姬的计谋在中国古代的韬略文明中堪称一流。

一旦时机成熟，骊姬就会毫不犹豫地正面出击了。鲁僖公四年（前656），骊姬对申生说："我在梦中见到了你的母亲齐姜，请你赶快去曲沃的宗庙里祭祀，把胙（祭祀所用的酒肉）献给晋君。"

老实忠厚的申生不知是计，依骊姬所言而行。献胙时，晋献公正外出田猎，骊姬暗中使人在胙中下了毒药。待献公归来，宰人将胙呈给献公，献公欲享时，骊姬制止道："胙从远处而来，是否安全应先验证一下。"于是祭地，地面隆起；食犬，犬死；让小臣尝，小臣亦毙。

骊姬在一旁号啕起来："太子怎么如此狠心，连自己的父亲都要弑杀，而何况他人呢？国君已是旦暮之人，难道就不能再耐心地等待一下吗？"骊姬转而对晋献公说："太子之所以如此，不过是因为卑妾和奚齐的缘故，卑妾愿母子逃避他国，或是早早自杀，免得母子为太子所鱼肉。先前君欲废太子，卑妾极力劝阻，谁知弄成了今天这样的结果。真是早知如此，何必当初！"

太子闻讯，逃奔新城，有人劝其自辩，太子不忍："君父老矣，没有骊姬，寝不安、食不甘。若辩解自明，骊姬获罪，我却无法使老父快乐。"

有人劝其逃亡，太子道："不可。去而罪释，必归于君，是怨君也。章父之恶，取笑诸侯，吾谁乡而入？内困于父母，外困于诸侯，是重困也。弃君去罪，是逃死也。吾闻之：仁不怨君，智不重困，勇不逃死。"（《国语·晋语二》）

传统的忠孝观念阻断了申生的生路，从而也扼制了他的智慧。他能率兵打胜仗，他能用众得民心，他的智慧可谓在一般人之上。也许在别人看来，他有千条路可走，而在他看来只有死路一条。不是他的智慧想不到这些，而是他的那些忠孝观让他不应该这样去想。

在这里我们看到了，与其说是骊姬和他的父亲把他逼上了绝路，毋宁更确切地说是他心中的那个传统伦理把他逼上了绝路。在同样的困境中，夷吾和重耳逃出了晋国，他们不仅保存了自己的生命，而且后来都相继登上了国君的宝座。

围绕晋丧的治乱理论

　　历史是一位出色的老师，为了分出人之高下，他有时似乎在着意地为他们提供同样的机遇，测验同样的试题，回答同样的问题。

　　申生自杀后，夷吾奔梁，重耳奔狄。两公子出奔后的第四年，其父晋献公病逝。不久，晋国大夫里克杀了奚齐、卓子和骊姬，于是同样的机遇摆在了重耳和夷吾的面前。

　　里克和丕郑派屠岸夷至狄对公子重耳说："国乱民扰，得国在乱，治民在扰，您何不入国，我们为您做前导。"

　　重耳赶紧去找舅舅子犯商议，子犯说："不行！根基稳固，树木才能坚挺，若开始时根基不固，到头来必将枯槁凋零。治理国家，只有懂得喜怒哀乐之节制，才可训导民众。不哀父丧而求得国，困难；趁乱而入，危险！以父丧得国，是乐丧，乐丧必然致哀生；趁乱而入，是喜乱，喜乱必然会怠德。这样喜怒哀乐失去了节制，那用什么来训导民众呢？民众不听从我们的训导，又怎样去做君主呢？"

　　重耳不解道："君父不丧，怎么得以立？国家不乱，谁又会接纳我？"

　　子犯说："我也听说过，丧乱有大有小，大丧大乱之风头，不可触犯。父母死为大丧，兄弟相残为大乱，目前的情形就是这样，所以难啊！"

　　重耳见子犯说得在理，于是对来使屠岸夷推辞道："感谢您能惠顾亡人重耳，只是父亲生时不能供备洒扫之臣，死时又不敢前去奔丧，这就更加重了我的罪过，有辱你们的期望，我只得辞谢了。"

　　就在屠岸夷赴狄之时，晋大夫吕甥和郤称也派蒲城午赴梁对公子夷吾说："您可厚赂秦以求入，我们为您做内主。"

夷吾赶紧找来冀芮商议，冀芮说："您努力去做吧！现正值国乱民扰，大夫无常之时，机不可失！不乱怎得入，不危如何有安？正因为国乱民扰，就没有谁来阻止我们；正因为大夫无常，一旦得立就没有谁不会附从。您莫要吝啬财物，尽管虚国藏来贿赂内外，待入立后再图积聚。"

于是夷吾许诺了使者。

与此同时，秦穆公见晋乱无君，也想插手进来以图中原，故令公子絷前去摸摸公子重耳和夷吾的底细。公子絷见重耳说："得国常于丧，失国常于丧。时不可失，丧不可久，望公子赶紧图谋决断。"

子犯见重耳还有点犹豫，再次为他谋划道："弃亲而出亡他国已无亲，只有信行仁道才会有亲，这样人立为君才不危险。父死在堂而求利，谁会认为我有仁？即便以侥幸得立，谁能认为我有信？不仁不信，将不会长久。"

重耳于是谢绝公子絷的好意，再拜不叩首，起身后大哭，再也没有去私访公子絷了。

公子絷又去梁国见公子夷吾，冀芮再次为夷吾谋划道："出亡之人不可洁身自好，洁身自好则大事不行。若以重赂再配上己之德，能侥幸得位的话，不是也可以吗？"

公子夷吾于是出见公子絷，再拜叩首，起身不哭，退下私访公子絷说："我已许诺以汾阳之田百万予里克，负蔡之田七十万予丕郑。秦君若肯辅我，我将把黄河以西的五座城池给秦君。"

公子絷回报秦穆公，秦穆公于是决定："我将支持公子重耳！公子重耳有仁，再拜不叩首，表示不贪君位；起身而哭，表示哀念父亲；退而不私访，表示不为私利。"

公子絷却建议道："您与其求置有仁之君以成名于天下，则不如置不仁之君以乱其中。"

秦穆公认为公子絷所论甚是，一个不能安定的晋国于秦更有利，于是发兵护送夷吾返晋。夷吾在秦的辅助下，顺利登位，是为晋惠公。

公子重耳和夷吾站在同样的机遇面前，却有截然不同的思考：同是父丧国乱，一个说，以丧得国难，因乱而入殆；一个说，乱中求得易，危中求安利。一个看得深远，认为本固根深才能枝繁叶茂；一个看得浅近，认为先得国要紧，甚至不惜虚国藏以求人，至于后果暂不考虑。两种抉择，决定了他们在分别得国后两种不同的治国方针，这样也就自然引出了两种不同的治国效果。

视利为一切而迅速得位的晋惠公，当然不愿放弃任何于己有利的东西。当初为求外援对人的诸般许诺一一不予兑现，并且对拥立过他的里克也翻脸不认。他对里克这样说：“没有你，我不得立。然而你却杀了两位君主和一个大夫，做你的君主不是太难了点吗？”

里克气愤地斥责道：“没有废杀，你怎么能兴立？欲加之罪，何患无辞？”里克被迫伏剑而死，不久惠公又杀了丕郑等大夫。

惠公即位后的第四年，晋国发生饥荒，逃亡在秦国的丕郑之子丕豹倡言伐晋。秦穆公驳斥道：“其君可恶，其民何罪？”穆公不念惠公背秦地约之旧恶，派遣大批船只向晋输送粮食。

晋国闹饥荒的第二年，秦国发生饥荒，秦请求向晋买粮。惠公之舅虢射献计道：“去年上天把晋赐给秦，秦不知取反而贷我。今上天以秦赐我，晋可以逆天意吗？”惠公以为是，不给秦粟，且趁机发兵讨秦。

秦穆公大怒，亦率兵伐晋，两军战于韩原（今山西省韩城市境）。晋军大败，惠公被俘，后经其姐姐秦穆公夫人营救，才得以太子圉入秦为质作为条件获释返国。

惠公急功近利的短见行为，使晋国在霸业方面仍是一片空白。谁能在这张白纸上画上最新最美的图画呢？

历史将它的焦距对准了那个仍在流亡的晋公子重耳。

苦旅中的智略

　　重耳在狄一住就是十二年，当时跟随他左右的有狐偃、赵衰、颠颉、魏犨、司空季子、贾佗、先轸、介子推及不知名者数十人。狄君将其女季隗、叔隗两姊妹分别嫁给了重耳和赵衰。重耳与季隗生下伯儵、叔刘二子，赵衰与叔隗生下赵盾。

　　一天，子犯对重耳说："我们来到此地，不是为了享乐而是为了成就大业的。如果在一个地方待久了，便会安逸懈怠而不思进取，现在应该行动了！过去我们不去齐、楚，是避其路远，如今我们已积蓄了十二年，有能力远行了。此时齐桓公年老，管仲已殁，小人又当道，谋而无正，故齐欲与晋亲近，想重振昔日之雄风，我们何不趁此良机前往齐国？"

　　这一建议立即受到了大家的拥护，于是重耳一行踏上了周游列国的漫漫历程。等待他们的是荣耀还是耻辱，是坎坷还是坦平，是生还是死？重耳一行人的心里自然没有什么底，故重耳临行前对其妻季隗说："等我二十五年还不回来，你就嫁人吧！"

　　季隗笑答："等过了二十五年，我墓上的松柏已经长大成材了。尽管如此，我还是等你！"

　　重耳一行先抵达卫国，卫文公并没有看中这个落魄流亡的公子，故重耳只得赶紧离开卫都东行。过卫之五鹿（今河南省濮阳市南）时，腹中空空饥饿难耐，只有向村野之民求食。没想到这些乡下人馈赠他们的是土块，重耳大怒，执鞭欲击，子犯制止道："这正是上天的赐予！民众奉土以服公子，我们还有何求？再过十二年，我们必获此土，大家请记住我说的这些话吧！"

经子犯这么一说，重耳转怒为喜，于是叩头拜受了土块，并恭恭敬敬地把它装进了车里。此赠土块一事，若果如子犯所言是山野乡民奉土归服之表示，那何不在表示之后，拿出一些食物来犒劳犒劳他们未来救世主的辘辘饥肠呢？显然，子犯所言的用意是不想让刚刚在卫文公那里受了气，现在又遭乡民冷遇的同伴们丧失了信心，反而让一块对咕咕直叫的肠胃毫无意义的泥土，瞬间化作一根精神支柱，使满脸菜色、一出行就受挫的重耳一行顿觉信心倍增，于是载着他们的"精神食粮"飞快地驰向齐国。

齐桓公见重耳一行到来，厚礼相迎，把宗室女姜氏许配给了重耳，并赠马八十匹。这些说明齐桓公到底还是齐桓公，他较之鼠目寸光的卫文公看得深远多了。

重耳居齐后，安逸的生活使他渐渐不思回国，只想在此养老送终。没过多久，齐桓公去世，齐国发生内乱，诸侯相继叛齐。子犯等人催重耳离开齐国，重耳执意不肯。子犯见齐国已失霸主之位，没有能力帮助重耳返国了，而重耳又赖着不走，怎么办呢？子犯只得私下约赵衰等人聚在一棵桑树下密谋，策划着离齐一事。没有想到这一切都让正在树上采桑的蚕女获悉，她马上将此事告诉了重耳之妻姜氏，姜氏恐机密泄露，杀了蚕女。

她劝重耳说："您的随从正在谋划离齐一事，我将知情的蚕女已除掉，希望您一定要听从他们的意见，不可有疑心。自从您离开晋国后，晋无宁日，民无定君，得晋国者，非您莫属，您努力去做吧！有道是天予不取，必受其咎。"

重耳却道："人生安乐，岂知其他？我只想老死于此，不想离去！"

姜氏耐心地开导说："求道者夙夜而行，犹恐不及，何况一个纵欲怀安的人！周书上讲过，怀与安，乃大事之病。齐国政治腐败，晋国无道已久，您的随从忠诚，现在正是回国得位的大好时机。常言道，败不可处，时不可失，忠不可弃，怀不可从，您还是快去吧！晋公子一共九人，如今健在的唯有您一人，您已经站在了成功的边缘，为什么还要迷恋女色呢？我为您感到真正的羞愧！"

在这里，我们看到了一个女人的远见和卓识。要不是中国古代对女性的压制和歧视，要是让她们也有像男子那样的生存环境，也有像男子那样纵横驰骋的舞台，那么在历史上一定也会有女齐桓、女晋文。

姜氏见苦口婆心的劝说仍不能奏效，于是只好与子犯等人合计将重耳灌醉，用车载着他离开了齐国。重耳酒醒后，发觉上了当，暴跳如雷，他操起戈来要杀子犯，大声喊道："如果事情不成，我将烹吃了你这当舅舅的肉！"

子犯一边跑开一边回头对重耳笑着说："如果事情不成，我不知道我的尸体会被抛弃在荒野的什么地方，您能与豺狼去争食我的肉吗？如果事情成功了，您将拥有晋国的美味佳肴，我这副皮囊又腥又臊，您如何能享用？"

听子犯这么风趣地一说，重耳的气才消了下来，于是收起戈来继续赶路。

过曹时，曹共公对重耳一行很不礼貌，曹共公听说重耳的肋骨长成一体，待重耳洗澡时，设帘偷窥。

曹大夫僖负羁之妻听说曹共公无礼，为僖负羁谋划道："我看晋公子之从者，都是国相之材，在他们的辅佐下，公子必定能回到晋国，得志于诸侯。得志于诸侯，就会诛讨无礼，这样曹国就会首当其冲。你何不趁早对重耳表示友善呢？"

僖负羁听从妻子的劝告，私下向重耳馈赠食物，并把玉璧藏在食物的下面。公子重耳接受了食物，却将玉璧退回。

宋襄公以国礼迎接从曹国而来的重耳一行，大司马公孙固向宋襄公称道重耳的为人："晋公子好善不厌，父事狐偃，师事赵衰，长事贾佗。其舅狐偃，仁惠有谋；赵衰曾是献公之戎御，文以忠贞；贾佗为公族子弟，多识而恭敬。此三人者，居其左右，前程不可限量。"

宋襄公深以为是，赠重耳马八十匹，并要公孙固转告重耳一行，宋为小国，又刚刚受挫于泓之战，力量不足以辅佐他返国，请更求其他大国。

在郑国，郑文公对重耳一行无礼，郑大夫叔詹谏道："重耳一行皆贤者，如今晋侯日载其怨，外内弃之；重耳日载其德，狐、赵谋之。将来得晋国者，必是此人！"

郑文公说："诸侯流亡公子过郑者多矣，怎可一一尽礼？"

叔詹建议说："君不施礼，不如杀了他，以绝后患。"

郑文公亦不听，他既然对重耳无礼，说明他认为重耳不会有什么作为，也就不会留下什么后患。

重耳一行终于来到了楚国，楚成王以对待诸侯的礼节来迎接重耳。重耳不敢当，欲以辞谢，子犯不同意，说："这是天命，您只管享受！作为流亡之人，您现在与楚君并不相匹，却受到了与之相匹的国君之礼的接待，若不是上天，谁能开启楚君这样的念头？"

宴飨之后，成王问重耳："您若能返晋国，将用什么来报答寡人？"

重耳回答："子女玉帛，您已拥有。鸟羽、皮毛、象牙、犀革，都是您的土地上生长的。那流播到晋国的，只是您的剩余之物。我还能用什么来报答您呢？"

成王仍穷追不舍："虽然如此，我还是想听听您的回报。"

重耳回答得不卑不亢："如果凭借您的神灵，我得以返回晋国，一旦晋楚交兵对抗，相遇中原，我将退避三舍。如果这样还得不到您的宽恕，那我只好挽弓执鞭，与您驰逐周旋了。"

令尹子玉劝楚成王说："请杀掉晋公子，不然他返晋后，必使楚师感到惧怕。"

楚成王不同意，说："楚师之惧怕，那是我不能修德的缘故。我不修德，杀了一个重耳又有什么用？上天福佑楚，谁能让楚国惧怕？楚国不可福佑的话，晋国的土地上，难道就没有好的君主？况且晋公子敏达而有文辞，处困厄之中而不卑躬谄媚；有贤才辅之左右，是上天在福佑他！天之所兴，谁能废之？"

此时晋惠公已死，公子圉从秦国逃回晋国，被立为晋怀公。秦穆公对公子圉的不辞而别很恼火，于是召公子重耳去秦，准备帮助重耳返国。

秦穆公把宗女五人嫁给了重耳。公子圉原质于秦，现为晋怀公，其前妻怀嬴亦在其中。怀嬴非等闲之辈，公子圉曾与怀嬴谋归晋，怀嬴说："您是晋国的太子，受辱质于秦，现想逃回，合情合理。我的君父令我侍奉在您的左右，是想要拴住您。若我跟您归晋，是弃君命。故我既不敢从您，也不敢将此事泄于君父。"

这样怀嬴在君与夫、臣道和妇道间不偏不倚地走了一段漂亮的钢丝绳。

晋公子重耳从心里不愿意接受政敌晋怀公的前妻，故在怀嬴端水侍候他时，打掉了她手中的盛水容器。怀嬴忍无可忍，厉声呵斥道："秦、晋为平等匹敌之国，你凭什么这样轻视我？"

公子重耳大惊失色，没想到一个弱女子竟有如此的铮铮铁骨。也许怀嬴的逼人骨气还提醒了重耳寄人篱下的身份，虽然晋近在咫尺，但如果没有秦的帮助，不是有如天涯吗？十九年流亡的艰苦努力，怎能毁于一时的疏忽？重耳如此一想，顿觉冷汗发背，于是赶紧去掉上衣，肉袒自缚地去向怀嬴谢罪。怀嬴制服了一时傲慢的重耳；重耳呢，也战胜了他自己，过了通向晋国的最后一关。

一天，秦穆公设宴款待重耳，赵衰在一旁吟唱起《诗经·小雅·黍苗》：

> 芃芃黍苗，阴雨膏之。
> 悠悠南行，召伯劳之。
> ……

穆公听了赵衰的歌咏，对重耳一行说："我已明白你们回国的急切心情了！"

重耳与赵衰赶紧向秦穆公稽拜，赵衰代重耳言道："重耳之仰君，如黍苗之望时雨。若君庇荫膏泽之，使能长成嘉禾，得宗庙之祭主，全仗君的力量了。君若能昭明先君襄公的荣耀，东行济河，整师以复强周室，重耳之望也。重耳若能获归主晋民，建封国，一定会紧紧跟随君之左右。君若令重耳四处征讨不听君命的诸侯，那么四方之诸侯怎能不战战兢兢来归从君命呢？"

秦穆公慨叹道："这也是您将拥有的，岂专在我一人！"

公子重耳于是赋《沔水》一诗，一句"沔彼流水，朝宗于海"表明自己归国后，当如沔水归海一般侍奉秦国。

秦穆公亦赋《六月》一诗，其中有："王于出征，以匡王国。""共武之服，以定王国。"这两句意谓重耳为君后，必霸诸侯，能匡佐天子，以定王国。由此可看出秦穆公见识卓尔，慧眼独具。

秦穆公于是发兵护送重耳回国，这一年是鲁僖公二十四年（前636）。

当重耳一行来到黄河边时，重耳的舅舅子犯将玉璧交给重耳，说："臣从君周游天下，所犯的过失太多了，我还记得清清楚楚，而何况君呢？我不忍被戮，请从此而逃亡。"

重耳说："我如果不能和舅舅同心协力的话，河神可以作证！"于是投璧黄河，与子犯盟誓。

子犯在大功告成，就要享受胜利的果实时，却提出隐退的要求，这无非是想试试重耳的度量，因为历史上能共患难、难共享乐的君主实在太多了。子犯居安思危，确实比常人多想了一步。所幸的是他遇上的是一个开明的主子，因此不必像后来的范蠡那样去过逃隐的生活。不过范蠡虽然没有子犯那样的幸运，却有着子犯那样的智慧，故他在得意时能驰骋天下，在不得意时也能善守自己。历史对于像子犯、范蠡这样的智者，永远是青睐的。

重耳流亡途中所遇诸侯国君多矣，一般而言，凡大国之君主都能礼遇重耳，知其将来必大有作为，如齐桓公、楚成王、秦穆公，再加上一个图霸新挫的中等国君主宋襄公。而其余的中小国诸侯，大多是些鼠目寸光之辈，往往对重耳无礼相待，最终只能落下个被伐受辱的下场。

重耳之所以能从流亡公子而一变成为晋国的国君，当然离不开那些在贫贱忧戚中跟随他左右的忠诚不二的贤能之士，还有他有幸遇见的几位女中豪杰（如狄之季隗、齐之姜氏、秦之怀嬴），是他们的智慧和谋略一次次地帮助重耳从艰难困苦中走出，从怀安燕乐下崛起。

总之，重耳周旋天下，亡命列国，饱尝颠沛流离之苦，备受人间冷暖之情。坎坷的道路、丰富的阅历，磨砺了重耳的意志，开拓了重耳的眼界，从而为其日后雄霸诸侯打下了坚实的基础。

一道难题的妙解

历史似乎是把最好的机遇给了英雄，同时也往往把最难的问题留给了他们。

文公刚一入宫，门外就有个自称是寺人披的人赶来求见。文公一听到这个名字，就赶紧摇头说："不见！不见！"若不是初登君位顾及形象的话，文公也许下的就不只是一道逐客令了。

寺人披何许人也？在文公过去的逃亡生涯中，他一直充当着献公、惠公的杀手，撵得文公在蒲城越墙而逃，搅得文公在狄国不得安生。

然而，寺人披执意求见。

文公只得强忍怒火，派人代表自己对寺人披说："我在蒲城时，君父命你一天赶到，你即刻就到了。后来我和狄君在渭水之滨田猎，惠公命你三天赶去杀我，没想到你第二天晚上就到了。虽有君命，如何这么快？当年我在蒲城被你斩断的那只袖子，至今还保存着呢，你还是快点走开吧！"

寺人披回答道："我是以为您已明白了君人之道才来求见的，如果您还没有明白的话，那您又将失国出走了。执行君命，无有二心，古之制也。除君之恶，只有竭尽全力才是。献公、惠公之世，您作为蒲人、狄人，我何以放在心上？而您今天即位，难道就没有您所憎恶的'蒲人''狄人'了吗？憎恶忠臣的君主，一定不能持久！齐桓公就是不计射钩之仇，任管仲为相，才成就了侯伯之名。您如果不这么做，我会自动走开，何必有辱您的尊名呢？那样的话，我想走开的人将一定很多，岂止是我这个受过腐刑的小臣！"

看来，寺人披不单单是一个恪尽职守的杀手，他的名字之所以能在惜墨如金的古史中反复出现，恐怕更主要的是因为他的聪慧睿智与能言巧辩。

他在辩解过程中利用传统的伦理观念，不仅为自己过去的行为讨回了一个说法，让它披上了事君不贰的美德，而且在站稳了脚跟之后，对文公的斥责进行了有力的反击："憎恶忠臣的君主，一定不能持久！"他在论理的过程中善于捕捉文公的心理，他清楚文公不是个只求君位的庸主。刚临君位的文公正需用人，而一直流亡在外的经历使得他在国内的政敌颇多，如果没有齐桓公用管仲那样的度量，那他将失去很大一部分人的支持。在寺人披这样的辩解下，文公以何种态度对待他，便不再是其个人的好恶问题，而是被提升为一个国君是否能弃嫌用仇的任人原则问题了。这时的寺人披已由一个挥舞着寒光利剑的凶险杀手变为进言劝谏的忠臣谋士，反映了当时在政治斗争风云变幻、权力角逐复杂莫测的情形下，一些士大夫们机警灵活的仕宦之术。

寺人披冒着风险来叩响旧仇的大门，当然不仅仅是凭着自己的伶牙俐齿、巧舌如簧，倘若文公不理会他这一套，岂不是自投罗网？真正能使他有恃无恐的是，他此时手中已掌握了一条决定文公生死的情报。文公可以不去理会他的那一套高谈阔论，但不能不接受他带来的这份见面礼。故他在最后向文公的使者暗示说："如不见我，君将后悔莫及了！"

一个可以被判死罪的人，不但敢找上门来全无惧色，且口气如此强硬，文公知道寺人披手里一定握有他所需要的什么东西。于是赶紧出来接见，连连向寺人披道歉："怪我没有宽恕之心，请你不要放在心上。"寺人披这才将他刚刚获悉的惠公旧臣吕甥、郤芮要举火焚宫的阴谋告诉了文公。文公立即离开都城去王城（今陕西省大荔县东）秘密会见秦穆公，商讨对付吕、郤之谋。待吕、郤焚宫时不见文公，方知机密已泄，仓皇逃至黄河边上。秦穆公早已恭候在此，并设计诱杀了他们。

文公返国之初，国中不附者确实大有人在，吕、郤谋反即此一证。文公放寺人披一马，并且予以任用（后来文公曾就原守的人选征询过寺人披的意见，寺人披推荐赵衰，文公采纳了这一建议）。这一举动使得过去与文公有旧怨的人大受鼓舞，头须于是也来叩响文公的宫门。文公听说是头须求见，就借口以正在洗头为由不见头须。

头须对文公的使臣挖苦说："人低头洗发时，心就倒过来了，心倒过来时的想法就会不同寻常，这样我不能被接见就是很自然的事了。"

使臣说："你在君主流亡过曹时，窃资潜逃，现在有何面目来见？"

头须说："我能使晋国安定。"

使臣嘲笑道："一个窃贼也能使国家安定？"

头须不予理会，侃侃道来："君主离国太久，臣民必然多有得罪。现在君主返国继位，臣民必人人自危。我头须窃君之资避于深山，致使君主困厄五鹿，介子推割股享君，天下莫不闻之，我之罪过株连十族恐怕也难以塞责。如果君主赦免像我这样罪孽深重的人，并和我一起同车游于国中，臣民见了便知君主不念旧恶，必人人自安。"

文公听了使臣的转达，不禁大喜，马上礼见头须，从其计。

释旧恶、捐前嫌，不仅是任贤使能的用人之道，也是稳定人心的绥民之策。这种化干戈为玉帛的做法，对于那些长期在野、乱中得位的君主们尤显得重要，数百年后的刘邦就是用此法来稳定开国后的局势的。刘邦击败项羽一统天下后，一些平日里曾得罪过刘邦的人怕受到惩罚，纷纷相聚谋反，刘邦为此感到非常忧虑，向留侯张良寻讨方计。

张良问："您平生最憎恨的、又是众所周知的人是谁？"

"雍齿！"刘邦毫不迟疑地答道。

张良说："那您赶紧先封雍齿，群臣见雍齿被封，则人人自安了。"

于是刘邦宴请群臣，封雍齿为什方侯，并急令丞相、御史论功封赏。群臣见状，皆大欢喜，弹冠相庆道："雍齿尚且被封，我等无忧了！"

把笑脸给憎恶的人，把权力给痛恨的人，这是一种度量、一种胸襟。封雍齿、用头须、不杀寺人披，表明了君主的好恶已不再是个人的好恶。杀一个亲近的人，能避免大多数人的疏远，那么这个人非杀不可；赦一个憎恨的人，能使四方安宁，那么这个人不赦不行。赏罚之公正无情，才能换来天下之太平有情。

然而，历史上的许多君主似乎不明此理，或许他们难以做到，因为把笑脸给自己憎恶的人，毕竟是一种痛苦的选择；把权力给自己忌恨的人，毕竟是一种情感的背离。他们既然受不了这种痛苦，割舍不掉自己的情感，那么他们自然也始终不会听到那句曾令刘邦百听不厌的太平福音："我等无忧了！"

称霸起自勤王

当晋文公和头须同乘一辆车游于国中时，他从臣民脸上露出的笑容里读到的正是："我等无忧了！"

晋国自献公后，君主频频易位，内乱纷扰不已，真可谓是国无一日宁、政无一日平。人们早就领教了新君对故君旧臣的报复和打击，故文公登位伊始，国内的动乱又开始酝酿。没想到文公宽容大度，用了一个阉宦和一个窃贼的智谋，换来了晋国企盼已久的上上下下的安宁。

初步安定晋国后，晋文公采用了赋职任功、举善援能、救乏振滞、匡困资无、轻关易道、通商宽农等一系列政治、经济改革措施，于是一个政平民阜、财用不匮的强盛晋国开始出现了。

文公即位之时已六十二岁，他知道自己所剩的日子不多了，故在登位后的第二年就急着称霸诸侯，他对子犯说："我能用民了吗？"

子犯劝阻说："不行，民还不知义。"

不久，周襄王避昭叔之难，居于郑地，并派使者赴晋、秦两国相告。子犯对文公说："这是一次天赐的良机，君何不纳王使民知尊上之义呢？这件事我们不去做，秦国一定会去做，这样我们则失周矣，到时我们凭什么去主诸侯之盟呢？继祖宗之业，定先辈之功，安疆启土，在乎此举！"

文公于是用财物贿赂居住在晋国东部的戎、狄，打通了东进的道路。之后，晋文公一面辞退秦国的勤王之兵，一面亲率晋军进驻阳樊（今河南省济源市东南）。然后晋军兵分两路，以右师围王子带所居的温地（今河南省温县西南），左师迎周襄王于郑。是年夏天，周襄王进入王城，俘王子带于温并戮于隰城。

周襄王因文公勤王有功，设宴款待。文公趁机请求自己死后能用天子之礼下葬，襄王不答应，说道："这是周王室的制度决定了的，在没有取代周室之德而拥有天下的情形下，这是行不通的。一个诸侯用王之葬礼，会造成一国有两王的现象，这恐怕是叔父您也不愿见到的吧？"

周襄王虽于礼制上严格把关，但赏赐土地却慷慨大方，他把周王畿所辖的南阳八邑统统赐给了文公。而文公呢，他似乎对葬礼的兴趣更大于土地，他想辞去南阳八邑，而换取以天子之礼下葬的许可。襄王寸步不让，他宁愿给文公再加封赏，也不能失掉这君臣之分。

文公请用天子之礼葬己，称得上是自郑庄公以来霸主们最大胆的僭越之举了。这就把春秋时期诸侯们的"尊王""勤王"的良苦用心昭示无疑了。

文公要用天子葬礼，但首先要去得到天子的认可，这就出现了春秋史乃至整个古代史上一种奇特而矛盾的历史现象：僭越天子却要得到天子的认可，僭越礼制却要得到礼制的宽容。这表明传统观念的力量是何等巨大，它深深地制约了人们的这种僭越行为，从而使得这种僭越也只能是一种有限的僭越，它终究超出不了这个大传统所规划的畛域。

文公使周襄王复位后，又问子犯："我可以用民了吗？"

子犯依然劝阻说："不行，民还不知道信，君何不用伐原来向人民展示什么叫信呢？"

原属于周襄王送给文公的南阳八邑中的一邑，原邑易主后，其民不服晋的统辖。文公听从子犯的建议，令晋军只带三天的军粮，以三天为期限，届时不下原就退兵。晋军围攻原三天没有拿下，文公下令退兵。这时从城中回来的晋军间谍说，再过不到三日原就要投降了。将士们也请求文公稍候，文公不同意，斩钉截铁地说："信，一国之宝。得原失信，将怎样去统治人民？这样虽然得到了一个原，而失去的恐怕更多。"

于是令晋军后撤，不料晋军才退一舍，原就投降了。文公以信得原后，又问子犯："可以用民了吗？"

子犯还是劝阻说："不行，民还不知礼，君何不举行一次大阅兵，用整顿军纪、崇尚礼节来训导民众呢？"

晋文公于是在被庐举行大阅兵，使原来的两军扩充为三军，任命郤縠将中军，任命郤溱为副将。子犯这时才对晋文公说："可以用民了！"

以勤王彰义、以伐原示信、以阅兵明礼，从而把义、信、礼作为霸主的政治资本，这实际上是当时贤士俊杰的一种共识。楚成王在泓之战后携郑姬而归，秦穆公以人殉葬，这些都为时人所不齿，并被认为这是他们最终不能称霸中原的根本原因。

在死人身上做文章

当子犯对晋文公说"可以用民了"时，楚国的势力正在向北方渗透。汉水流域的许多姬姓小国相继被楚吞并，陈、蔡与楚已结盟，郑、许、曹、卫、鲁等国也倒向楚国一边。鲁僖公二十六年（前 634），楚军甚至深入到齐国境内，占领了曾是管仲私邑的谷地（今山东省平阴县东阿镇境），楚国大有人主中原之势。晋文公要想称霸，就得遏止楚人北上的势头。所谓称霸，实际上也就是与楚争霸。

鲁僖公二十七年（前 633）冬，楚成王合陈、蔡、郑诸国之师围攻宋国，因宋襄公在晋文公流亡时，曾施惠于文公，故宋国的公孙固到晋国告急求援。晋大夫先轸对文公说："报施定霸，就在今天！"子犯亦献策："曹国新附楚，卫国也刚刚与楚通婚，如果我们去讨伐曹、卫，楚国必移兵相救，这样宋围就可自行化解了。"文公对这种安排十分满意，宋国的赠马之恩不能不报，而自己曾在曹、卫两国所受的窝囊之气亦不能不出，这确实是一个报施、复仇、定霸一举三得的绝好机会。

鲁僖公二十八年（前 632），晋文公决定向卫借道先伐曹，卫拒绝借道，晋军只得绕道向南渡过黄河，再向东侵曹伐卫。取卫之五鹿后，与齐侯盟于敛盂，这时卫侯见晋国大兵压境，请求会盟，被晋拒绝。卫成公只得投靠楚，但遭国人反对，被撵出了卫国都城，卫国人想以此来取悦晋国。

楚军见卫倒戈，出兵救卫，被晋击败。这时曾倒向楚国的鲁僖公见晋国强大，杀了曾派到卫国替楚国戍守的公子买以取悦晋国，而向楚国诈称公子买不能尽戍守之职，故杀之以示惩罚。

晋义公制服卫国后，急攻曹国，但久攻不下，伤亡很大。曹国人将晋军的死尸陈诸城墙之上，想以此来动摇晋军的军心，文公为此深感忧虑。这时大家议论道："我们何不以牙还牙，将军队进驻曹人的墓地？"文公从其议，移师曹人墓地。曹人害怕晋军掘了自己的祖坟，赶紧将所获晋军的尸首收敛入棺，送出城外。晋军趁机攻进了曹国都城。

晋军破曹，可以说是利用死人来制服活人的一个战例。曹军本想通过陈列晋军阵亡者的尸体来震慑晋军，没料到这倒启发了晋军，晋军则摆出要去掘其祖坟的态势来反慑曹军，结果是曹人精神先垮，城池旋即被克。这样战斗的重心实际上已由金戈相接转为了一种心理战和精神战。

战国时齐国的田单守即墨时，曾诱使敌国燕军尽掘即墨人的祖坟，从而激起了齐人对燕军的无比愤怒，一举收复了齐国的失地。虽用意与此相反，然事则与此相类：一为夺敌之士气，一为励己之士气。

可见，士气是直接影响战争成败的重要因素，正如拿破仑所说，一支军队的实力，四分之三是由士气构成的。齐鲁长勺之战，曹刿就是一位善于利用军队士气的谋略大师，他趁齐军"三鼓而竭"之时，让鲁军一鼓作气而大败齐军。楚汉相争的垓下一役，韩信用一曲楚歌使得打算再作困兽之斗的楚军士气顿泄，力能扛鼎的项羽终究只能化作饮恨于乌江边的鬼魂。

进入曹都后，文公没有忘记僖负羁的馈食置璧之惠，他下令晋军不得进入僖负羁的家室。当年曾跟随文公出亡而一直抱怨不被重用的魏犨和颠颉听到文公的这道命令时，再也沉默不住了，他们议论说："不图奖赏有功之臣，却去报答什么施惠之恩！"于是一怒之下，放火烧了僖负羁的家。

文公闻讯后大为光火，他想杀魏犨又惜其才，便叮嘱他的使臣，如果在战斗中已受了伤的魏犨伤势过重的话，就杀了他。当魏犨听到文公的使者来看望自己时，心中已明白了八九。于是紧裹伤口，若无其事地对来使说："托君之福佑，只伤了一点皮毛。"为了证实自己的话，当着来使的面，魏犨蛙跳了三百，纵跳了三百，终于以自己过人的机敏和顽强的意志保住了性命。

只可惜了颠颉，从君周流天下十九年，也未能抵过那飨君置璧之功而抱怨黄泉。由此可见，忠君还须才来护。有时即便是冤家仇敌，有才有智，也能安然过关，如寺人披，如头须。

"我击其外，楚诛其内"

晋国原以为攻曹伐卫能解宋之围，不料结果并不是预期的那样。不久，宋国又派门尹般到晋军告急。文公对此事颇为犯难："宋人告急，齐之不管会得罪宋；请楚释宋吧，自然行不通；与楚直接交战呢，又未得齐、秦二国的支持，如何是好？"

先轸设计道："我们让宋国去贿赂齐、秦，让齐、秦出面请楚释宋围。我们则拘捕曹君，将曹、卫的土地分给宋，这样一来可以激怒楚，二来可以补偿宋贿赂齐、秦的损失。楚国偏爱曹、卫，肯定会不同意齐、秦之请，齐、秦呢，必喜得宋之贿赂而怒楚之顽固，这样齐、秦两国能不参战支持我们吗？"文公欣然从计。

楚成王知道自己难敌强晋，遂引兵归去，告诫子玉说："不要追逐晋师了！晋侯在外十九年，艰难困苦备尝之，风土人情尽知之，流离转徙，犹得生存，为天所立，岂可废乎？古之兵书常云，'适可而止''知难而退''有德不可敌'，现在晋国的情况就是如此。"

子玉不肯，让伯棼请战，楚成王不高兴，只让西广、东宫与若敖之六卒为子玉统帅。子玉使宛春告晋师："请复卫、封曹，我就释宋之围。"

子犯说："子玉无礼，我君只得宋围之释，而作为臣子的子玉，却得复卫、封曹之两功。"

先轸却道："定人之谓礼！楚一言而定三国，我一言而亡三国，这是我无礼。楚有三施，我有三怨，将凭什么去作战呢？不如私下许诺复曹、卫，拆散其与楚的同盟关系，再执宛春以激怒楚。"

　　文公采用了先轸之谋，囚宛春于卫，私复曹、卫，使曹、卫告绝于楚。楚子玉怒击晋师，晋文公下令退避。

　　军中一些将领不解道："以国君规避臣子，是耻辱。且楚长年暴师于外，士兵疲惫，斗志衰竭，我们为何要退让？"

　　子犯分析说："理之曲直，是军队气之盛衰的根本所在，岂能以师出的时间长短来判断？我们不能履行曾对楚成王许下的诺言而退避三舍的话，则是我曲楚直。如果君主退避，臣子还要进犯，则是曲在彼了。"

　　退避三舍，本是晋文公对楚成王恩惠的一种报答，而在聪明的子犯手中，竟又演变成一种君退臣犯，决定师之曲直的谋略了。

　　子玉虽未得到楚成王的全力支持，但仍有战车约一千四五百乘，在数量上已大大超过了晋军的七百乘。楚军在进逼晋军驻扎的城濮时，也占据了有利的地形。打不打？文公有点举棋不定。

　　子犯为了打消文公的犹豫，劝谏道："这一仗一定得打！打赢了，我们就能称霸诸侯；打不赢，我们凭着晋国表里山河的险要地形，也不会有多大危害。"

　　文公说："那我们将怎样对待楚国的恩惠呢？"

　　栾贞子上言道："汉水之北的姬姓诸侯，都被楚国灭掉了。我们岂能想着楚国厚待过我们的小惠，而忘了灭我同姓诸国的大耻呢？"

　　晋军此时已退避了三舍，兑现了文公曾许下的以退避三舍来报答楚成王恩惠的诺言。而文公仍在唠叨恩惠一事，实际上这是对强楚怀有畏惧心理而找的托词。这种恐惧心理在他的梦中便形象地表现出来了：他梦见楚成王伏在自己身上用牙齿咀嚼他的脑袋。但这个恐怖的血淋淋的梦却在子犯那里得到了巧妙的解释："这个梦非常吉利。仰卧向上，是我得天；俯身朝下，是楚服罪。"

　　子犯总算打消了文公心理上的最后一点顾忌。

　　子玉派斗勃向晋文公请战，态度傲慢地说："我们请求与君之将士玩场游戏。"

　　晋文公亦派栾枝对答："准备好你们的战车，谨记住你们的君命，明天早上再见吧！"

从城濮之战开战前的情况来看，实际上双方的胜负已经决出。楚军虽人多势众，但军心不齐，楚成王开始就认定晋军不可战胜，提醒子玉不能出征。子玉所统的申、息、陈、蔡的军队，多是些观望不定的乌合之众。据《国语》所载，晋军主将先轸通过从楚军投奔过来的人那里了解到，这些附楚的小国有一半准备叛变。楚军的精锐若敖氏的军队也将离去，这样一来，楚军实际上是外强中干，加上子玉的轻率、冒进、骄傲轻敌，楚师大败的结局已经注定。

而晋军上下一心，通过私复曹、卫，离间其与楚的关系；贿赂齐、秦，争得齐、秦的声援；退避三舍，既报了楚王的恩惠，又怂恿了冒进的子玉。

战斗一开始，子玉便大言不惭地说："今日必无晋矣！"当时子玉率中军，子西率左军，子上率右军。晋将胥臣用蒙着虎皮的战马冲击陈、蔡的军队，陈、蔡军队旋即逃奔，接着楚右师兵溃。晋将栾枝让战车拖着树枝扬起漫天尘灰，伪装遁逃，引诱楚军左师出击，然后晋军先轸、郤溱率中军横扫楚军，狐毛、子犯率上军夹击，子西的左师败溃。至此，除子玉的中军外，左右军皆溃不成军。子玉只得收拾残军，怏怏而归。

晋军将楚军的辎重点着，大火数日不熄。文公见状，长吁短叹，左右不解地问："打败楚国，君主为何还在忧虑？"

文公说："我听说战胜敌人而又能使之得到安抚的人，才是圣人。我因此而感到畏惧！况且子玉还在，我喜不起来呀！"直到后来文公听说子玉被楚成王逼迫自杀，才松了口气说："我击其外，楚诛其内，这正是所谓内外相应啊！"忧愁的脸上才开始露出了笑容。

打了大胜仗，仍能保持清醒理智的头脑；闻敌国有猛将在，便食寝不安，忧患不已，这恐怕只有深谋远虑的君主才能做到。晋文公虽自认为与他梦寐以求的"圣人"相距甚远，但在他人的眼里仍不失为古代少有的好君主。大史学家司马迁曾评价道："晋文公，古所谓明君也。"（《史记·晋世家》）

孔子道破"天王狩于河阳"的谜底

　　如果说天子对霸主的态度，在郑庄公之时更多地表现为一种仇视，在齐桓公之时更多地表现为一种"友好"，那么在晋文公之时则更多地表现为一种讨好了。尽管周天子有时还要摆摆臭架子，耍耍假威风（如晋文公再三请求以天子之礼葬己时，襄王听后连连摆手摇头，大有此为天子之专利，非己莫能享用的气势），但在更多的时候不能不依仗霸主的支持，有时甚至连登基持位也要如此（如襄王在王子带之乱后能复得为襄王，就是晋文公竭力"勤王"的结果）。当然霸主对天子也是有所求的，因为只有天子才能给他的种种行为披上合法的外衣，使得他的东征西伐师出有名，使得他的众多会盟尽得情理，以致不让人们一下看到他那贪婪的野心和青面獠牙的本色。

　　这就出现了一种十分有趣而又耐人寻味的历史现象：天下的共主，却是靠讨好仆人、损害自己的地位来维持；削王损王的霸业，却要靠被损被削的对象来支持。两种本不相容的异质之物，因有了这种相互利用的内容，便"和平共处"起来。

　　故当周襄王听到晋文公在城濮胜楚后，亲自带着礼品前往犒劳。晋文公也为襄王作宫践土，并献上缴获的战利品。襄王为此大受感动，当即命晋文公为"侯伯"，赐给他天子之车——大辂、戎辂，以及红色弓一把，红色箭一百枝，黑色弓一把，黑色箭一千枝，美酒一坛，虎贲三百。襄王要晋文公"敬服王命，以绥四国"（《左传·僖公二十八年》）。

　　晋文公得"侯伯"之名后，"尊王"的劲头更足了。在周襄王小住践土之宫的短暂时间里，他就先后三次去朝见了襄王，史载"出入三觐"。

作宫践土后不久，晋文公就召集鲁、齐、宋、蔡、郑、莒等国诸侯于践土会盟。卿士王子虎代表王室参加了会盟，在践土之盟上提出了如下盟约："皆奖王室，无相害也。有渝此盟，明神殛之！"（《左传·僖公二十八年》）

襄王策命、践土之盟，是晋文公成为中原诸侯霸主的标志。此次盟会上的盟约以"尊王"为宗旨，号召诸侯各国团结在"尊王"这一旗帜下，使"尊王"不仅成了晋文公去号令诸侯的手段，亦成了他去束缚诸侯的绳索，谁不遵从，则有遭受被征讨"殛之"的厄运。

然而有意思的是，晋文公一系列的"尊王"之举，并没有使王室更尊，倒是使他的盟主权力更大。就在践土之盟的那一年的冬天，晋文公又召集了齐、鲁、宋、蔡、郑、莒、邾、秦等国诸侯于温会盟，在盟会上晋文公除了行使他的盟主大权，拘执卫成公，制订了征讨许国的计划外，还行使一种以前诸侯盟主们从未有或者说从未敢行使的权力，即召周襄王前来会盟，而一个堂堂天子居然也应了一个诸侯之召。这一奇特现象的出现，形象地表明了春秋一代霸主们"尊王"的实质："尊王"只是他们实现霸权的手段，并非他们所追求的目的。正统的《春秋经》实在不愿正视这一历史事实，只得虚饰说："天王狩于河阳。"

"河阳"即黄河之北，据考证它在今河南省孟县西，距晋文公会盟诸侯的温地不远。显然，《春秋经》的作者为避讳襄王应文公之召赴温之会一事，所书的"天王狩于河阳"，其事其地都不是确切的。还是孔子道出了作者的苦衷和用意："以臣召君，不可以训，故书曰：'天王狩于河阳。'"

由此可见，晋文公"尊王"之"诚意"较之齐桓公更差。如果说齐桓公还能蒙蔽一时，使当时的人们颇为赞许的话（孔子就有"齐桓公正而不谲"的评论），那么晋文公则使人颇有些微词了（孔子斥之为"谲而不正"）。尽管文公有"不正"之表现，但是他始终没有丢掉"尊王"这张招牌，因为他知道在自己还不具有一统天下的势力时，他还需要这张招牌的政治影响来弥补自己力量的不足。其后的霸主们似乎愈来愈不明此理，或许他们见王室日渐衰微，越来越懒得去做这些表面文章了，最后甚至连"尊王"二字也只字不提。他们这样做是因为他们忽略了一个很重要的文化现象，即人们心目中的天子地位与现实中的天子地位的衰落不是同步的，不正视人们观念中的那个天子，他们的霸主行为就极易引起人们的反感。如果说人们把齐桓、晋文的霸业视为替天子行道，救自己于水火；那么则将后来的霸业开始视作洪水猛兽，驱自己入泥潭了。吴王夫差北上称霸，中原人莫不切齿痛恨，视如瘟神，即是一例。

晋文公在位虽只九年，然而他创下的霸业之基异常牢固，霸业的余绪一直延至晋悼公之时，使晋国得以长久地称雄于中原。

第
五
章

CHAPTER5

走不出关中的秦穆公

秦本是居于东方的氏族，周公旦东征时，被迁居西方，与戎、狄杂处。秦的祖先非子专门经营畜牧业，因其马匹养得好，周孝王把他封在秦这个地方，称为秦嬴。

平王东迁时，秦襄公勤王有功，平王于是正式封秦襄公为诸侯，赐他岐山以西的地盘，赋予他征讨西方戎、狄的权利。

春秋前期，秦的势力已扩展到渭水流域的大部分地区。在齐桓、晋文相继称霸中原之时，西边的秦国也在秦穆公的领导下跃跃欲试，想从狭窄的关中地区走出来。

五张羊皮的价值

五张羊皮，一个奴隶的价格，却能换来一代治国的贤臣，这似乎是天方夜谭，然而这确实是历史上真真切切发生过的事实。

有个虞国人，名叫百里奚，自幼家境贫寒，中年时出行谋生。他先到齐国游说，无人理会，只得靠乞讨度日。至宋国时，遇到一个叫蹇叔的隐士，两人一谈即合，成为知己。他们一起来到东周，百里奚为王子颓养牛，牛养得膘肥体壮，喜牛的王子颓想让百里奚做官，蹇叔劝道："时值王室纷乱，您就不要做王室的官了。"

百里奚听从蹇叔的建议，离开东周，来到故乡虞国，当上了虞国的大夫。蹇叔却继续隐居不仕。当时正值晋国为伐虢向虞借道，虞君贪图晋国屈产之马和垂棘之璧，不听百里奚好友宫之奇的劝谏，致使虞国被灭，虞君和百里奚都成了晋国的阶下囚。晋献公的大女儿出嫁秦国时，他们都被当作陪嫁的奴隶一起送往秦国。百里奚半路上逃走，奔至楚国的宛地时，又被楚人所执。

秦穆公得知逃走的百里奚是个非常有才德的人，他怕楚国警觉不放人，于是和臣下们设计仅以当时一个奴隶的价格即五张羊皮买回被楚人强迫养牛看马的百里奚，并让使臣对楚王说："我国有个叫百里奚的奴隶逃至贵国，我们准备赎回去处以刑罚。"

就这样，一代治国之臣顺顺当当地回到了秦国人的手中。

秦穆公与百里奚交谈了三天三夜，非常高兴，于是把治国的大权交给了百里奚。百里奚因为是用五张羊皮换来的，故时人称之为"五羖大夫"。

从奴隶到宰臣，由饭牛及大夫，百里奚凭着才智完成了自己的"龙门"一跳，秦穆公凭着慧眼完成了自己的一次不拘一格拔人才的纳贤之举。

古代的英雄，大多既是事功上的，又是人格意义上的。秦穆公礼遇重耳，又辅助其回国登位，明知其将来是自己争霸的对手，但出于英雄对英雄的赏识，没有在极不平等的条件下加害对手。这颇似西方中世纪盛行的决斗，只有在双方平等的条件下击败对手，方可称得上英雄。正因为秦穆公有这样的气度和胸襟，跟随他的贤士良臣济济一堂。

如果说齐桓、晋文是招贤纳良的开明君主，那么秦穆公较之更甚。所以李斯在数百年之后，仍啧啧称许："往日秦穆公之时，在西戎那里得到了由余，在东宛那里得到了百里奚，从宋国接来了蹇叔，从晋国迎来了丕豹、公孙支，他们都不是秦国人，而穆公能一一起用，兼并二十余国，称霸于西方。"

《诗经·小雅·鹤鸣》有云："他山之石，可以攻玉。"秦穆公可谓深谙此理。就秦国整个历史而言，它不像自居正统的中原文化那样，有历史的包袱和传统的约束，不拘一格地招徕人才，自然也就能后来居上，崭露头角。

窥视中原

　　秦穆公在登位之后，开始把目光盯着东面热闹的中原。这里是东周王朝统治的中心，是经济、文化最为繁荣的地带，是霸主们争夺霸权的腹地，"射王中肩""九合诸侯"的霸业之剧在这里一幕幕上演，谁掌握了这里，谁就占据了霸坛上的制高点。南边的强楚虽早在郑庄公之时就具备与中原诸侯霸主抗衡的势力，但至楚成王时，仍一直未能控制这一制高点，因此其霸业的影响力远不及中原的霸主们。

　　走出关中，走向中原，这是秦穆公梦寐以求的。然而东进的路上，首先拦住秦穆公脚步的是强大的晋国。为了能过晋国这一关，秦穆公费尽了心思，他用了许多精力来培养与晋国的感情，除了利用传统的婚姻形式来加强联络外，他还多次插手晋国的内政，在晋国动乱的年代里，曾先后辅立了晋惠公和晋文公。在晋文公强大之时，秦穆公成为其最好的盟友。但就总体情况而言，秦穆公的这些努力收效并不太大，因为归根到底，霸主的交椅向来只容得一人，即便是秦晋结好的日子，这种矛盾仍不可避免地存在着，只是没有充分暴露而已。烛之武之所以能退秦师，便是成功地利用了这一矛盾的结果。

　　晋文公上台后，为了报复流亡之时郑的无礼行为，与秦联手围郑，使郑都危在旦夕。郑国大夫佚之狐向郑国国君建议道："如果让烛之武去见秦君，秦师必退。"

　　郑君同意了，没料到烛之武却推辞道："我年轻时尚不如他人，如今老矣，更无能为力了。"言辞之中，明显含有对郑君平时没有重用他的愤懑。

　　郑君赶紧道歉："我不能早用您，现在危急之时却来求助于您，这是我的过错。然而郑国覆灭，对您也没有利啊！"

　　烛之武见郑君认了错且言语恳切，便答应下来，夜里遁出城外，见秦穆公说："秦晋围郑，郑已知危亡在即。如果郑亡对君有利的话，那么您就这样努力去做吧。然而您知道，越过他国把郑国作为自己的边邑，这是一件非常困难的事情。如此，灭亡郑国则只能使您的邻国晋国得益，邻国的增益自然对您是没有好处的。您如果网开一面，放郑国一马，让它作为您东进路上的东道主，为您的人马往来提供物资，供其乏困，对您大概没有害处。况且晋国是个反复无常的国家，在晋惠公时就已暴露无遗，这一点您应该深有感触。晋国的欲望没有满足的时候，今天向东扩展其领土，明天就要向西拓其疆域。向西，如果不损害秦国，其地将从何处攫取？还望君在下一步行动之前，细细地思量一下。"

　　烛之武虽然是为郑的前途而游说秦，但自始至终似乎没有为郑说一句话，并且宣称只要灭郑于秦有利，鼓励秦君去做此事。就在这为秦设想的过程中，烛之武巧妙地将秦的利益和郑的利益糅合在一起，将秦和晋的利益分割开去，得出亡郑只会对秦不利，存郑反可使秦得到东进路上的东道主的结论，盟友与敌人在这里悄悄地发生了变化。

　　人们往往不易接受口口声声只为自己着想的意见，为他人着想尤其是为听话人着想的意见，则常常是人们喜欢听取的。烛之武抓住了人的这一心理，存郑而不言郑。藏起私心，打出为他人着想的公心，不直奔目的，而是巧妙地、悄悄地引导着对方的想法朝着有利于自己的方向发展，最后达到不言郑而存郑之目的，这确实是一种游说技巧。

　　这样，烛之武退走的不仅仅是一个秦师，同时他也为秦晋之间的龃龉埋下了伏笔，从而从根本上解除了秦晋联手对付郑的危机，为郑在未来的政治舞台上与大国周旋创造了一个成功的范例。

　　晋文公死后，秦晋之间的矛盾开始尖锐炽烈起来。秦穆公一个错误的决定，致使秦国企图向东打开出路的部队全军覆没。

魂断殽山

秦穆公听从烛之武之说，不仅解除了郑之围，还派了部下杞子等人为郑戍守边关。僖公三十二年（前628），即晋文公逝世的同年，杞子暗地里遣使赴秦相告："郑人让我们掌管了其北门的钥匙，如果潜师以来，其国可得。"

穆公就此事去征询蹇叔的意见，蹇叔劝阻道："劳师袭远，我从未听说过这种不明智的做法。这样只能使我军疲惫，敌人却以逸待劳。况且千里奔袭，难免会走漏风声，这实在是一种不可取的做法。"

穆公一直在寻找东进的最佳时机，这次以为来了，没想到蹇叔却给泼了一瓢冷水，这对于当时急于求成的穆公来说，自然难以听进。于是他召来孟明、西乞、白乙三位大将，让他们率军从秦都东门整装出发。蹇叔见穆公不从己见，只得赶到秦都东门，为孟明之辈边送行边哭道："我只见师之出而不见师之入也！"

穆公非常气愤，派人指责蹇叔说："你知道什么？如果你不是老不死的话，你的墓上之树恐怕已经有一围之粗了！"

蹇叔对随军的儿子说："晋人必在殽山袭击秦师，殽山有二陵，南陵为夏后皋之墓，北陵为文王避雨之地。你一定死在这两陵间，让我就在那里去收拾你的尸骨吧！"

老谋深算的蹇叔对结局已看得十分清楚，只可惜秦穆公听不进，使本来可以避免的失败变成了现实。这说明锦囊妙计若无人采纳，也无异于粪土瓦砾。

孔子周游海内，历干世主，如齐至卫，所见八十余君，委质为弟子者三千人，达徒七十人。此七十人者，万乘之主得一人用可为师，不为无人。然此游仅至于鲁国司寇，这常常为古往今来的君子们扼腕叹息，故《吕氏春秋·遇合》有云："凡遇，合也。时不合，必待合而后行。故比翼之鸟死乎木，比目之鱼死乎海。"

比翼之鸟、比目之鱼必得合者才能飞，才能游；智士、贤臣必得明主才能有所作，有所为。这就是为什么我们提起管仲就会想到齐桓公，提起诸葛亮就会想到刘备。云龙风虎，相得益彰！贤臣与明君的结合，才能上演出王恽的《谒武惠鲁公林墓》一诗中所描绘的壮观历史："云龙时际会，风虎日翱翔。"

蹇叔哭师，秦穆公骂蹇叔老不死，结果让东进的秦师踏上了一条不归路。

秦军潜行至滑国时，正遇上郑国商人弦高贩牛经过此地。弦高为了稳住前来偷袭的秦军，假装自己是派来犒劳秦军的郑国使者，对秦军的将士们说道："我国君主听说你们将路过敝邑，特地派我来犒劳你们。敝邑虽然贫乏，但还是为你们的驻留做了准备。如果驻留，我们准备了一天的粮草供应；如果离开，我们准备了一夜的警戒护卫。"

弦高一面用四张熟牛皮和十二头牛犒劳秦军，一面暗中急遣使者回报。郑穆公得讯，派人去视察杞子等人的驻地，果然发现他们正在厉兵秣马，准备接应秦军，于是派皇武子前去将他们赶走。

孟明等将领以为郑国早已防备，便下令撤军，在回去的路上，顺便灭了滑国。

弦高急中生智，使毫无防备的郑国免遭了灭顶之灾。他凭着一人的智慧和胆量，挡住了秦师的千军万马，从而使他的名字永久地载入了史册。

晋国听到秦孤军深入的消息，以先轸为主的大臣们力主攻击秦军，认为这是上天赐予的一个绝好的机会。于是晋国紧急动员姜戎的军队，晋襄公亲自出征，由于正值居丧之期，为了便于行军打仗，就把白丧服染成了黑色。这年的四月，晋军在殽山一带截击秦军，俘获了孟明、西乞、白乙等将领。后不久在晋文公夫人文嬴的请求下，晋襄公放了秦国的这三员大将。先轸闻讯后勃然大怒，斥责襄公，且"不顾而唾"，这表明在晋国公族势力削弱后，异姓贵族势力开始有了兴起壮大的兆头。晋襄公自知放走秦的三员大将也欠思虑，于是立即派阳处父领兵去追赶，到达黄河边上时，孟明等人已在舟中。

秦穆公认为殽之役的惨败纯属自己的错误所致，对于被俘而归的孟明等人，秦穆公素服郊迎，并向他们抱歉道："我违背蹇叔的意见，使你们受辱了，这是我一人之罪过，与你们毫不相干。"

秦穆公在战败之后，罪己不罪人，仍起用孟明等人而不疑，显示了开明人主勇担责任、知错必改的君子风度。故秦穆公虽有殽之役的耻辱，亦有后来渡河焚舟，封殽尸而还的雪耻之功。

东进，东进！

　　阳处父赶至黄河边，见孟明等人正在舟中，已追之莫及，于是灵机一动对孟明等人说，晋君有礼物赠赐。阳处父想以此引诱他们回头上岸，但孟明等人并不上当，他们高声对阳处父说："如果受贵君之惠回去免死，三年之后将再来拜君之赐！"表达了孟明等人立志卷土再来，要报殽役之仇，雪被俘之耻。

　　鲁文公二年（前625）春，孟明等为兑现黄河边立下的誓言，率兵伐晋。晋襄公统晋军抵御，两军战于彭衙（今陕西省白水县东北）。不幸的是，秦军又被打得大败，晋人因以讥此次东进之秦师为"拜赐之师"。

　　彭衙兵败，秦穆公还是没有责备孟明等人，依旧重用他们，放手让他们再做东进的准备。秦穆公这种对孟明等人深信不疑的态度，极大地激发了他们的热情。有道是："天行不信，不能成岁；地行不信，草木不大。……四时之化，而犹不能以不信成物也。又况乎人事？"故又言曰："凡人主必信，信而又信，谁人不亲？"（《吕氏春秋·贵信》）孟明等人励精图治，用他们"夙夜匪解"的实际行动来报答秦穆公的这种信而又信。

　　晋大夫赵衰闻之，担心地对其他晋国官员说："秦师又至，将必辟之。惧而增德，不可当也。……（孟明）念德不怠，其可敌乎？"（《左传·文公二年》）

　　果然在鲁文公三年（前624），孟明等又率秦师伐晋。这次为了表示不达目的、誓死不回的决心，东渡黄河后，他们焚烧了所有的船只，欲与晋军背水一战。秦军一路攻占了晋地王官、郊等地，晋军见秦军来势凶猛、锐不可当，于是采用赵衰之计，坚壁不出。秦军见状，觉得难以大逞，于是转从茅津（即今山西省平陆县南的茅津渡）再渡黄河，封殽尸而还，总算洗刷了殽之役的耻辱。

尺木尚有节目，寸玉尚有瑕疵，人又何尝不是如此。即便是千古传颂的古之圣人，也并非完人。所谓尧曾有不慈之名，舜曾有卑父之号，禹曾有贪位之意，汤、武曾有放弑之谋……筚路蓝缕、建功立业者，岂能事事中绳而没有过失？故孔子云："求鱼者濡，争兽者趋。"若紧紧揪住人之小过，必失人之大美，秦穆公可谓深谙其理矣。孟明之辈之所以在数败之后，能以辱为荣，以穷为通，虽失乎前，终得之后，归根到底是秦穆公宽以待人，不因小过弃人之善的结果。

宽以待人，在秦穆公那里既是用人的原则，亦是君人的策略。秦穆公一次丢失了自己心爱的骏马，后被告知骏马已为饥饿的野人宰食了。穆公听说后并没有去惩罚这些野人，反而为他们担忧起来："食骏马之肉而不饮酒，我恐怕伤了他们。"于是吩咐手下人给他们送去酒。事过一年，秦晋发生韩原之战，当时晋惠公的军队包围了秦穆公，晋将梁由靡已经抓住了穆公的乘马，与此同时晋将路石的长矛扎进了穆公的铠甲，情形可谓万分危急。在这秦军就要败北，穆公眼看被擒的当口，突然闯进了三百名不明身份的勇士，他们个个推锋争死，一下扭转了战争的局面，结果晋军大败，晋惠公反被俘获。后来方知，这三百名勇士原是岐山之阳偷食秦穆公骏马的野人。

秦穆公曾说过："吾不以一眚（音 shěng，过错）掩大德。"那么有过一眚而未被追究的人，自然会回过头来报答那个"不以一眚掩大德"的人。"投我以桃，报之以李"，所言正是此理。

退，亦是一种英雄本色

中国有句老话，叫作谋事在人，成事在天。讲究人为，也强调机遇。秦穆公精心策划，屡叩东关，可谓殚心竭力矣。但此时东边晋国的势力如日中天，晋文公所创的霸业尚有赵衰、先轸等人的拱卫，其根基仍坚如磐石。秦欲东进，难于上青天。穆公图霸中原，时机还不成熟，倘若秦穆公不改变策略，照此一条路走下去，那么他将没有什么建树了。

于是，秦穆公开始把目光从热闹的中原转向清冷的西方，这是一种痛苦的决定，亦是一种明智的选择。

早在秦襄公之时，周平王因襄公护驾东迁有功，不仅赐其诸侯之爵位，还给予他岐山以西的广大地盘。他对襄公说："西戎无道，侵夺我岐、丰之地，秦如果能逐出西戎，就占有其地。"

终襄公之时，秦伐戎至岐。

西戎在先秦时十分活跃，它构成了对中原的巨大威胁，幽王被杀，平王东迁，就是西戎的侵扰所致。平王把踏平西戎的任务交给秦国，实际上是一个非常艰巨的任务。

就在秦穆公大举东征之时，戎王慕穆公之贤名，派由余访秦。由余祖先原为晋国人，后逃入西戎，故对中原文化颇多了解。秦穆公为了向西戎展示秦国的强大，带着由余参观了屋宇宫殿、粮仓积蓄。不料参观后由余却感叹道："此若使鬼为之，则劳神矣。若使人为之，则苦民矣。"

秦穆公好奇地问由余："中原各国以诗、书、礼、乐、法度为政，还不时动乱，而如今戎夷无此，凭什么去治理民众呢？"

由余讥笑道："这就是中原各国为何动乱的原因！从上圣黄帝作礼乐法度，身以先之，仅以小治。及其后世，日以骄淫，上借法度之威责督于下，下则以仁义之德怨望于上，上下交争，钩心斗角，最终导致动乱不宁。至于戎夷则不然，上含淳德以遇其下，下怀忠信以事其上，一国之政犹一身之治。无须用什么去治理民众，才是真正的圣人之治。"

穆公听了由余的这番议论，退下问内史廖："我听说邻国有圣人，这是国家的忧患。由余贤能，是我的心腹之疾，我将怎么办呢？"

内史廖回答说："戎王地处僻远，从未听过中国的音乐，您可以向戎王馈赠一些女乐，用以夺其心志。并且向戎王请求延长由余在秦的时间，从而疏远他们的关系。我们呢，留住由余迟迟不遣，以耽误他回戎的日期，这样戎王必然责怪，引起他对由余的怀疑。君臣一旦出现隔阂，就有可能为我所利用。况且戎王一定喜好女乐，势必怠于政事，如此，西戎就危亡无日了。"

秦穆公经此点拨，忧虑全无，高兴地说道："就这么办好了！"

于是穆公一面天天与由余传器而食，慢慢理论西戎之地形与兵势，一面遣内史廖率女乐访问西戎。戎王果然十分欢喜，终年不返女乐。

由余回戎后，见戎王沉湎女乐，不理政务，屡谏无效，心中开始郁郁不欢。穆公见时机成熟，多次暗中派人动员由余来秦。由余见戎王已胸无大志，不可能再有什么建树，终于答应了秦国的要求。

在对付强悍而少有心计的对手时，从内部瓦解敌人的方法往往比从外部猛打强攻更能奏效。项羽围刘邦于荥阳时，走投无路的刘邦也采用了陈平所设的类似之计。他当时派人四处散布项羽属下的钟离眜、龙且、周殷等人因自居功多，不能裂地为王，欲与汉为一的谣言，从而引起了项羽的猜疑与不信任。一次项羽派使者至汉，陈平以太牢具举进，见使者佯惊道："吾以为亚父（范增）使，乃项王使！"于是撤去太牢具，更以恶草具。楚使归报项王，项王又疑起亚父来。当时亚父要项羽速下荥阳城，项王不信，对亚父之议置之不理。亚父见已被疑，愤怒道，"天下事大定矣，君王自为之，愿请骸骨归"，遂解甲而去。后来汉高祖刘邦回忆起这些往事，评说道："项羽有一范增而不能用，此所以为我擒也。"

《百战奇法·间战》云："凡欲征伐，先用间谍，觇敌之众寡、虚实、动静，然后兴师，则大功可立，战无不胜。"

秦穆公在内史廖的帮助下，施展了一出离间敌国君臣的计谋，终于从西戎那里得到了由余，从而对西戎之众寡、虚实、动静了如指掌，为秦国扫平西戎铺平了道路。《史记·秦本纪》载："秦用由余谋伐戎王，益国十二，开地千里，遂霸西戎。"

用由余，霸西戎，不仅使周平王托付给秦国的使命在秦穆公之时得以实现，而且使秦国从此解除了后顾之忧。向西，表面上看是一种退，实际上是为进积蓄着能量。秦穆公的子孙们之所以后来能高屋建瓴，浩荡东下，振长策而御宇内，执敲扑而鞭笞天下，这种巨大能量的释放，莫不溯源于穆公此时向西拓展为秦国所做的积聚。

历史就是这样告诉了我们：明智的后退，往往也是一种进攻。退，亦是一种英雄本色。

第
六
章

————

CHAPTER6

火神后代燃起的野火

帝喾曾对他的火官重黎说，你和你的子孙们一定能光融天下，故我将你命名为祝融。祝融，即大放光明之义，后人因此尊祝融为火神。

火神祝融就是楚的祖先。

火神的子孙们没有辜负帝喾的期望，他们接过祖先手中的火种，在春秋诸侯争霸的历史舞台上，燃起了一团熊熊火焰，经久不息。

"蛮夷"的幌子

中原的诸侯们一直把楚视作"蛮夷"，楚亦一再自称"蛮夷"。其实，这个"蛮夷"就当时的文化发展水平而言，一点也不蛮夷。从考古发掘的大量材料来看，它并不比同时期黄河流域考古遗址的文化发展水平落后。出土的春秋战国时期的铁器、青铜器、漆器等，很多都是出自江汉流域。这些在文献资料中也得到了证实，如《左传》记载重耳流亡至楚国时，曾对楚成王说过："羽、毛、齿、革，则君地生焉。其波及晋国者，君之余也。"足见当时楚国物产之丰富。

在城濮之战前十年，郑国国君朝见楚成王时，"楚子赐之金（青铜）"，"既而悔之，与之盟曰：无以铸兵（兵器）"。在城濮之战中，晋国因武器不足，"遂伐其木，以益其兵"，就武器的数量和质量而言，不及楚国。这些都说明了楚国的生产力发展水平在当时是较高的，在某些方面甚至超过了中原地区。而楚国正是在"蛮夷"的幌子下，一步步走向强大，一步步地干起与周天子争夺天下的事来。如果说中原的诸侯们与周天子争夺权力还是"犹抱琵琶半遮面"，那么楚国的君主们则来得干脆直截，公开僭号称王，揭去了那层捂捂盖盖的遮羞布。

早在"夷王足下堂"，王室开始式微之时，楚的祖先熊渠就立其三子为王，熊渠自道的理由是："我蛮夷也，不与中国之号谥。"（《史记·楚世家》）

及周厉王之时，熊渠畏惧暴虐的厉王伐楚，便去其王号。后周幽王为犬戎所杀，平王被迫东迁，熊通又自尊为武王，自此楚国君主再也不用担心陵替的周王朝来讨伐了，便世世代代称起王来。而中原诸侯一直视楚为"蛮夷之邦"，长期未将其放在心上，加上内部纷争，势力也难及荆楚腹地，故对其称王僭号之举未多加在意。这些都无疑为楚国的发展提供了便利条件，也使得楚国的野心渐渐膨胀起来。就在楚武王之时，武王就曾说过："我蛮夷也。今诸侯皆为叛相侵，或相杀。我有敝甲，欲以观中国之政，请王室尊吾号。"(《史记·楚世家》)

"欲以观中国之政"，便成了历代楚王孜孜以求的理想。正是在这种理想的感召下，楚国的势力渐渐向中原渗透。郑庄公早在中原初试锋芒时，就已感到了来自楚国的威胁，他与蔡侯会盟于邓，就是为了商讨对付正在崛起的楚国。齐桓、管仲提出"攘夷"的一个重要对象，便是正在变得日益强大的楚国。其后，楚国北上的势头愈加难以遏制，与宋襄争战于泓水，与晋文周旋于城濮等等，楚国一旦有机可乘，就北上大闹中原，搅得中原不得安宁。纵观春秋一代，没有哪一个国家能够对中原的霸主们构成这么大、这么长久的威胁，因此几乎可以这样说，春秋中原诸侯们的争霸，就是与楚国的争霸。中原的霸主们无论有怎样辉煌的战果，都不能征服这个火神的后代。

"蛮夷"的幌子虽然给楚国带来一些便利，但也带来一些不利。尽管楚国后来的一些子孙开始向中原礼教文明靠拢，对自己的行为也多加修饰，楚国文明甚至在许多方面还超出了中原诸侯的文明，但是在中原诸侯们的眼里，楚文化一直被排斥在中原文化圈之外，楚国人也被视作正统华夏文明的异乡人。即便是中原诸侯迫于生存需要，不时地向南楚寻求保护和支援，但也多是出于无奈，而少有真诚。一旦情形许可，他们便会背离这个"蛮夷之邦"，故而使得楚国的霸业一直未能像中原的齐桓、晋文那样具有影响力，但这只是就霸业而言。就历史文明的发展而言，强劲剽悍的南楚蛮风，无疑给正统的华夏文明注入了一股新鲜异样的血液，从而给已略显沉闷的"礼仪之邦"平添了几分生机与活力。

智取江汉诸姬

　　楚国从一个蕞尔小国跻身于强国之林，以至耀兵王畿问鼎中原，其经历的过程也是漫长而艰辛的。

　　楚国在崛起之前，它的周边是一些被中原文化认同的姬姓小国。由于文化的关系，这些姬姓小国往往抱成一团来对付楚国，使楚国在最初的扩张征战中，常常难以得志逞意。楚国要想去逐鹿中原，就必须先制服、吞并这些姬姓小国。而要战胜这些姬姓小国，楚国在实践中已逐渐认识到，仅凭武力是不够的。

　　鲁桓公六年（前706）楚武王率兵前往伐随，随国派少师前来求和，斗伯比对楚王说："我们不能得志于汉阳诸姬，其原因是我们自己造成的。我们常常是张三军，被甲兵，以武临之，使得他们因畏惧而齐心协力来抵御我们，这样我们就很难离间他们。汉东之国，随为大，而随一向高傲自得，看不起其他小国，小国于随也并不亲附，这正是我们楚国可以利用的。此次来求和的随国少师就是一个典型的狂妄自大的家伙，为了满足其自大的心理，我请求楚王藏其精锐，示之弱旅。"

　　楚大夫熊率且比担心道："随国有季梁在，这恐怕不管用吧？"

　　斗伯比充满信心地说："此次示弱是为将来计，它的作用在少师得志其君时才会看到。"

　　楚武王采用了斗伯比的计谋，让少师满心欢喜地回去了。少师向随侯说，楚军不过是一支不堪一击的赢师弱旅，要求发兵出击，随侯正欲答应，季梁制止道："楚故意向我展示其赢弱，这显然是诱我上钩，君主一定不要贸然行动！如今我国大臣谀美虚词，人民饥寒交迫，而君想逞志以快，这恐怕只能是凶多吉少。望君还是务力修政，亲结其他姬姓国家，如此才有可能免于祸患。"

随侯见季梁言之有理，于是照季梁之议，施民修政，友结诸侯。楚国见状，便未敢进一步采取行动。

到了鲁桓公八年（前704），随国少师得宠，斗伯比高兴地说道："可以出征随国了，仇敌有了空子可钻，机不可失呀！"

这年的夏天，楚成王会诸侯于沈鹿（楚地，在今湖北省钟祥市东六十里），以黄、随两国未参加为由，一面派薳章责黄，一面亲率楚军伐随，进兵汉、淮之间。

随国季梁建议先向楚国请服，对方不应允则再与之交战。他认为这样可以一箭双雕，一是能激怒我方士兵，二是能使敌军懈怠。

少师对这种示弱的方法不同意，他对随侯说："应当与楚速战，不然我们将失去战胜楚军的机会。"

随侯听从了少师的意见，率军前去御楚。季梁见交战不可避免，又建议道："楚人尚左，其君必在左师。我们可以避开左师，先击其右师。右师由于没有精锐，一定会被击溃。这样偏师一败，就会带来楚军的全面崩溃。"

少师在一旁摇头否认："不与楚王正面交战，怎么能谈得上真正的对敌呢？"

在两种截然不同的对策面前，随侯一一听从了少师的败兵之计。少师提出要与楚速战，要正面迎战楚王，正是三年前楚向其示弱发挥作用的结果，这也正是楚国静等了三年想要的结果。

随侯率军与楚战于速杞（随地，在今湖北省应山县城西），随师败绩。随侯遁走，少师被俘。

楚武王不仅采用了示弱懈敌之术，而且非常有耐心，在随国贤者季梁当道之际，便引而不发，待其少师用宠，才实施出击。楚国在对付周边诸姬小国时，常用此法，屡屡奏效。

鲁桓公九年（前703），楚、巴与邓交战，楚师先佯败而走，邓人不知是计，遣师急逐。楚师旋即回戈击其前，巴师尾追攻其后，将邓军打得大败。

鲁桓公十二年（前 700），楚伐绞，驻兵于绞国都城南门。楚大夫莫敖屈瑕设计："绞国小且轻薄少谋，我们可以让采樵者不设防卫来引诱绞师逐利出击。"

楚王采用了此计，绞国的军队当天就俘获了楚军的采樵者三十人。第二天，绞军蜂拥争出城外追逐楚军的采樵者，于是楚军悄悄移师一部至绞国都城的北门，另遣一部埋伏在采樵者的山下。因楚军先驻扎在南门，故绞军遭遇伏击后纷纷逃向北门，此时早已恭候在北门的楚军迎头痛击绞军，迫使绞国不得已与楚订立了屈辱的城下之盟。

楚国这种隐强示弱、诱敌中计的谋略，在我国古代的战争中不乏其例。公元前 341 年，魏、赵攻韩，齐国发兵救韩。齐国军师孙膑向大将田忌建议，与魏交锋中佯败示弱，退却中以减少炉灶的方法使魏将庞涓判断失误，以为齐军士兵大量逃亡，战斗力锐减，从而做出错误的决定，率轻骑冒进，最后兵败马陵。

示弱，往往是强者攻击弱者时采用的一种战术。《百战奇法·强战》云："凡与敌战，若我众强，可伪示怯弱而诱之，敌必轻来与我战，吾以锐卒击之，其军必败。法曰：能而示之不能。"

楚国正是凭借它机动灵活的战略战术，一一制服和并吞了周边的诸姬小国。在经历了楚武王、楚文王、楚成王的开疆拓土的扩张之后，楚国已是一个立于江汉流域的赫然大国。尤其是楚成王之世，与齐桓对峙于汉水，与宋襄争战于泓水，与晋文周旋于城濮，这些说明了楚国已逐渐具备了争霸的势力，为后来楚庄王的"一鸣惊人"奠定了坚实的基础。

三年不鸣：洞幽烛微的秘方

孔子曾叹息说："知人固不易矣!"(《吕氏春秋·任数》)

知人不易，在于人人都为自己设有一道防线。要想了解一个人，就必须突破这道防线。在突破这道防线时，有强攻也有巧夺，而最聪明的办法，莫过于让对方丧失警惕，自动撤除这道防线。

楚庄王即位之时，国内公族势力已非常强大，其中若敖氏一支已经拥有与国君分庭抗礼的能力。在朝廷内部，贤愚混杂、明争暗斗的现象也十分严重。其父楚穆王就是发动兵变而夺取王位的，其显赫一时的祖父楚成王曾可怜巴巴地请食熊掌而不得，最终自杀身亡。在当时的政治舞台上，一度国势衰弱的晋国也利用其父楚穆王去世的机会，重新联合中原诸侯，成为霸主。而经常与楚结盟的陈、蔡，也加入了晋国的联盟。此时的楚国要想继承先王遗志，北上与晋国逐鹿，首先就得安定内部，肃清异己。于是，楚国上上下下把他们的这种期望寄托在了这位新即位的国王身上。

然而出乎国人意料的是，庄王即位后三年之间，不出号令，日夜为乐，且公开诏令："有敢谏者死无赦!"这着实令楚国上下大失所望。

一天，伍举去觐见庄王，只见庄王左抱郑姬，右抱越女，坐于钟鼓之间。伍举思忖，此时若向耽于声色的庄王犯颜直谏，则无异于送上门去找死，看来只能曲线迂回才行。于是伍举问："有只鸟儿在山上，三年不飞不鸣，那是什么鸟?"

庄王一惊，这不是在用鸟来暗喻我吗？于是脱口说出了自己的志向："三年不飞，飞将冲天；三年不鸣，鸣将惊人。"庄王挥了挥手，对伍举说：

"你退下吧，我知道你的来意了。"

可是，过了几个月，庄王依旧我行我素，且荒淫的程度超过了以前，或许庄王认为还未到"冲天""惊人"的时机。

大夫苏从再也忍不住了，顾不得身家性命直入宫中去见庄王。庄王看到满脸怒容的苏从，大声呵斥："你难道不知道我已有诏令在先吗？"

苏从毫无惧色地回答说："如果我能以死来换取君王的清醒明白，那么我也心甘情愿了！"

"好的！"庄王见三年的"淫乐"已使自己在暗中观察到了忠良的耿直和奸邪的媚谀，于是立即撤去淫乐，登堂听政。所诛者数百人，所进者数百人，任伍举、苏从以国政。当年灭庸，即位第六年胜宋，国人的脸上开始露出了喜色。

楚庄王"三年不鸣"与商王武丁的"三年不言，政事决定于冢宰，以观国风"（《史记·殷本纪》）的做法如出一辙。

中国古代向有崇尚帝王不露声色、韬光养晦的统御之术。《韩非子·主道》云："掩其迹，匿其端，下不能原；去其智，绝其能，下不能意。"深藏智慧，才能让人不得窥其实。若人君好暴示能，好倡自奋，这样人臣就会以不争持位，以听从取容，反使人君莫知臣下之情伪了。

当然楚庄王如果仅仅是三年不鸣、掩迹匿端，那么只能是让臣下莫知深浅、不得虚实而已，贤与不肖者还是难以立见分晓。为了尽快求得臣下之实情，楚庄王在三年不鸣的计谋之上又加上了"荒淫无耻"一计。让"左抱郑姬、右抱越女"的形象出现在国人面前，从而使忠良者痛心，使奸邪者快意。让那些平日里善于伪装的人在面对一个"无能的昏君"时渐渐丧失警惕，在快意逞志的愉悦忘形中慢慢放弃那道伪饰的防线。于是楚庄王仅仅用了三年时间，就立马分出来了几百贤者、几百不肖者。

《老子》说："大直若屈，大巧若拙，大辩若讷。"智而示之愚，能而示之不能的韬晦之术，在后人们那里着实得到了光大和发扬：勾践尝粪、孙膑佯癫、刘备种菜、司马懿称病……这些做法都是让宏图大志深藏于不足挂齿的卑微甚至是耻辱的事中，从而把人们对自己的判断故意引向相反的方向，让本质在虚假的表象下隐伏下来，一待时机成熟，便拨云开雾，鸣叫着直上九重云霄，正如刘备好不容易在曹操那里讨得一班人马后匆匆开路时所表现的快意那样："吾乃笼中鸟、网中鱼，此一行如鱼入大海、鸟上青霄，不受笼网之羁绊也！"（《三国演义》）

静极而动，必定石破天惊。楚庄王由"荒淫无度的昏君"一夜之间成为大有作为的明主，想必在当时的楚国一时惊煞了许多人，也喜煞了许多人。

沉默了三年的楚国，终于又走上了争霸的国际舞台。

再现神威的祖宗法宝

就在楚庄王引颈欲鸣、振翅欲飞之时，楚国发生了少有的自然灾害，全国出现大饥荒。戎人乘机攻打楚国的西南部，战火烧到了阜山一带；不久又转向楚国的东南部，前锋抵至訾枝（今湖北省枝江市境）。庸（今湖北省竹山县东）人率群蛮叛楚，麇（今湖北省十堰市郧阳区）人率百濮聚集选地，亦准备进攻楚国。

楚庄王为了防止中原诸侯乘机南下，关闭了楚国北境申、息两地的门户。有人为了安全起见，建议此时将王庭先转移到阪高（今湖北省当阳市东北），蒍贾却竭力制止说："这种退缩的方法不可取，我们能去的地方，敌人也能去。群敌之中，当属庸国的威胁最大，我们不如把重点放在伐庸之上。至于麇与百濮，他们只是认为我们遭受饥荒不能出兵，才来入侵的，如果我们出兵了，他们一定会畏惧而归。百濮分散离居，将各回其邑，哪里还有能力来攻打我们呢？"

楚庄王认为蒍贾的退敌之策有理，打蛇打七寸，就得击其要害，于是发兵征庸。只过了十五天，百濮便罢兵退回。楚军自庐地（今湖北省南漳县东）往伐庸国，一路上开仓赈济，将士同食。庐邑大夫戢梨进攻庸国方城（今湖北省竹山县东，别于楚国的方城）；庸人回击，俘虏了楚将子扬窗，战斗开始呈现出胶着状态。

不久，子扬窗逃回，报告说："庸国军队人数很多，群蛮也集结在那里，不如再增派大军，甚至不惜出动国君的直属部队，才有可能击败庸军。"

楚大夫师叔却建议说："不能这样。还是让先前的军队与他们交战，使敌人得志，轻视我们。敌人一旦骄傲起来，我军被激怒之后，便可以克敌制胜了。楚国的先君蚡冒（楚厉王，楚武王之兄）就是使用这种方法征服陉隰的。"

看来示弱是楚国世代擅长的传统法宝，这次又派上了用场。楚军依师叔之计七战七败。打到后来楚军佯败退走时，庸人就只派裨、儵、鱼三邑的军队追逐楚军了。他们认为"楚不足与战矣"，于是渐次放松了戒备，最后干脆连防线也懒得设了。

楚庄王见时机已熟，乘驿站的邮车赶到前线，在临品会合楚师，分兵两路，一路由子越率领，一路由子贝率领，夹击庸军。秦、巴两国也派兵援楚，不久就灭了庸国。

就在楚庄王整理内务，安定后方，使楚国一步步强大起来时，晋国却因内部矛盾重重一天天走着下坡路："晋侯侈，赵宣子为政，骤谏而不入，故不竟于楚。"（《左传·宣公元年》）

楚庄王抓住这一良机，于鲁宣公元年（前608）亲率楚军侵陈伐宋，第二年又授命郑公子归生伐宋。宋军被打得大败，其主帅华元被生擒。

华元被俘，可以说富有戏剧色彩。在开战之前，华元宰羊飨士，其御者羊斟因没有分到一杯羊羹，便怀恨在心。至战斗开始后，羊斟对华元说："昨日分羊飨士之事，你为主；今日战车进退之事，我为主！"

于是驱车载着华元一起驰入郑师，致使华元轻易被擒，宋师因此大败。后华元逃归，见到羊斟委婉地责怪道："这大约是你的马不听话造成的恶果吧？"

羊斟回答说："不是马，是人！"羊斟认为在宋再难以待下去了，便逃到了鲁国。

对此，时人大骂羊斟，认为他以其私憾，败国殄民，是个丧尽天良、十恶不赦的大坏蛋。但是我们还应该看到，作为一军之主的华元，不能飨士以公，才导致了这种意外的结局。尽管华元后来有着孤身夜入楚营，登子反之床，以一人之胆识退万人之师的壮举，但在这件事上不能不说是一种考虑欠周的表现。这说明战争的形势复杂多变，某一细小环节被忽略，就有可能造成"千里之堤，溃于蚁穴"式的悲惨结果。

　　楚庄王率军北上，入侵中原晋的盟国，晋侯却一直未敢与他争锋，这就大大鼓动了庄王的祖宗们遗传给他的那种叛逆精神。他的目光不再仅仅是盯着晋侯屁股下的那把霸主交椅，而是把更多的注意力集中到周天子头上的那顶"天下共主"的王冠上。

九鼎算什么？

　　楚庄王知道，自己的头顶上虽然有顶王冠，但那是自封的，中原的诸侯们向来不承认，他们承认的只是周天子头顶上的那顶。于是庄王在继位后的第八年，即鲁宣公三年（前606），借伐陆浑戎（居今河南省洛阳市西南）之际，深入中原腹地，兵至洛邑，陈兵周郊，想看看这个龟缩在狭窄王畿之内，被中原的诸侯们口口声声喊"尊"的周天子到底有多么贵重。

　　楚兵压境，周王室一片恐慌，因为自东迁以来，虽然周王室日益衰微，王畿所辖之地日益缩小，但还没有哪一个诸侯如此陈兵耀武于王都附近。周定王赶紧派大臣王孙满去慰劳楚庄王，实际上是想探明楚庄王此次前来的真正意图。

　　楚庄王也不绕弯子，直接向王孙满询问周之九鼎的大小轻重。九鼎向来是至高无上的王权象征，不是他人能随便过问的国器。楚庄王问鼎，显然是在轻蔑周天子的权力，毫不掩饰地表白了自己想取而代之的野心。

　　王孙满在得知庄王的来意后，便义正词严地斥责道："统治天下是靠德，不是靠鼎！"

　　楚庄王气势汹汹地回击说："你不要用大言来吓唬我，九鼎算什么？楚国折钩之喙（即折断兵戟的尖刃），就足以铸成九鼎！"

　　王孙满也寸步不让："从前夏朝有德之时，远方的国家把山川奇异之物画成图像，九州的长官进贡青铜，铸成九鼎时将鬼神百物的图像皆铭其上，使百姓能认识鬼神百物之形，从而得以防备。夏桀乱德，九鼎迁于殷，前后六百年。殷纣暴虐，鼎迁于周。所以德行若美好光明，鼎虽小必重；政治昏乱，鼎虽大必轻。昔日周成王定鼎于郏鄏（周地名，在今河南省洛阳市境内），占卜将传世三十代，享国七百年，这是天命啊，不可改变！鼎之轻重，岂可过问？"

王孙满说鼎，但旨在重德。论鼎之迁移，须有明德休行且受天命方可。言下之意是在问这个来自南蛮之地的不知天高地厚的自尊为王的楚庄王，"你具备这些吗？"

谈起仁义道德来，楚庄王不想班门弄斧，他此次陈兵于周疆，也并非真要把取而代之的想法付诸行动。楚庄王清楚，以他目前的势力还干不了这件事。他耀武扬威于中原的腹心地带，无非是想让那些自以为是文化中心、礼仪之邦的北方佬瞧瞧，他这个南蛮也是有足够的势力与中原诸侯抗衡的。九鼎算得了什么，楚之"折钩之喙"就足以为之，更何况其他！

楚庄王问鼎中原，体现了火神后代的血管里奔涌的那股世代相传的狂傲不羁的野性。在春秋之际的霸主们中，最具叛逆精神的当属楚庄王，他的这种叛逆精神可以看作是对楚国传统精神的发扬和光大。早在庄王之前，就有四位楚国的君主享用过周天子的专利——王号。虽然中原的霸主们常常在代天子发号施令，但是他们始终没有或者说不敢丢掉"尊王"这面旗帜。楚国的先王们却没有这些顾忌，他们正是凭着那股叛逆的"蛮"劲，东征西讨，将一个蕞尔小国变成了南方的大国。

但是，当这些自封为王的楚国君主们挥师北进，与中原的诸侯打交道时，才日渐发现，要制服中原仅仅凭借武力似乎是不够的。王孙满在给楚庄王上"政治课"时，楚庄王口头上虽然在抵触，心里却活动起来：楚国在郑庄公时就崭露头角，至齐桓公时已开始强大，可是楚国在中原一直未能真正得志。楚成王遏齐桓于汉水，败宋襄于泓水，却终究与霸主无缘，只是一个来去匆匆，让中原诸侯闻之胆寒的敌手而已。楚庄王在不久后与晋争夺郑、陈、宋等中小国家时，也开始明显地感受到了这点。就势力而言，楚国这时已超过了中原的老牌霸主晋国，按常理这些中小国家是应该倒向楚国的，至少在大部分情况下是这样。然而实际的情形并非如此，这些国家往往是在楚军压境的情形下，迫于无奈才服楚，即便如此，也是心中向着晋国。这说明中原的诸侯们始终把楚作为南蛮异己对待，故楚一直是被中原诸侯视为"攘夷"的重点对象。楚庄王意识到，要想在中原真正得以立足称霸，必须在武攻的同时加上德攻，即让中原的诸侯不仅在武力下屈服楚国，还要在文化和心理上认同楚国。

然而这对楚庄王来说，是一项十分艰巨的工作。楚国向有崇尚武力、不拘礼义的传统，陷阵却敌是楚庄王的拿手好戏，而以德服人却是他面临的一个新课题。这就意味着他必须放弃某些传统的做法，泯去许多祖先们遗传在他身上的野性，也就是说楚庄王要想去以德征服他人，首先就要先战胜他自己。

当楚庄王意识到这点，并且拿起了武攻与德攻这副双戟时，他的霸业才真正开始走向辉煌。

美人与骏马

历史上有不少为美人而丧国的君主，即便是像齐桓公这样叱咤风云的杰出霸主，也因多内宠而使齐国的霸业不继。楚庄王也许有了这些前车之鉴，才没有为一个美人而断送自己麾下武士的性命，因而在历史上被传为美谈。

有一次楚庄王宴请群臣，正在酒酣耳热之际，灯烛忽然熄灭了。这时，忽然听到一声尖叫，楚庄王的一个美人嘤嘤啜泣道："有人乘灯灭之际，对妾做出了非礼的举动，妾已将此人的冠缨扯断，请大王快快吩咐明火燃灯，查出那个没有冠缨的人来！"

此语一出，四座皆惊，喧闹的酒宴顿时寂然，人们在无声中等待着庄王发话，在黑暗中大家似乎已经看到了那个被折断了冠缨者的悲惨下场。

孰料庄王用一阵轻松的爽朗笑声打破了黑夜中的沉默，只听他毫不介意地说："我赐人宴饮，才致使人酒醉失礼，这又有什么大惊小怪的。怎么能为了显示一个妇人的节操而羞辱我的壮士呢？"于是对在座的臣属下令道："今日与我饮者，不绝冠缨者是为不欢！"此令一出，谁敢背不欢之名，当时在场的百余号人皆绝其冠缨，而后灯火再上，宴乐继续，最后皆大欢喜，尽兴而去。

庄王图霸，正是要用人的关键时刻，若是为了妇人的小节而失去一位能征善战的将士，实在是一件不划算的事情。况且危难之际放人一马，受恩者必将舍身以报，这些价值更是无法估量的。也许在黑暗中人们静候庄王发落的一瞬间，这些利弊得失已在庄王胸中权衡清楚了。庄王的宽容大度何止是一人受惠，因为人们从这件事上看到了庄王不爱美人爱武士的可贵品质，看到了自己为国效命最终可得厚报的光明前景。

对于庄王的这种宽容，历代皆有好评，东汉的朱穆曾在《崇厚论》中说："夫天不崇大则覆帱不广，地不深厚则载物不博。人不敦庞则道数不远。昔在仲尼不失旧于原壤（原壤，孔子旧友，母死时不哭而歌，孔子最终原谅了他的失礼行为），楚严（即楚庄，避汉明帝刘庄讳改）不忍章（究明）于绝缨。由此观之，圣贤之德敦矣。"以天大地厚来喻楚庄的胸襟，并与孔子齐论，这确实是再高不过的评价了。据说后来在晋楚郊之战中，为保卫楚庄王的安全而不惜肝脑涂地、英勇献身的，正是未被庄王追究的那个人。

国人有句口头语：得饶人处且饶人。这是总结了千百年来人们的经验和教训而得出的一种处世智慧。

有意思的是，楚庄王没有拜倒在美人裙下，却差点失足于骏马蹄前。

据《史记·滑稽列传》载，楚庄王酷嗜良马，他把他所喜爱的马"衣以文绣，置之华屋"，让它睡在特制的床上，吃着香甜的枣脯，结果使马得肥胖病而死。哀伤中他竟做出要群臣为马吊丧，用大夫之礼葬之的决定。此事引起了左右谏争，皆以为不可。楚庄王下诏严令："有敢以马谏者，罪至死！"

楚国的乐师优孟听说这件事后，特地来见楚庄王。优孟一踏进宫门，便仰头大哭起来，庄王惊问其故，优孟说道："此马为大王的宠物，然以堂堂楚国之大，仅以大夫之礼来葬，不是太薄了点吗？我请求用人君之礼葬之。"

庄王赶紧问："你说如何操办呢？"

优孟回答说："臣请以雕玉为棺，文梓为椁，发甲卒掘穴，让老弱负土，并奉以万户之邑，这样可使诸侯们都知道，大王是在贱人而贵马。"

庄王听到这里，方知优孟觐见的用意，不由得悔悟起来："寡人竟然糊涂至此！你说此事该怎样处理才好？"

"请大王用对付六畜的办法来'葬'之，以炉灶为椁，以铜釜为棺，伴以姜枣，荐以木兰，祭以稻米，衣以火光，葬之于人之腹肠。"

不为美人失士，却因爱马贱人，说明楚庄王并非完人。但他能接纳忠谏，改正错误，这又是难能可贵的。人莫不有长短，历史上没有一贯正确的人，也没有能立于不败之地的圣人，功成之人无非是能假人之长补己之短而已，故古语有云：假人者遂有天下。

流浪至齐的公子重耳赖在齐国，死活不肯走的情形，与一个胸无大志、苟且偷生的落魄汉并无二样。刚刚起兵的沛公刘邦常踞床使两女子洗脚的形象，也无异于一个放浪形骸的游荡公子。而他们最终成了历史上赫赫有名的晋文公、汉高祖，就在于他们能知过反省，接纳忠良。

故孟子曾云："古之君子，过则改之。"（《孟子·公孙丑下》）

孔子的弟子子贡亦云："君子之过也，如日月之食焉：过也，人皆见之；更也，人皆仰之。"（《论语·子张篇》）

存郑复陈

郑国位于晋楚之间，楚庄王要北上中原称霸，就得先征服郑国。晋国要想保住中原霸主的地位，遏制楚国的势力向中原渗透，也要征服郑国。于是郑国唯一能生存下去的办法，就是学做墙头草，风吹两边倒。夹缝中左右不是、举止维艰的个中滋味，郑国可谓备尝之矣。

公元前 604 年，楚庄王伐郑，郑服楚。

公元前 603 年，晋召诸侯会盟，郑又服晋。

公元前 600 年，楚庄王伐郑，晋郤缺救郑。郑怕与楚结怨，主动与楚媾和。不久，晋率诸侯之师伐郑，郑又服晋。

公元前 598 年，楚庄王见郑背约，伐郑，强迫郑与楚结盟。但郑怕得罪晋，又主动寻求与晋交好。

当时郑国执政大臣子良道明了郑国这种"墙头草"外交的宗旨："晋、楚不务德而兵争，与其来者可也。晋、楚无信，我焉得有信?"(《左传·宣公十一年》)

这段"晋楚无德而争，谁来我与谁盟"的直白，是对"春秋无义战""春秋无信盟"的绝好注解。

公元前 597 年，楚庄王想彻底征服郑国，率大军一举包围了郑国都城。郑人在大兵压境之下占卜是战是和，结果是以战为吉利。国人闻之，大哭。楚庄王见状，令军队后撤，待郑人修缮好城墙后，再进兵围攻。历时三月之久，楚庄王终于攻破城池，率军从皇门入城。郑襄公肉袒牵羊前来迎接，捧出郑的国书与地图进献给楚庄王，并说：

"孤不为上天所佑，不能事君，使君怀怒而至敝邑，孤之罪也，敢不唯命是听？如果将孤迁之江南，亦唯命。如果翦灭郑国分赐诸侯，使郑人男为臣，女为妾，亦唯命。如果君能惠顾前好，不泯郑之社稷，使郑复得改事君王，成为楚国的九县，这是君王的恩惠，也是孤之意愿。诚布腹心，望君图之。"

庄王左右皆曰："不能同意这一请求！从郢都至此，士大夫久劳于外，岂可得国又舍之？"

庄王却道："其君能卑贱下人，必能信用其民，前程未可限量。且所为伐，伐不服也，今已服，又有何求？"于是庄王亲手挥旗，引兵退去三十里，与郑结盟讲和，郑襄公的弟弟子良入楚为质。

郑襄公一番"肉袒牵羊"的表演和一席言辞悲切、情意诚恳的言论，使郑国免于覆顶之灾，这不能不说是一种外交才能。在当时特殊的环境中，郑国锻炼了一批善于辞令、巧于周旋的外交人才，子家、子产就是其中杰出的代表。正是这些折冲樽俎的优秀人物，使郑国在大国争夺的夹缝中得以顽强地生存下来。

与郑国命运相似的陈国，亦是楚庄王北进称霸要征服的另一个重要目标。

陈国的君主陈灵公是有名的荒淫国君，他与大夫孔宁、仪行父和大夫御叔之妻夏姬私通，三人并着夏姬的内衣，公然戏于朝廷。

大夫泄治谏道："公卿宣扬淫乱，民众无所效法，且名声甚恶，望君有所收敛。"

陈灵公假意表示改正，转头便把此事告诉了孔、仪二人并暗中默许二人杀了泄治。泄治犯颜直谏的精神固然可嘉，但他所谏的对象是一个无可救药的荒淫之主，这就有点不太明智。故孔子认为在上下邪僻、国濒危乱之际，泄治当不该自立法度以危己身，聪明的办法是卷而怀之，像陈大夫邓远那样率族远徙。

陈灵公除掉泄治，更加肆无忌惮，一次他与孔宁、仪行父一行三人在夏姬家中饮酒，当着夏姬的儿子夏徵舒戏言其貌似仪行父，仪行父也戏言其貌似国君。夏徵舒忍无可忍，待陈灵公酒罢出来时，于马厩伏弩射杀了陈灵公，孔、仪两人畏惧奔楚。

楚庄王借平定陈内乱为由，兴兵伐陈，杀了夏徵舒，将陈变成楚国的一个属县。

这时，楚大夫申叔时出使齐国回来，到庄王那里复命后旋即退出。庄王不满，指责说："夏徵舒无道弑君，寡人率诸侯讨而戮之，国人皆贺寡人，你为何只字不提？"

申叔时回答说："我可以申述一下吗？"

"当然可以。"

"夏徵舒弑其君，罪莫大焉。讨而戮之，是君王的大义。不过，人们也可以说：'牵牛抄近路践踏了他人的田地，田主就夺其牛。'牵牛抄近路的人，确实有过，然而夺其牛，惩罚就未免太重了点。诸侯跟随君王说是讨伐有罪，今却让陈变成楚之一县。用讨罪来号召诸侯，实质是贪求其国，这恐怕不行吧？"

经申叔时这么一说，楚庄王感到事情有点不妙。的确，像这样强占陈国，必使诸侯个个自危，楚国今后怎么能再去号令诸侯东征西伐呢？于是庄王复封了陈国。

"孔子读史至楚复陈，喟然叹曰：'贤哉楚王！轻千乘之国，而重一言之信。匪申叔之信，不能达其义；匪庄王之贤，不能受其训。'"（《孔子家语·好生篇》）

楚庄王存郑复陈，颇似齐桓公迁邢存卫；退兵待郑人修复城墙再攻取，又有点像晋文公退一舍而取原。这是楚庄王借助礼义来征服诸侯的一次成功践履，在仗恃武力的同时，也凭借德攻。而这引起了中原诸侯的强烈反响，连以定夺是非自居的正统史书也开始对这个"蛮夷"之主另眼相待："书有礼也。"（《左传·宣公十一年》）

这个向来不注重礼义德行的楚国，已经觉察到礼义德行的巨大力量，这标志着楚庄王开始朝着霸权的巅峰迈进。

楚庄王说：止戈为武

晋国见郑国被楚围攻，派荀林父统领三军救郑。至黄河边时，听到了郑已与楚讲和的消息，荀林父打算班师而还，他对属下说："待楚师回去后再兴兵伐郑，不为迟。"可见他并不想与强楚直接交锋。

上军统帅士会也极力拥护这一决定，他进一步分析道："我听说用兵，观衅而动。德、刑、政、事、典、礼合乎其道，不可敌也。楚君讨郑，怒其背约而哀其卑辞，叛而伐之，服而舍之，德刑成矣。去年入陈，今年入郑，民不疲劳，国无痛怨，政有常法。商、农、工、贾不败其业，将士辑睦，各行其是，互不干犯。军之政教不待约敕号令而自备，军中百官各司其职，能用法典。举不失德，赏不失劳，贵贱有等，礼不失顺。其德立，刑行，政成，事时，典从，礼顺，怎么可以为敌呢？见可而进，知难而退，军之善政也。"这可以说是士会对楚为何能在后来的邲之战中获胜的超前总结。

中军副帅先縠却反对道："这样不行。晋之所以能称霸，是军队勇武、群臣尽力的结果。今天失去了郑国，不可谓力；有敌而不战，不可谓武。由我失霸，不如战死。况且已整师而出，闻敌强而退，非大丈夫之为。始受命为军队统帅，结果干出非大丈夫所为之事，只有诸公能这样，我不能也。"于是擅自率领自己所统之部渡过黄河。

韩厥对荀林父说："先縠率偏师陷敌阵，你的罪过大了。身为元帅，师不用命，是谁的过错？失去属国郑又丧亡了军队，为罪已重，不如进军，罪由大家一起来分担，这样不是更好吗？"

荀林父不得已率师渡河。

　　楚庄王听说晋师过了黄河，便准备在黄河边饮马后返回楚国，他也不想与晋争锋。近臣伍参请战，令尹孙叔敖呵斥道："去年入陈，今年入郑，我们不是无仗可打。如果此战不捷，你伍参的肉够吃吗？"

　　伍参以牙还牙："如果作战胜利，你孙叔敖就只能算是一个无谋之人了；如果不胜，我伍参之肉将在晋军，你能吃得上吗？"

　　令尹孙叔敖对伍参未加理会，令战车掉头南向。伍参仍不甘心，继续向庄王进言："晋国荀林父新任政，尚不能专断。其副帅先縠刚愎自用，不听调遣。其三军三帅各行其是，群龙无首，士兵们也不知听谁的。此次交锋，晋军必败。况且以君避臣，回去将对国人如何交代？"

　　楚庄王的心病就在这里，不幸被伍参言中，本不想与强晋作战，看来还是不得不应战。于是令孙叔敖车辕北向，驻军于管（今河南省郑州市境），等待晋军前来决战。

　　刚刚降楚的郑国，见晋军来了，立即派使者皇戌到晋军那里表白："郑国被迫从楚，是为存社稷之故，其实我们对晋不敢有二心。现在楚军因屡胜而有骄气，且久暴师于外，士卒疲劳，又不设置防备，楚军必败无疑。"

　　先縠听郑使如此说，更坚定了他与楚作战的信心："败楚服郑，在此一举！"

　　还是栾书道出了郑人心中的隐秘："郑劝我战，我胜就来服，不能就往从楚。以我之胜负来决定去从，故郑人之议不可从。"

　　荀首、赵朔同意栾书之议，赵括、赵同则支持先縠。由此看来，晋楚双方主帅在战前都无战胜对方的把握，想战胜对方，又怕万一失手，患得患失，迟疑不决，这时和与战的可能性都存在。

　　不过从实际情况来看，晋军内部的分歧更大，权力失控，战与不战争论不休，主帅荀林父又无威望统一部下的意见，不时出现部下所为与统帅的命令相悖的事情。故未战之前，晋军已自乱。晋军虽有士会、栾书、荀首、赵朔这些有见地的将领，也无法使晋军逃脱失败的命运。

　　本来，驻军管地后，楚庄王想来想去，还是觉得以求和为上，这样既可不冒胜负难料的战争危险，又可不背以君避臣的不好名声，回去对国人有个交代。于是他先后两次派人出使晋师，晋人也同意了，并且双方约定了会盟的时间。

然而，一切看来似可避免的战争却在两名泄私愤的晋军将领的挑拨下变成了现实。

晋将魏锜求公族不成，赵旃贪卿位未得，两人一直怀恨在心，总想找机会报复晋国。此次见晋楚和盟在即，便力争出任与楚讲和的使者，其实是想陷晋军于战败之地。结果是，他们以媾和者的身份出使，却以挑战者的面目出现，从而激起楚军大怒而全线出击。

就在这两位揣着个人的目的主动出使楚师时，郤克曾英明断言："二位抱私怨者去了，如果我军不作防备，必败。"

先縠却说："郑人来劝战，不敢听从；楚人求和，不能相好。出兵作战没有统一的命令，多备有何用？"

士会提醒道："还是防备一下为好。如果那两位激怒了楚师出战，我等丧师就无日了。若楚无恶意，我们设防备也不损害和好；若楚以恶来，有备就不会失败。"

先縠不愿设防，故遇敌先败；士会设伏兵七处，故所统上军不败；赵婴齐所属之部先准备了渡河的船只，故战败后能先渡河撤走。

值得一提的是，在兵戈相接的实战中，我们看到了充满着许多智慧和谋略的个人故事，这些虽然难以左右和影响整个战局，但对我们仍有所裨益。

向晋军挑战的三位楚军勇士许伯、乐伯和摄叔，在众多晋军的追逐下，立即陷入了绝境：乐伯的箭袋里只剩下最后一支箭，如果用它来射杀追赶的晋军，显然已无济于事。正在危难之际，战车的正前方出现了一只飞奔的麋，乐伯灵机一动，他想就用这支箭来向晋军显示一下自己高超的射技吧！于是，他引弓放箭，只见麋应声倒下，当即死亡。当车趋近时，可以看到箭是从麋背而入，而直抵麋的心脏。摄叔赶紧下车捡起死麋奉献给领兵赶来的鲍癸，谦恭地说道："因为还不到一年里献兽的季节，故请原谅我现在冒昧地将这只麋送给您的从者作为膳食之用吧！"

鲍癸听到这里，马上制住了晋兵的追击，感慨地说："其车左善射，其车右善辞，皆君子也。"

于是许伯等三人幸免得脱。

战斗打响后，晋军败溃。晋国逄大夫赶着战车，载着两个儿子逃命。在树林中他发现了弃车逃奔的晋将赵旃就在身后，赶紧告诫他的儿子们不要往后看。孰料他的两个儿子偏要往后看，而且还大声地喊："赵将军就在后面！"逄大夫非常恼怒，命令两个儿子下车，指着眼前的一棵树说："我将在这里来收你们的尸骨！"因为他的车不能载多人，不得不只载着赵将军逃走。第二天，逄大夫果然在那棵树下找到了两兄弟的尸首。

晋军将领荀首在溃退时得知儿子知罃被楚军俘虏了，于是率领他的族兵返回来救儿子，其所统下军也多跟随而来。这时魏锜为荀首驾车，荀首在射箭时，发现有好的箭便放进魏锜的箭袋里。魏锜怒斥道："不求子，却各惜箭，用董泽（今山西省闻喜县东北）柳制作的箭，你用得完吗？"

荀首却说："不得他人之子，我的儿子要得回来吗？这就是为什么我不用好箭乱射的缘故。"

旋即荀首果用好箭射杀了楚国的连尹襄老，将其尸体载在车上。又射伤了楚庄王的儿子公子谷臣，并将其俘获，俱载而归。后来荀首果用公子谷臣和连尹襄老之尸换回了知罃。

从荀首回师射杀连尹襄老和俘获庄王之子的这些事情可以看出，晋军在楚军的进击下，并非完全失去抵抗能力，晋军的惨败与主帅荀林父的一道"先济者有赏"的鼓励逃跑的命令不无关系。这促成了中军与下军争舟抢渡，"舟中之指（被砍断的欲攀缘上船者的手指）可掬"的惨状。战斗打到黄昏时，楚军进驻邲地（今河南省荥阳市东北），晋军余部夜里仍在抢渡黄河，折腾了整整一晚上。

邲之战后，潘党建议楚庄王将晋军将士的尸体堆在一起，封土以为"京（高丘）观"，并说："臣闻克敌必示子孙，以无忘武功。"

楚庄王道："这些事不是你能知晓的。夫文，止戈为武。武王克商，《诗经·周颂·时迈》说：'武王把干戈收藏起来，把弓矢装进箭袋，追求美德，便得有天下。'所谓武，它有禁暴、戢兵、保大、定功、安民、和众、丰财等七个内容。如今我使两国弃尸荒野，这是残暴；炫耀武力来威胁诸侯，这是不戢兵。暴而不戢，安能保大？犹有晋在，怎得定功？违背民欲，民怎能安？无德而争诸侯，用什么来和众？乘人之危以为己利，拿什么来丰财？武有七德，我无一样，凭什么去告示子孙？古代明君做京观，是用来惩罚邪恶的。而现在晋无大罪，其民尽忠报君，我又靠什么来做京观呢？我此时应该做的，就是为楚国先君起宗庙，将服郑胜晋之事禀告先君而已。"

楚庄王于是在黄河边祭祀河神，作先君诸王之庙，告成事而还。

楚庄王不为京观，满口武德，打了胜仗，能反省自己的不足，能正确地评估对手的优点，这与之前趾高气扬、观兵成周、问鼎中原的楚庄王已有很大的区别，甚至较之城濮之战后，晋军大焚楚营的行径也文明得多。楚庄王指出武的宗旨是止戈，武不是目的，只是手段，武的目的就是"不武"，从而在更高的层次上认识到了战争的本质，并自觉地将这种认识贯彻到自己的行动之中。庄王之所以具有这种胜不骄横、安能思危的长远眼光，是他在自己长期的斗争和实践中，不断地总结前人和自己的经验教训，逐步培养和形成的。正如邲之战前栾书对楚庄王所分析的那样：

"楚自克庸（前 611 年庄王灭庸）以来，其君无日不在治理国民而训导他们：民生之不易，祸至之无日，戒惧之不可怠；在军事上无日不在整治军备，向军吏们告诫：胜之不可保，纣虽百胜而终无后。"

邲之战的胜利，正是对楚庄王这种清醒、戒惧、谨慎的一贯作风所给予的丰厚报酬。

不借道的背后

　　楚庄王于邲之战的当年冬季，乘胜讨伐宋的附庸国——萧（今安徽省萧县），宋大夫华椒率蔡军援萧。萧俘获了楚国的熊相宜僚和公子丙。楚庄王赶紧派使者对萧人说："不要杀他们，我将退师。"萧人不听，遂将两人杀害。楚庄王一怒之下，率大军灭了萧国。

　　灭了萧国后，楚庄王马不停蹄地着手伐宋一事。为了挑起事端，激起国人对宋的愤怒，他故意派宋之旧仇申舟聘于齐。早在鲁文公十年（前617）宋昭公从楚穆王田猎时，因宋公违命，时任楚国左司马的申舟用笞击宋公御者的办法以示对宋公的惩罚。当时就有人对申舟说过"国君不可侮"，申舟认为"岂敢惜死以弃官职"。时过二十多年，厄运果然降临在申舟的头上，因出使齐国必经宋国，且庄王令申舟过其境时不许借道，这无疑是要申舟再侮辱一次宋国。

　　申舟知此行必死，故在把儿子申犀托付给楚庄王之后才衔命而去。经过宋国时，申舟被宋人拦住，宋大夫华元说："经过我国而不借道，这是视我之国土如楚之边邑。视我国为边邑，就是亡国。杀了楚的使者，楚必来伐我，伐我也是亡国，反正一样都是亡国。"于是杀了申舟。

　　楚庄王听到申舟被杀的消息后，投袂而起，不及纳履就冲出王宫。随从追到寝宫的前庭才送上靴子，追到寝宫门外才递上佩剑，追到大街上才让他坐上车子。

　　看到楚庄王这一连串表现怒态的动作，不禁令人顿生疑惑：以楚庄王之智，应当会料到申舟被宋杀害的结果。他有意派宋的仇人过宋，又不准借道，显然他要的就是用一人之命来换取伐宋之口实。他在申舟出使前就对申舟许下诺言："杀汝，我伐之。"可见，他并没有把申舟的性命看得多么重要。可他听到申舟遇害的消息时，为何要做出那投袂而起，履、剑、车后及之那般极度愤怒的模样呢？

往深处一想，疑云顿释。楚庄王这种不惜以臣命挑起事端的做法，既不光彩也不道德，然而他不能让臣民洞悉到这点。为了迷惑国人的视线，他同时又派了公子冯聘于晋，也命他不向必经之国郑国借道，由于郑新附楚，故公子冯不会被害。这样不借道于郑在一定程度上掩盖了不借道于宋的真实意图，使目的不单一地显露出来。当听到臣子遭难后，庄王所表演的那出极示怒态的戏，又可以给人以假象，让人以为他这个君主是多么看重臣子的生命，让臣民和死难者的家属感到有这样的君主岂不是一种幸运！

要臣民为自己去送死，又要臣民对自己感激涕零，这就是所谓的君人之术吧？

获得了出师的理由之后，楚庄王于是年九月发兵围宋。宋派使者至晋告急，晋景公欲起兵援宋，大夫伯宗劝阻道："楚正强盛，晋不可与之争锋。然而宋为晋之盟国，若见死不救，晋今后无以号令诸侯。为了稳住宋国不降楚，看来只有派解扬去宋，要他瞒骗宋人说，晋师已全部出发，就要赶到了。"

晋大夫解扬使宋过郑时，被郑人俘获交给了楚人。楚庄王以重金为诱饵，要解扬告诉宋国晋军不会来了。解扬开始拒不答应，后在再三的劝诱下才答应下来。当楚人让解扬登上楼车向宋军喊话时，解扬却向宋军传达的是晋军即到的消息。楚庄王闻讯大怒，要杀了解扬，他派使者斥责解扬："你既然答应了的事，却为何不遵守诺言？不是我们不讲信用，而是你抛弃了它，现在赶快接受惩罚吧！"

解扬辩解道："我听说，君主能制命叫义，臣子能奉命叫信，欲为义者不行两信，欲为信者不受二命。可见，君子贿赂臣子就是不知命！受命而出，宁死不废命的忠臣，难道是用钱财可以贿赂得了的吗？臣之所以当时许诺君主您，是想借此机会来完成我君的使命。既然死能完成君命，这是为臣的福分。寡君有信臣，下臣死得其所，还有什么别的追求呢？"

　　楚庄王见解扬临死不乱方寸，言辞有理，确实是位难得的壮士，杀了可惜，便把解扬给放了。

　　宋军因得到解扬的报告，士气受到鼓舞。楚军围攻宋都，历时九月不能下，楚庄王于是打算撤围罢兵。这时申舟之子申犀叩首于庄王马前："臣父明知会死，也不敢废弃王命，可王现在要抛弃诺言了！"

　　庄王一时语塞，为庄王驾车的申叔时在一旁建议道："修造房屋，开田种地，作久围之计，宋国终必听命。"

　　宋人听说楚军要筑屋种地，非常恐惧。宋大夫华元于是夜入楚师，登上楚军主帅子反的睡床，要挟道："寡君派我将宋国的困境告诉你：敝邑已经在易子而食，析骨而炊！虽然如此，楚要想与宋订立屈辱亡国的城下之盟，我们决不会答应。请楚军退兵三十里，宋国将唯命是从。"

　　子反不得已与华元私盟，许诺退师，并禀告了楚庄王。庄王佩服华元的大智大勇，感叹道："君子哉！"于是退师与宋讲和，以华元为人质，盟誓罢兵而去。

　　楚庄王在位二十三年，南征北战，所向披靡。在其后期，崇尚武德，不争一地之得失的做法，频频得到中原诸侯和君子们的称道。楚国再也不是被人不屑的蛮夷，而楚庄王也继齐桓、晋文之后，成为中原真正的霸主了。

第七章

CHAPTER7

走近黄池的代价

传说周太王得病时，其长子太伯欲让位其少弟季历和季历之子姬昌，托词采药去了吴越，就再也没有回来了。从此太伯自号勾吴，始都梅里（今江苏省无锡市东南），建立吴国。

吴越最早见于《左传》，记载在鲁宣公八年（前601），楚伐舒、蓼时，曾"盟吴、越而还"。吴国至寿梦当政时，方始日益强大，国君自称为王。至诸樊继位时，都城始徙于吴（今江苏省苏州市）。

自从公元前584年，吴国迎来了晋使申公巫臣，便开始与中原相通，从此走上了强盛的道路。

一个女人和三个国家的命运

巫臣本为楚国申县之尹，故又称申公巫臣。楚庄王灭陈复陈时，见到那个曾使陈国遭覆顶之灾的祸根夏姬，觉得真是天姿国色，便起了纳娶之心。申公巫臣劝谏道："不可！君召诸侯，以讨罪恶，今纳夏姬，是贪其色。贪色为淫，淫就会受到大罚。兴诸侯之师，却是为获取大罚，实为不慎之举，望君熟虑。"庄王被申公巫臣说服，于是放弃了纳夏姬的想法。

不久，公子侧（子反）也想娶夏姬，申公巫臣又从中劝阻："夏姬是个不祥之人，使原夫子蛮、次夫御叔皆短命早死，使陈灵公、夏徵舒被杀，使孔宁、仪行父出奔，使陈国危亡。人生于世本多艰难，还怕没有机会吗？何必招致不祥之身，让死亡来得更快呢？天下美女多的是，为什么偏偏要选中她？"

有意思的是申公巫臣拿出一大串道理止住了他人的贪色之举，却没有止住自己的贪色之心。也许他止住别人，正是为自己大开方便之门。被申公巫臣唬住的楚庄王、子反最后不得不把夏姬送给了连尹襄老，连尹襄老不久在邲之战中死去，其尸首也被晋国的荀首获去。申公巫臣见连尹襄老一死，便暗中派人向夏姬许诺："回你的娘家郑国去吧，我将在那里娶你。"为了设法让夏姬返回郑国，他让郑国派使者对夏姬说："襄老之尸可得，但一定要你去亲自迎取。"夏姬将这话报告庄王，庄王就此事询问巫臣，巫臣立即回答说：

"这事大概可信。被我俘获的知罃，其父荀首为晋成公的宠臣，又是荀林父的小弟，最近被任命中军佐，他与郑国大夫皇戌私交很好，一定是想通过郑国，用他在邲之战中获取的王子和连尹襄老的尸首与我换回知罃。而郑国因在邲之战中助我攻晋，对晋一直戒惧不安，也想借此机会来博取晋国的欢心，故他们一定会欣然答应此事。"

于是楚庄王遣夏姬归郑，申公巫臣费尽心机，终于在郑国娶了夏姬。

至楚共王即位时，为伐鲁之事派巫臣聘于齐。巫臣觉得掠人之美，娶了夏姬，在楚国终究不可久待，这次出使齐国，正是出走的机会，于是携带家室，尽卷家财以行。巫臣在路上遇见了赶赴郢都的申叔时和申叔跪父子，申叔跪对其父申叔时说："真是奇怪！申公身负重任出使，不见其有戒惧之色，却是满脸的赴约幽会之喜，该不是要携带在郑国的妻子潜逃吧？"

巫臣使齐返郑时，让其副使带着齐国送给楚国的礼品回国复命，自己则带着在郑国的妻子夏姬逃亡。先至齐，因齐在鞌之战中为晋所败，巫臣认为不能定居在不胜之国，遂至晋。通过郤至的关系，做了邢邑大夫。

子反对巫臣劝己不娶，自己却娶夏姬的做法十分恼火，力谏楚共王以重金贿赂晋国，要晋国对巫臣禁锢不用。楚共王却说："不必这样做了，如果他对晋国有利，虽有重金之贿，晋国会同意吗？如果他无益于晋国，晋国一定会废弃他，又哪里用得着去重金贿赂呢？"

子重曾在楚庄王时，因申公巫臣作梗，没有得到申、吕两邑的土地，对申公巫臣也一直耿耿于怀，故与子反一起，于鲁成公七年（前584）尽灭巫臣之族，瓜分了其家业。巫臣在晋国得知后，捎信给子重、子反说："你们用邪恶和贪婪侍奉国君，滥杀无辜，我一定要让你们疲于奔命而死！"

巫臣把实施这一计划的地点选在了与楚毗连的方兴未艾的吴国，这一年，他请求出使吴国。当时的吴王寿梦很欣赏巫臣的才干，让他教吴军如何驾驭战车，如何列队布阵。巫臣还代表晋国送给吴国十五辆战车及一批弓箭射手和战车御者。在取得吴国的信任后，巫臣开始唆使其叛离楚国。从此，吴不断地出动军队侵楚，伐巢（楚属国，今安徽省巢县北），攻徐（今安徽省泗洪县北），入侵州来（楚邑，今安徽省凤台县境），子重、子反于是乎一年奔逃了七次。原属于楚的蛮夷，为吴尽取。吴国在申公巫臣的帮助下，一步步强盛起来，与中原诸侯的往来也日益增多。

费无极给伍氏两兄弟出的"考题"

如果说申公巫臣还只是使楚疲于奔命，那么伍员至吴后，则是让楚从此一蹶不振了。

楚平王有个佞臣叫费无极，他原本与伍奢一起辅佐太子建，因太子建喜欢伍奢而不喜欢他，故一直怀恨在心，想方设法加害太子建和伍奢。他先向楚平王建议为太子建娶女于秦，继而又劝"秦女绝美，王可自取"。这样，他就在楚平王和太子建的关系上打进了一个楔子。接着他以晋近诸夏易于称霸，楚地僻远难与相争为借口，劝平王在靠近北方的城父（今安徽省亳州市东南）大兴土木，让太子建搬到那里居住。如此，又从空间上疏远了平王与太子的距离，以便他有更多的机会在平王面前攻击太子，从而也为他后来谮陷太子割据叛离制造口实。

鲁昭公二十年（前522），费无极见全线出击的时机已成熟，便对楚平王说："太子建与伍奢将据方城以外之地叛楚，自成一国。齐、晋于外辅佐，其事将成。"

楚平王听信了费无极所说的话，只是由于事关重大，于是他从老远的城父把伍奢召来查问，想得到进一步的证实，伍奢回答说："君王纳太子建之妻的过错已经够重了，怎能又听信谗言而一错再错呢？"

费无极在一旁催促平王说："君王若不当机立断，就要被擒了！"

楚平王于是把伍奢抓了起来，派城父司马奋扬往杀太子。奋扬知太子蒙冤，故到达城父之前就暗中遣使者要太子建逃走，太子建于是逃到了宋国。

楚平王召奋扬回郢都，奋扬知罪，就让城父大夫把自己捆绑着押送回来。平王问奋扬："话从我口里说出，只进了你的耳朵，那么是谁把消息透露给了太子建？"

奋扬坦然回答说："是臣下透露的。记得从前君王令臣：'侍奉太子建如同侍奉我。'臣虽不才，不敢有二心。我没有执行您后来的命令，只是奉了您当初的命令去对待太子的。虽然不久我后悔了，可是为时已晚。"

平王问："你怎么还敢回来呢？"

奋扬答："使而失命，召而不来，是再次违背君命，就是逃也没有谁会容纳我呀！"

平王善其所言，对奋扬说："你回去吧，从政如他日。"

费无极见只抓了个伍奢，心里不安。为杜绝后患，他又向平王进献了一个歹毒的计谋："伍奢的两个儿子有才干，如果逃到了吴国，必成为楚国的忧患。君王何不用赦免其父的名义召他们回来，他们讲孝道，一定会回来。不然，楚国将后患无穷。"

平王于是对伍奢说："你能召来两个儿子则生，不能则死。"

伍奢说："伍尚为人仁厚，呼必来。伍员为人智勇，能成大事，他知道俱来被擒，是一定不会来的。"

平王派使者召伍奢二子，伍尚欲往，伍员劝阻说："楚之所以召我兄弟，并不是要赦免家父，而是恐怕我们逃脱后成为楚国的祸患。一旦我们赶去，则父子俱死。如此于事无补，不如逃亡别国，借他人之力来报杀父之仇。"

伍尚说："你到吴国去吧，我准备回去赴死。我的才智不如你，故我能死，你能报仇。听到赦免父亲的命令，不可以不回奔；见到亲人被杀戮，不可以不报仇。奔死免父，孝也；度功而行，仁也；择任而往，智也；知死不避，勇也。父不可弃，若俱去是为弃父；名不可废，若俱死是为废名。让我们各行其是吧！"

伍奢听说伍员不来，感叹道："楚国的君臣恐怕不能按时吃饭了！"

楚平王杀了伍奢、伍尚。

伍员听说太子建在宋，摆脱楚使者的追捕后，往奔宋。宋国这时正发生内乱，便与太子建一起奔至郑。郑人颇善太子，晋顷公想借太子为内应灭郑，答应以郑地封太子。不久阴谋败露，太子被郑执杀，伍员只得和太子建之子胜逃奔吴。在过吴楚边境的昭关时，险些被抓获，之后伍员便与胜分散行动。一次遇追兵堵截，伍员直奔江边，眼看就要束手就擒的危急关口，幸遇一渔夫搭救，渡过江后，伍员非常感激，解下佩剑对渔夫说："此剑值百金，望笑纳。"

渔夫谢绝道："楚国有令，得伍员者赐粟五万石，获楚国最高的'执珪'之爵，难道这些只值百金吗？"

伍员抱愧告别了渔夫，一路乞讨，终于抵达吴国。

伍尚和伍员，在生与死的十字路口上，一个奔死，一个逃生。奔死者是为行子孝，逃生者是为报父仇，这反映了古代中国两种对立的价值观。虽然伍尚在认识上曾试图将其统一起来，认为父不可弃，名亦不可废，但实际上这在一人身上是难以统一的。尽了孝道，就不能成就报父仇的功名，反之亦然。这种两难的对立，曾使古代的许多智士能人陷入了进退维谷的难堪境地。勇士鉏麑触槐而死，即是一个著名的典型例子。

晋灵公因赵盾骤谏，心里非常愤恨，于是派勇士鉏麑去刺杀赵盾。鉏麑清晨潜入赵宅，见寝门洞开。赵盾已将朝服穿戴整齐，准备入朝，因时间尚早，便坐在那里等候。这虽然是在家等候，赵盾也是正襟危坐，不敢有丝毫怠慢。鉏麑见此，悄然退出，叹息道："须臾不忘恭敬，这是民之主。杀民之主，不忠；弃君之命，不信。两者必居其一，不如死。"于是鉏麑触槐而死。

鉏麑所遇的是忠、信不可兼得的两难处境，面对着这种困境，鉏麑采用的是逃避法——死。

鉏麑死了，虽然他本人"逃脱"了，但问题还是没有解决，依旧留给了后人。

一般以为，中国古代是重义轻利的，其实并不尽然，在追求事功的早期封建社会尤其如此。虽然在理论上人们倡导重义，但是事实上人们更看重事功名利。管仲不从召忽死君，伍员不从伍尚死父，这些最终成就大业的人，往往更受到人们的青睐。史学巨擘孔子和司马迁论及他们时，莫不交口称誉其事业——

"子曰：管仲相桓公，霸诸侯，一匡天下，民到于今受其赐。微管仲，

吾其被发左衽矣。岂若匹夫匹妇之为谅也，自经于沟渎而莫之知也?"（《论语·宪问篇》）

"太史公曰：……向令伍子胥（伍员字）从奢俱死，何异蝼蚁？弃小义，雪大耻，名垂于后世，悲夫！方子胥窘于江上，道乞食，志岂尝须臾忘郢邪？故隐忍就功名，非烈丈夫孰能致此哉?"（《史记·伍子胥列传》）

在孔子和司马迁那里，对从君而死的召忽和从父而死的伍尚，显然表示不满，认为那是"匹夫匹妇"的"小节"和"何异蝼蚁"的"小义"，而把"匡天下""就功名"的管仲和伍员视作为"烈丈夫"。

随着大一统的确立和专制的强化，统治者所追求的方向开始转变为统一与稳定、安宁与祥和。他们再也不需要那些不拘小节、不守常规，建事功、扬威名的创业英雄，他们需要的是恪守礼义、循规蹈矩、亦步亦趋的守成奴隶。于是"义"被推崇至极，节士、烈女开始充斥史书，这些畸形的人格受到人们普遍的效法和狂热的追求。人，开始变得可笑、可悲，甚至可怕起来。到了后来，社会便只留下一副空义不利的皮囊。

如今人们看到了传统的积弊，可以放言利欲，并且不必掩饰涌动在胸中的喜利之情了，这本是件可喜可贺的事情，说明人们已冲出了过去那副空义不利的皮囊，它体现了人的认识的一大进步。但是任何事情推向极端，就会倒向相反的一面，甚至陷入绝境。如果只利不义，亦会使人变得可笑、可悲，甚至可怕。试想，没了礼义廉耻，人还能剩下些什么呢？

义讲多了，就会规范太多，镣铐太多，扼制人的潜能和创造。

利讲多了，就会私欲太多，诡诈太多，破坏社会的安宁与康健。

义与利都不可或缺，怎样才算均衡，何处才是最佳的契合点，确实是一个值得探寻的问题。

鱼腹藏剑

伍员备尝艰辛地来到吴国时，正值吴王僚用事，伍员就对他游说伐楚之利，公子光竭力反对说："伍子胥父兄被戮于楚，他劝王伐楚，显然是为了公报私仇，其计断然不可从！"

伍员看出公子光怀有野心，想弑吴王僚而自立，故不再说外事。于是向公子光进献勇士专诸，自己则与太子建之子胜退耕于野，蛰伏下来，以等候那惊蛰的雷声。

过了几年，到了鲁昭公二十六年（前516）九月，楚平王死，吴王僚想趁楚丧往伐。于是遣公子掩馀、公子烛庸率吴军包围了潜地（今安徽省霍山县东北），楚亦发兵断了吴军的退路。

与此同时，吴国著名的公子季札正出使中原诸侯各国。公子光认为这是个篡位的绝好机会，便对勇士专诸说："我本是王位的合法继承人，我现在就要得到它！此事若能成功，就是季子（即公子季札）回来，也不会废我。"

专诸知道这是公子光要让自己去刺杀吴王僚了，由于对家人的后事还有点不放心，故对公子光说："我可以杀掉吴王，只是母亲年老，儿子尚弱，不知今后该怎么办？"

公子光要专诸尽管放心好了，说："你的家人也就是我的家人。"

经过一番周密计划后，公子光就在家里设宴款待吴王僚，吴王僚知道此时国内空虚，怕生变故，此次前来赴宴，也是防备森严、异常谨慎。他在通往公子光家的道路两边设满了岗哨，在公子光家的大门口、台阶上、房中都布置了自己的亲兵。卫士们个个手执武器，严阵以待。进献食物的人必须在门外脱光衣服，换上他们预先准备的服装，进门后只能膝行而入，由手握短剑的士兵左右挟持呈上。吴王僚以为这样便可万无一失了，然而他没有想到，在公子光家中的地下室里，早已埋伏着公子光的部下。待酒宴开始后不久，公子光称有足疾要暂时离开一下，旋即便遁入地下室中，他让专诸把短剑藏进烹熟的鱼肚里，端出去进献给吴王僚。专诸在靠近吴王僚时，突然抽出短剑刺死了吴王僚，专诸也当即被左右挟持的士兵杀死。公子光率领埋伏的甲士冲出地下室，将吴王僚的徒党一举剿灭。

就这样公子光便成了吴王阖庐，他任命专诸的儿子为上卿，把退耕于野的伍员召了回来，与之共谋吴国大事。

季子出使归来，见江山易主，已无可奈何。于是通达地说道："如果能使先君之祀不废，民众不弃君主，土地五谷之神得以供奉，国家没有倾覆，他就是我的君主，我敢怨谁呢？哀痛死者，侍奉生者，以待天命，这是古之常道呀！"

季子到故君吴王僚的墓前哭泣复命，回到自己原先的位置上等待新君吴王阖庐的安排。

季子没有让自己陷入是侍奉故主还是侍奉新主的非此即彼的两难抉择中，把自己弄得焦头烂额。本来按常理而言，公子光杀吴王僚，这是大逆不道的事，为礼义所不能容，是忠臣贤良不会原谅的。按照此种思路走下去，季子即便不能学召忽死君，也不能去侍奉如此新君。但是如果另外换一种思路：只要新立之君为民众不弃，使先君有祀，社稷有奉，国家不倾，这样的君主也是有道的君主，也是应该侍奉的君主。如是，季子则当如我们看到的季子，既与故君保持情义，又学管仲改事新主。

若按常理，侍奉二主，也为不义。而季子则按自己的观点来理解义，周旋于两主之间，去墓前复命，回原位待命，使两种相悖的行为，在季子的应变智慧下巧妙地统一起来了。

可见，季子的所谓统一已不是常规意义上的统一，或者说，这种统一本身就是一种超常越规。就人本身而言，由于受主观认识和客观条件的限制，不可能使自己的所有行为尽合礼义规范，顾此失彼在所难免。所谓尧有不慈之名，舜有卑父之号，是也。就礼义规范而言，它只是常规情形下对人的行为的常规限定，许多特殊的情形是它无法考虑进来的。试图用一种美丑分明、黑白两色、非此即彼的标准去剪裁复杂纷纭的现实，显然是愚笨的，是不可能的。故而通达之士从不把礼义规范作为自己的镣铐，他们认为只要目标高尚（这是礼义的最本质的内核），对某些规范作些变通也无妨，即便有"不规矩"之嫌，亦可在高尚的动机中予以净化。孔子的学生子夏不是说过"大德不逾闲，小德出入可也"的话吗？

可惜的是，达到此种境界的人并不太多，大多数人则是把礼义规范视作丝毫不能变通的僵硬的东西，畏首畏尾地怕触禁网，结果难成大事。有的甚至在不能两全的彷徨苦闷中，以一死来求得解脱，而这恰恰是违背了礼义的规范者们最初的意愿。

于是我们明白了为何历史上多的是"守节""死节"的卫道士，却少有"立德""立功""立名"的成功者。

还是古人们自己总结得好：圣达节，次守节，下失节。

"更"的学问

当吴国一步步强大起来时，楚国却因内乱自耗一步步衰弱下去。使楚国衰弱的头号"功臣"，当然非佞臣费无极莫属。赶走太子建，害死伍员父兄后，费无极为了除掉政敌，于鲁昭公二十七年（前515），又精心策划了一起"郤宛之难"。

郤宛为人正直和善，一直受到国人的喜爱，因而费无极要在郤宛平日的言行中找碴儿是难以成功的。不过这点难不住惯耍阴谋的费无极。没有罪证吗？可以制造"罪证"。

一天，他对令尹子常说："郤宛想请您喝酒。"接着他又对郤宛说："令尹想到您家里喝酒。"郤宛听说堂堂令尹竟要亲自登门讨酒喝，这是给自己很大的面子，便不安地问费无极："我地位卑贱，令尹真要屈尊前来，赐给我的恩惠太大了，我可没有什么东西予以回报，该怎么办呢？"

费无极知道郤宛听说令尹要主动到他家喝酒，一定要想办法来答谢令尹，那么在这个上面就有文章可做了。于是费无极向郤宛建议说："令尹喜欢盔甲兵器，你拿来，让我给你挑选几件作礼品。"费无极挑出五副盔甲、五件兵器后说："放在大门口，令尹来赴宴时见了一定会观赏，你就可以乘机献上。"

到了宴请的那一天，费无极赶去对令尹子常报告说："我差点害了您！郤宛将对您下毒手，盔甲兵器都已放在门口了，您一定不要去！原来在潜地一战，楚军是本可以得志的，可郤宛接受了吴军的贿赂，让将帅们撤兵，并解释说：'乘他国动乱进攻是不吉祥的。'但吴国乘我们的丧事发动进攻，为什么我们就不可以乘吴国公子光之乱予以回击呢？"

令尹马上派人到郤宛家侦探，果然看到了放在门口的盔甲兵器，令尹于是与鄢将师一起尽灭了郤氏家族。

郤宛之难，引起了国人的愤慨。沈尹戍对令尹子常说："左尹郤宛连自己都不明白犯了什么罪而被诛，国内怨言四起，我很怀疑郤宛谋反这件事情的真实性。费无极是个佞臣，他使太子建流亡，让伍员父兄遭戮，完全一手遮住了君王的耳目。不然，平王在谦和恭俭方面都超出了成王、庄王，却怎么就得不到诸侯们的拥戴呢？归其原因就是他亲近费无极。吴国公子光新近夺取了君位，边境一天天紧张起来，楚国一旦有战祸，您恐怕就危险了。明智的人除谗以自安，而您却信谗招自危。如此昏乱不明，真是太过分了啊！"

令尹子常经这么一提醒，很是后怕，于是杀了费无极和鄢将师，以此来平息国内的怨恨。

吴王阖庐见楚内乱，觉得伐楚时机已熟，就对伍员说："当初您主张进攻楚国，我知道是可以的。只是害怕我被派遣出去，不能成就夺取君位的大事，但又不想让他人获取伐楚之功，故有意从中阻拦。您看现在伐楚如何？"

伍员分析说："楚国如今当权者多且彼此矛盾重重，祸患临头又没有谁敢出来承担责任，所以我们可以组成三支部队轮番出击。当一支部队进攻时，他们因为谁也不敢担当责任，必定会一起出动来迎战。他们一出动，我们就撤退，他们一回去，我们就可派另一支部队出击。这样楚军一定会在路上来回奔命，我们就不断地用这种快速出击快速撤退的办法来拖垮敌人。最后，三支部队一起出击，必定大获全胜。"

阖庐采用伍员之计，楚军果然是倾巢出动，在吴国三支部队的轮番侵扰下："楚于是乎始病。"（《左传·昭公三十年》）

伍员此计的精髓在一个"更"字上。本来劳师出征，是我劳敌逸之事，但用了一"更法"，情形就不同了。《兵经百言·更》道出了此法之妙："武不可黩。连师境上，屡战不息，能使师不疲者，惟有更法。我一战而人数应，误逸为劳；人数战而我数休，反劳为逸。逸则可作，劳则可败。不竭一国之力而供军，不竭一军之力以供战。败可无虞，胜亦不扰。"

三旅疲楚，为吴不久得志于楚，为伍员报父兄之仇、鞭平王之尸铺平了道路。

复仇之鞭

一个大国的衰落绝非一朝一夕之事，自巫臣兴吴，楚国的危机一天天加深。楚国在楚灵王时，便开始走下坡路。楚灵王背弃了楚庄王的武德精神，完全凭欺诈诡计来逞一时之能。他召蔡灵侯，又设伏甲杀了蔡灵侯即是一例。叔向曾就此事的恶果精辟地论述为："不信以幸，不可再也。"（《左传·昭公十一年》）的确，观楚灵王时的楚国，"仅自完也，以持其世而已"。（叔孙昭子语，见《左传·昭公十九年》）

楚平王用佞臣费无极，将伍员、伯嚭赶到敌国吴国，从而为楚国的危亡种下了祸根。

楚平王死，楚昭王立，令尹子常当政，因贪求蔡昭侯的佩玉和皮衣、唐成王的肃爽马，将他们分别囚禁于楚三年，以致蔡侯回国渡汉水时，将玉沉入水中，发誓道："我要是再渡汉水往南，有大河为证！"

为雪在楚被囚之耻，蔡侯四处活动，他先送儿子元和大夫之子入晋为人质，请求伐楚，不成。于是又送质子乾于吴，并与唐侯联合助吴伐楚。

鲁定公四年（前506），吴军由淮水乘舟而上，到蔡国之境舍舟登陆向南，与楚军夹汉水对峙。楚左司马沈尹戌向令尹子常建议："您率军与吴在汉水周旋，我绕至吴军的后面派方城以外的楚军毁掉在淮水中的吴军船只，再掉头断绝吴军的退路，然后我们从前后两面夹击，一定能大获全胜。"

沈尹戌与子常商量好后，便分头行动。如果楚军能照此计划行事，吴、楚谁胜谁负还难以料定。但子常怕左司马抢了功劳，待其一离开，在楚大夫史皇的怂恿下率楚军渡过汉水急战，三战皆败北。

这一年十一月，吴楚两军在柏举（今湖北省麻城市东北）对阵，阖庐弟夫概王请求出战，未被允许。夫概王认为臣子只要按义行事，可以不待君命，遂率所统五千人马进击子常之部。楚军大败，子常逃至郑国。

吴军乘胜追逐楚军至清发（水名，在今湖北省安陆市西八十里石门山下）时，夫概王止住了吴军的追击，说："困兽犹斗，何况人呢？楚军知道不免一死，便会同我拼死决战，这将对我不利。我们不如放慢追击的速度，让楚军觉得有时间渡河，这样先开始渡河的楚军知道过河可以免死，后渡河的楚军必羡慕先渡河的。如此一来，楚军只顾逃命，便丧失了斗志，然后我们可伺其半济而出击。"

生与死，在战争中往往是一个相对的概念，置之于死地，未必就死；留出一线生机，也未必可生。韩信背水、项羽沉舟，都是置之死地而后生的著名战例。《尉缭子·制谈第三》举了一个例子来说明这种情况，一贼仗剑击于市，万人见之皆纷纷逃避，不是万人的能力还不如一贼，而是"必死"与"必生"这两种精神不能相较量。《吴子兵法·励士第六》也举了一个相似的例子，一亡命徒隐伏旷野，上千人追捕他，然而没有一个追捕者不是在瞻前顾后，这是因为害怕亡命徒会突然跳出来伤害自己。所以一人拼命，能使上千人害怕。

追击逃敌，围困敌师，也说明了此理。为了减少己方的损失，也往往采用不置敌于死地的战术。《孙子兵法·军争篇》云："归师勿遏，围师必阙，穷寇勿追，此用兵之法也。"

让敌人在本能的求生中丧失斗志，成为一盘散沙，从而更能达到消灭敌人之目的，故《吴子兵法·治兵第三》亦云："必死则生，幸生则死。"

不追击穷寇，是为了不使自己蒙受更大的损失。但若为了特定需求，不留下后患，又必须一追到底时，就不能放松半点。毛泽东的"宜将胜勇追穷寇"思想，就是根据当时的特定情形而提出来的。因此对穷寇是否追逼，则当视具体情形而定。

夫概王"放楚军一马"，有可能使"困兽犹斗"的楚军，顷刻成了争渡求生的乌合之众。夫概王抓住机会发动攻击，使楚军死伤无数，血染清发，正像吴子所说的那样"幸生则死"。渡过清发之后，吴军五战五捷，一举占领了楚国都城郢都，楚昭王只好带着他的妹妹季芈出逃。

伍员从逃离楚国到此次带着吴军杀回来，前后经过了十七年，而此时杀他父兄的两个仇人楚平王和费无极皆已作古。于是只得掘出楚平王之尸，鞭之三百，以泄这十九年来一直积聚在胸中的仇恨。

伍员曾在逃离楚国时对他的好友楚大夫申包胥说："我必覆灭楚国！"

申包胥回答说："您努力去做吧，您能灭楚，我必兴之！"

至吴军占领郢都，楚昭王逃到随国后，申包胥便去了秦国为楚乞师，他对秦哀公晓以吴灭楚对秦不利的道理，没想到秦哀公婉言拒绝。哀公要申包胥就馆静候，申包胥回答说："寡君逃亡草莽之中，没有一个安身之地，我怎敢有片刻的休息呢？"于是靠着庭墙而哭，七天七夜，滴水不进，哭声不绝于耳。

正所谓精诚所至，金石为开，秦哀公终被感化，叹道："楚虽无道，有此忠臣，能不存乎？"

于是对申包胥吟诵《诗经·秦风·无衣》：

岂曰无衣？与子同袍。

王于兴师，修我戈矛。

与子同仇！

……

与子偕行！

申包胥知秦哀公已决定出兵援楚，顿首九次后便瘫坐于地。

秦师一出，立即将吴军赶出了楚境，捷足先回吴国的夫概王自立为王，被阖庐击败后逃到了楚国。后来吴军卷土重来，楚国再败，只得迁都至都（今湖北省宜城市东南）。

阖庐之时的吴国，用伍员、孙武之谋，西破强楚，北威齐晋，南服越人，霸道之业，可谓如火如荼。

然而，就在吴国得意四方之时，它的近邻越国已在悄悄兴起。吴军在楚时，越国就曾偷偷摸进过吴国的后院。吴开始感到，要想继续霸业，就必须搬掉眼前这块绊脚石。

檇李之役的"囚兵"

　　鲁定公十四年（前496），吴国开始大举讨伐越国，越王勾践率兵抵御，布阵于檇（音 zuì）李（越地，今浙江省嘉兴县南）。越王勾践见吴军阵容整肃，很是忧虑。为了冲乱吴军的阵势，勾践两次派敢死队出击，结果不仅没有搅乱吴军的阵势，反而使敢死队员皆为吴军所获。

　　怎么办？若按传统战法继续下去，越军将必败无疑。既然传统战法不能奏效，那么何不换换别的花样呢？想来想去，越王勾践想了个"奇"招出来。

　　这时只见越军阵地忽然出现了三排罪囚，他们个个把长剑架在自己的脖子上，面对着吴军齐声喊道："两国国君交战，我们冒犯了军令，不配再做军人，如今不敢逃避惩罚，只敢以死服罪！"说完，便一起刎颈自杀。

　　这一奇招果然灵验，阵地上吴军将士一下看呆了。还未等他们回过神来，勾践指挥的越军已乘机冲进了吴军阵地，吴军阵脚一下大乱。越大夫灵姑浮用戈击伤了阖庐的大脚趾，待吴军退到距檇李七里之远的陉地（吴地名）时，阖庐因伤势过重，不治身亡。

　　《孙子兵法·始计篇》云："兵者，诡道也。……攻其无备，出其不意。此兵家之胜，不可先传也。"

　　因其"诡"，因其"不意"，故无可先传。《孙膑兵法·奇正篇》亦云："同，不足以相胜也，故以异为奇。"

　　"同"是一般，是常法，人皆相知，故难足以取胜。"奇"是特殊，是变法，故可以奇胜。"奇"，是无传之法，是战争用谋的精髓所在，是体现一个指挥员智慧的最重要的标志。故《孙子兵法·兵势篇》总结道："善出奇者，无穷如天地，不竭如江海。"

勾践的"奇"字，就是在军事攻击前，先打击其心理，让敌人在从未见过的集体自杀的恐怖情景前一下难以适应过来，从而一举击败对手。

阖庐死后，夫差即位，为报槜李之仇，为使自己不忘杀父之耻，他设专人立于自己的庭院之中，一旦自己出入时，此人必须高声提醒他："夫差，你忘了越王杀死你的父亲吗？"

夫差即答："不敢忘！"

吴王夫差就这样在须臾不怠地准备了三年之后，于鲁哀公元年（前494）终于在夫椒大败越军，攻入越国。越王勾践率五千士卒退守会稽（山名，今浙江省绍兴市东南十二里），派大夫文种通过贿赂吴太宰伯嚭向吴王求和。夫差准备听从伯嚭的建议与越媾和，伍员力谏道：

"我听说'立德愈多愈善，除恶愈尽愈好'。从前，有过国的国君浇杀了夏朝的君主相，正怀着孕的相的妻子后缗从墙洞里逃了出去，回到了她的娘家有仍国，生下了少康。少康长大后在有仍国做管理畜牧的官，浇派人去捉拿少康，少康便逃到了有虞国。有虞国国君将两个女儿嫁给少康，并封赏他方圆十里的土地和五百名士卒。少康就凭着这点实力，布施德惠，网罗贤才，最后把浇的有过国灭了，复兴了夏朝。现在吴国不如有过国强，而勾践的势力却比少康大，如果越国壮大起来，岂不是吴国的祸患吗？

"勾践这个人，能亲民务施，得到其民的拥戴。越国与我接壤，又是世代的仇敌。今天我们战胜越国却不灭掉他，这是违背天意，今后就是后悔也来不及了。不除掉越国这个祸根，吴国的危亡已指日可待。吴国地处蛮夷之中，却养虎遗患，还想用这样的方法去称霸，一定是行不通的！"

吴王夫差拒绝了伍员的建议，伍员退出后对人说："越国将用十年时间积聚，十年时间训练，二十年之后，吴国的宫室大概就会沦为池沼了。"

抉目悬门以观越之入

吴王夫差与越媾和，以为这样便安顿了后院，可以着手向中原挺进了。

中原向来是霸主们争夺的中心，不称霸中原，怎能算得上真正的霸主？好大喜功的夫差在降服越国后不久，就举兵进攻陈国，次年又攻入蔡国。于是，在中原争霸的舞台上，吴王夫差频频亮相——

鲁哀公七年（前488），夫差与鲁哀公在鄫相会，向鲁索取百牢贡品。

八年，吴助邾伐鲁。

九年，吴因齐背约，开凿沟通江、淮的邗沟，准备联鲁伐齐。

十年，吴合鲁、邾、郯之师伐齐，齐人弑齐悼公取悦于吴。

十一年，吴又联鲁伐齐，在艾陵大败齐军。

吴王夫差在中原的得意，并未使人们对他看好。他的不少与中原文化格格不入的非礼之举，使中原诸侯对其分外厌恶，一些有识之士已经看到了吴国强盛的外表下潜伏着的深刻危机。就在吴向鲁强行索取百牢贡品时，景伯就曾言："吴国将亡！"

吴王夫差致力于中原，自然难以兼顾好后院，这对越王勾践来说，是发展自己势力的绝好机会。故他一再怂恿吴王图霸中原，对吴王的功德倍加称颂，听说吴王夫差将率兵攻打齐国，勾践特率他的文武百官来朝见夫差，并带来了许多礼物。吴国上下一片欢呼，只有伍员深感忧虑，他知道勾践的真正用意，故在吴国君臣额手称庆时，他向吴王夫差再次提醒道：

"越国的存在，才是我们真正的心腹之疾。与我壤接地连，又有贪我之心，勾践装出柔弱驯服的样子，实际上揣着吞并吴国的野心。得志破齐，犹获寸毛不长的石田，于我何用？若不把越国沦为池沼，吴国就会灭亡！这就好比要医生治病，却又对医生说：'请把病根留下吧。'这样的事情是没有的。《尚书·盘庚》告诫道：'有强傲不恭的，就要斩尽杀绝不留后患。'这就是商为何能兴盛的缘故。如今国君反其道而行之，却想去求霸，不是很难吗？"

正在中原频频得意的吴王夫差自然听不进伍员这些泼冷水的话，反而对伍员越来越反感，于是打发伍员去出使敌对国齐国。临行前，伍员对其子说："我屡谏王，王不用，我今见吴之亡矣。你与吴俱亡，无益也。"于是带上儿子至齐国，将其托付给齐国的鲍氏，改姓王孙氏。

伍员在吴亡前托子，可谓远见。但行事不密，被佞臣太宰嚭获悉，却又是一失着，这便促成了自己的杀身之祸，甚是令人惋惜。这位曾让强楚几灭、报父兄仇、鞭平王尸、使吴能称霸的智谋英雄，没想到晚年却成了吴王夫差"属镂"剑下的冤魂。临死前，他一再叮嘱家人说："抉吾眼县（悬）吴东门之上，以观越寇之入灭吴也！"（《史记·伍子胥列传》）

吴王"后园的黄雀"

吴王夫差不听伍员劝阻急切地步入中原，致使他的后园是空虚的。步入中原后，他的一些急功近利的无礼之举，使得中原的诸侯们对他深恶痛绝，但诸侯们又害怕招致吴师，不得已听其命。因此，吴王在中原的霸业远不及齐桓、晋文和楚庄的霸业。在很大程度上，它是个虚空的架子，随时都有倒塌的危险。

鲁哀公十二年（前483）吴征召卫会盟，卫大夫子木的一席话正道出了吴国霸业的这种危机和中原诸侯们无奈的心境："吴国正是无道之时，国家无道，必加害于人。吴国即使无道，也足以成为卫国的祸患。大树毙倒，遇到的东西无不会遭摧毁。国狗发狂，遇人必咬，而何况一大国呢？"

卫侯便是在这种矛盾的心境中赴吴之召的，故去晚了一步，于是其馆舍立刻被吴军包围。鲁国子贡为救卫侯，赶紧去见太宰伯嚭，劝道："卫君前来，一定是和他的臣子们商量过的。有的愿意他来，有的不愿意他来，因此才来晚了一步。那些愿意他来的，是您的朋友；那些不愿他来的，是您的敌人。若拘禁卫君，这是毁了朋友而抬高了敌人，那些想毁坏您的人也就达到他们的目的了！而且会合诸侯却执卫君，这样诸侯们谁不害怕？吴国要想称霸不也是很难吗？"

子贡这番为吴称霸着想、投其所好的话，才算救了卫君一条性命。

鲁哀公十三年（前482）七月初七，吴王夫差在黄池（今河南省封丘县南）和晋定公、鲁哀公以及周王朝卿士单平公会盟，吴与晋为了谁先歃血的盟主地位，双方争执不让，久议难决。

晋国大臣赵简子对其同僚司马寅说："天色已晚，大事未决，这是我们两位臣子的罪过。干脆击鼓列阵，我们两人决一死战，这样谁先谁后歃血的次序也就分出来了。"

司马寅觉得这样做未免轻率了点，就对赵简子说："且慢，让我先去察看一下吴方的动静。"回来后说："按理说高贵之人脸上不会暗淡无色，如今吴王脸上无颜色，想必是吴军在哪里吃了败仗，或是太子已死？且吴人轻浮急躁，不会长久，我们姑且等待它的下场吧！"于是晋让吴先歃血。

司马寅的判断极是，吴王夫差此时的心情正如油煎火燎。六月十二日，越王勾践大举攻吴；六月二十二日，越军俘获太子友、王孙弥庸、寿于姚；六月二十三日，越军攻破吴国都城。吴王害怕会盟诸侯知道这个消息，影响他取得盟主的地位，先后手刃了七名来报信的使者。因此可以这样说，吴王在中原黄池之会上争得头盟的地位，正是以其本土几乎沦丧作为代价的，这真是历史上少有的霸业！

关于这种结局，吴太子友曾用形象的比喻向吴王夫差婉转地暗示过。

吴王在北伐前，知国内有人必会出来阻止，就下令国中说："敢谏者死。"一日清晨，太子友手执弹弓，浑身水淋淋地来见吴王，吴王诧异道："何至于此？"

太子友答："我适游后园，闻秋蜩声声，往而观之。只见一蝉登居高枝，悲鸣饮露，自以为安，不知其后螳螂超枝缘条，曳腰耸距欲取蝉。螳螂专心而进，志在有利，不知其后黄雀徘徊树荫，引颈欲啄螳螂。黄雀但知伺螳螂之有味，不知儿臣挟弹执弓在其下。儿臣屏息微进，志在黄雀，不知空坎其旁，忽陷深井，以至于洽体濡履，几为大王取笑。"

太子友在这里只说自然，不及人事，只言眼前黄雀等物，让听者去体会身后吴越诸事，从而将抽象、深刻的道理寓于具体的事情之中。太子友在此用的正是所谓的"暗喻法"，即在两种具有相似之处的不同事物之中，用其中的一种来描写和说明另一种事物；另一种事物却始终不出现，把联想的余地留给听者，让藏在说者腹中之语由听者道出。这种方法往往是听者不愿意接受某种事物时，说者为了说服听者接受，又不引起他的反感，便举出另一件极为浅显的一道即明的听者尚愿听取的事物，而此事物与听者不愿接受的事物之间又有一些相似相通之处，说者只遥点迷津，并不直奔目的，让听者自己去悟那相似相通之理，自己去道：哦，原来如此！这样说者始终在听者所允许的规划的范围内周旋，却使听者常常超出他自己的规范去想象。这种寓浅于深、示明于暗，以此喻彼的方法，使说者达到了既保护自己，又劝说他人之目的。

最后，太子友虽未能说服吴王，却能使自己免于祸害。公子庆忌因不善于保护自己，不顾吴王"敢谏者死"的禁令，单刀直入，直言相劝，所以终遭被害。看来说谏确实是一门大学问，即便像韩非子这样一个立了专门篇章来探讨过"说难"的专家，也终未能说服秦王，在李斯的谗言下蒙冤死去。正如司马迁所言："余独悲韩子为《说难》而不能自脱耳！"（《史记·老子韩非列传》）

鲁哀公二十年（前475），越又包围了吴国。赵襄子的饮食比居丧还要减等，因为吴将亡，而晋对此已无能为力，赵襄子只能用这种办法表示哀悼。当时赵襄子的家臣楚隆自告奋勇冒着生命危险去吴，向吴王表达了赵氏的这种心意。夫差很感激，要楚隆带一盒自己所藏的珍珠转交给赵氏，并对楚隆说："寡人无才，让大夫忧虑了，真是过意不去。快要溺死的人都会咯咯笑，此时我也想强作笑颜地问问你，史黯何以能成为君子？"

史黯即晋史墨，曾预言过"不及四十年，吴当亡"，故吴王有感问此。楚隆回答说："史黯仕于朝不被嫌恶，退于野无人毁谤。"

吴王感叹道："太恰当了！"

不久，越国灭了吴国。

人大约往往是面临失败时，才更清醒一些，而这种清醒和后悔又常常来之晚矣。历史的可贵之处就在这里，一个人既是他行为活动的施加者，又是他行为结果的承担者。你可以树恶，但你得咀嚼它的苦果；你可以后悔，但你不能改变现实。

第
八
章

CHAPTER8

写在会稽山和姑苏山的两份答卷

难道一切就这样完结了吗？

当越王勾践被吴军铁桶般地围困在会稽山上时，他一次次地在仰首叩问苍天。

苍天无语。

站在生死存亡的十字路口，英雄感到了自己的渺小。勾践从一个败吴的英雄一下子成了被吴驱赶的困兽，从槜李到会稽山，只用了三年，仅仅三年！

难道这一切真是上苍使然吗？

勾践早听说了槜李之役后，新即位的吴王夫差念念不忘杀父之仇，一直在厉兵秣马，伺机报复。然而他没想到一切来得这么快，他又如此不堪一击！这难道不是自己疏忽大意的结果吗？从吴越沉浮的命运中，勾践看到了人的智慧之重要。想当年，两个大国秦、晋联手围郑，弱小的郑国不正如鹰爪下的一只小鸡？而一个烛之武就解了秦晋之围。宋国被虎狼强楚围困时，不也犹如一只瓮中之鳖？而一个华元就退走了百万楚师。

想到这里，勾践于是将仰视苍天的目光收了回来，开始环顾身边尚存的五千名将士。他在想：若论角力，这五千名将士的鲜血还不够去涂抹山下那密匝匝的吴人手中的戈矛；若论竞智，说不定这五千名将士中还有一个或两个能退走吴师的他越国的烛之武、华元呢！

当越王勾践注意到了人的智慧时，他的心中又升起了一轮希望……

从会稽山上逃脱的"老虎"

一个君主的能力不是体现在他自己如何多才多艺上（因为这种能力毕竟有限），而是体现在他是否擅长借用别人的能力上。故古语有之：善因者，遂有天下。

勾践在会稽山上看到了人的智慧，这是他能够走出会稽之围的唯一凭借。于是，他下令三军："在我的父兄、昆弟及诸位公卿、大夫子弟中，凡有为寡人退吴军者，寡人将与他共掌越国之政。"

大夫文种站出来批评道："我听说商人，夏天备皮革，冬天备葛麻，旱时备舟，涝时备车，以有待乏。治国者，虽无四方之忧，然谋臣贤士不可不养，就像蓑衣斗笠，时雨既至一定要求求一样。如今君王被困于会稽山，再来寻求谋臣，不是太晚了点吗？"

勾践马上兴奋地接过话来："现在听到了你的这番议论，还算不晚！"

于是拉起文种的手，与之商讨退吴之计。文种向勾践建议用金玉美女贿赂吴太宰嚭和吴王，再通过太宰嚭向吴王请和。范蠡也在一旁谋划道，如果卑辞尊礼、玩好女乐还不行，就请越王亲率妻子儿女前往吴国做吴王的奴仆。据悉太宰嚭喜贿，吴王有妇人之仁，因此这事大概可以成。

就这样，吴人贪眼前之利，放了会稽山上一只今后将吞噬他们的"老虎"。

从会稽山上走下来的勾践，要真正成为一只能吞噬吴国的"老虎"，等着他的还有一条很长很长的路要走。

越国虽然侥幸得存，但已印上了吴之"臣国"的耻辱，勾践本人也成了吴王的奴仆。吴越本是鸡犬之声相闻的近邻，越国的举动尽在吴国的监控之下，稍有不慎，会稽山下撤走的吴兵就会卷土再来，国破家亡即在旦夕。在这种情形下，谋生存，再谋发展，并且积蓄起足够的力量去复仇，这当然是一项十分艰巨而又充满危险的事业，其历程必将是漫长而非短暂的。

而阻碍报仇的最大敌人，恐怕还是报仇者自己。漫长的历程，是否能有毅力坚持下来？切肤的痛楚和铭心的耻辱，是否会随着岁月的流逝而淡化？记得那个遭骊姬之乱出奔的晋国公子重耳，初奔时的志向是何等的远大，满腔的热血似乎只为"回国图霸"四个字而奔腾！可是居狄十二年，走时已有点依依不舍。到齐后，就死活赖着不愿离开了。时间确实往往能使一个人志向锐减，热血冷却。因此古之人常常想方设法通过各种人或物的提醒来警示自己，策励自己。

《荀子·宥坐》曾载，孔子观于鲁桓公之庙，见一敧器，问守庙者："此为何器？"答曰："宥（右）坐之器。"孔子语："我听说宥坐之器，虚则敧（倾），中则正，满则覆。"所谓"宥坐之器"，就是用它自己的功能和特性向将其置于座位右侧的主人提示一个道理：中庸之道才是人生最理想的选择。宥坐之器，这大约就是后来长盛不衰的"座右铭"之前身吧？

勾践的仇敌吴王夫差就曾让人立于庭中，让此人不断地提醒他牢记杀父之仇。而沦为吴王臣仆的勾践，亦不愿须臾忘掉会稽之耻。由于境遇不同，他不敢像吴王报越之前那样张扬，只得偷偷地置薪草于铺上，悬苦胆于户下，使自己坐卧觉艰辛，出入知苦味，卧薪尝胆，忍辱负重，为来年报吴做艰苦的准备。

勾践令文种守国，与范蠡等三百人入吴卑事夫差，勾践亲为夫差牵马。夫差病了，勾践入寝宫服侍左右。传说范蠡略通医术，知吴王的病不久将愈，于是设计要勾践亲尝吴王粪便，以粪便的滋味"诊断"出吴王的病不日即愈。这一招果使吴王十分感动，病好后，吴王便把囚禁了三年的勾践等人释放回国。伍员听说此事后大怒，对夫差说："勾践尝大王的粪便，是吃了大王的心啊！"

勾践回国后，让文种管理政治，范蠡训练军队。为了解决越国人口不足的问题，勾践下令国中，凡女子十七岁不嫁的，其父母有罪。为了勤俭治国，勾践以身作则，非其身之所种则不食，非其夫人之所织则不衣。并决定，连续十年，国家不收赋税。

回国后第四年，勾践想图谋伐吴，范蠡认为时机不成熟，强取难成。

第五年，勾践认为吴王淫乐而忘其百姓，乱民功，逆无时，致使忠臣见戮，上下相偷，正是伐吴的良机。范蠡认为虽人事已备，天时未应，不可。

第六年，吴王杀伍员，勾践认为吴国良臣已死，其所用者多阿谀之徒，又要伐吴。范蠡认为不可。

第七年，吴国农业歉收，勾践认为可以乘机伐吴，范蠡说："天时已至，可人事不备。"

勾践发怒道："你这不是在欺骗我吗？我与你谈人事，你与我对天时；我与你谈天时，你应我以人事。为什么？"

范蠡解释说："请大王不要责怪，只有天时与人事相合，事情才能成功。吴国遭灾，君臣上下皆知财不足用，面对越的威胁，他们将同心协力，共渡难关。此时伐吴，于事尚危。如果大王驰骋弋猎，设乐饮酒，表面上装着不以吴为念，这样吴王见此，必放松警戒，纵其私好，劳其民力，一仍其旧，最终必遭天诛地灭，请大王再忍耐一段时间吧！"

越王勾践在范蠡的劝阻下一再隐忍不发，并且不时地向吴国进献厚礼，自己则终日田猎、饮酒，一副十足的"顺臣"模样。吴王夫差以为确无后顾之忧了，不久召集吴国精兵，北会诸侯于黄池，只留老弱与太子守国。当勾践再言伐吴时，范蠡赞同道："是时候了！如果君王不言，臣将言之。我听说，一旦时机成熟，就得赶紧行动，这就好比去救火、去追逐亡人，刻不容缓！"

勾践于是悉发国中精锐，往伐吴国，执杀了留守吴国的太子友。此时吴国虽有黄池之会，但其精锐已尽死于北伐之战中，越破吴，只是个时间早晚的问题罢了。

惊人的相似　迥异的结局

　　二十年前在越国会稽山发生的一切，二十年后在吴国姑苏山"重演"，不同的是胜利者与失败者、主宰者与被主宰者的角色正好易位，历史似乎在有意给吴越两国的君主出了一份同样的考卷。

　　被围困在姑苏山上的吴王，派公孙雄肉袒膝行，代表吴王向越王请和，其辞之卑，情之切，一如二十年前会稽山上的越国使者："孤臣夫差敢布腹心，往日曾得罪大王于会稽，夫差不敢违逆君王之命，得与君王成事而归。今君王您亲抬贵脚来讨伐孤臣，臣唯命是从。孤臣请求如昔日会稽之例，赦免孤臣之罪。"

　　勾践见使者辞卑情切，吴王已服称臣，不忍灭吴，准备以会稽之例释吴。一切似乎完全在按二十年前的老路走下去……

　　然而范蠡要打破这种进程，胜利者与失败者可以易位，但绝不可以再让它们颠倒还原，他力劝越王说："会稽之事，上天将越赐给吴，吴不自取。如今上天把吴送给越，越难道可以违逆天意吗？常言道：天予不取，反受其咎。昔日吴不取越，故有今日之败！"

　　勾践便听从了范蠡的意见，把公孙雄打发回去了。然而吴国不甘心，再派公子雄来求和，其辞愈卑，其礼益尊。勾践又动摇起来，范蠡急辞："是谁使我们早朝而晏罢的，不正是吴吗？是谁与我们争三江、五湖之利的，不正是吴吗？十年生聚，十年教训，一朝弃之，可以吗？"

　　勾践对范蠡说："我本来是不想答应的，但难以应付吴国的使者，还是你去对付吧！"

范蠡于是左手提鼓，右手执槌，对吴国使者说："昔日上天降祸于越而吴不取，今天我们将用与当年吴国相反的做法来对待此事，我王敢不听从天命，而听你们吴王之命吗？"

公孙雄见范蠡不念旧恩旧情，明白用来对付越王的那套以情动人的办法已行不通了，于是搬出了仁义王道来："我听先人说：'无助天为虐，助天为虐者不祥。'如今吴国发生天灾，祸不遗种，而你将助天为虐，不怕不祥吗？"

范蠡知道，如果在仁义王道这个问题上兜圈子，显然不利于灭吴这一目的，因为正统的仁义王道向来都是提倡兴灭继绝，服而不伐的。于是范蠡干脆关闭这扇仁义王道之门："从前我先君不为周室列爵，被弃于东海之滨，与鱼鳖相处。我们只是人面之禽兽而已，又哪里知道什么仁义王道！"

公孙雄见范蠡完全撕开面子，横蛮不讲理起来，已经失去了论辩的条件，于是只得转移阵地，故对范蠡说："好，我这就去向越王告辞。"告辞是假，想再到越王那里请情游说是真。范蠡心中自然明白这些，他不能给对方任何可乘之机，于是喝断："君王已委事于我，你还是回去吧，不要让我得罪你了！"范蠡不待越王下令，同时也不给越王再动摇反悔的时间，就击鼓进军，将吴灭了。

不讲道理，有时也不失为一种不是办法的办法，不是高明的高明。当对方已失去与你平等对话的条件，也就是说当对方的命运已攥在你的手心时，你就应该径直按照你的打算去行事，用不讲道理的办法，让对手完全失去与你理论的机会，这样可以不耗费时日，免得事有不测，从而尽快地结束战斗。

一份试卷，两种答案；同样的机遇，迥异的结局。人的选择的重要性在历史的活动中凸现出来，人的智慧与谋略就此也分出了高下优劣。

同样是火，它能照亮黑暗，也能烧毁自己。

发生在会稽山和姑苏山的一切再一次向我们显示了，历史并非某种命定的必然，而是人在多种可能性中选择的结果。

而这种选择，除了智慧，还是智慧。

范蠡留给后代隐士的样板

　　仕与隐，是古代士大夫们安身立命的一柄双刃剑。只会仕不会隐，或只会隐不会仕，都是人生的一种缺憾。

　　孔子说："邦有道则仕，邦无道则可卷而怀之。"

　　老子说："君子得其时则驾，不得其时则蓬累而行。"

　　这说明当仕则仕，当隐则隐；可进则进，可退则退。这才是一种完满的人生，这才是一种生存的智慧。《史记·范雎蔡泽列传》里，蔡泽劝范雎急流勇退的一段话，可谓是这种智慧的集中体现："身与名俱全者，上也；名可法而身死者，其次也；名在僇辱而身全者，下也。"

　　在这里，生命的意义得以突出。只有所谓功名与完好健全的生命相结合时，人生才具有完满的价值。孔子的弟子曾子把重视生命说成是人的最高德行——孝："身也者，父母之遗体也。行父母之遗体，敢不敬乎？""父母全而生之，子全而归之，可谓孝矣。不亏其体，不辱其身，可谓全矣。"（《礼记·祭义》）

　　子华子之流，更是高扬生命的意义："道之真，以持身；其绪余，以为国家；其土（瓦砾）苴（草芥），以治天下。由此观之，帝王之功，圣人之余事也。"（《吕氏春秋·贵生》）

　　因此，大立功名又能贵己全身，则成了一个人在世上的最高价值的体现。

　　也许在越灭吴后的归途上，范蠡思索的正是这一问题。作为灭吴的首要功臣，他的声名正如日中天，然而大大出人意料的是，他竟向勾践提出了隐退的请求："君将自勉吧，臣将不复入越了。"

勾践大惑不解道："我不明白您这样说是因为什么。"

范蠡借故道："我听说，为人臣者，君忧臣劳，君辱臣死。昔日君辱于会稽，臣所以不死的原因，是为了今天的雪耻之事。现在大事已济，臣请求受会稽之罚，若大王能赦免，臣请辞官而去。"

勾践知道此为托词，于是说："我将与你共享越国，若不从则斧钺相加。"

范蠡对曰："君行令，臣行意。死生唯王，臣不顾矣。"是夜，不辞而别，断然乘一叶扁舟轻轻荡去。于是，卸下累累功名，抛却荣华富贵，逍遥自在，轻舟泛海，几乎成了中国几千年来隐士的定格形象。

当范蠡的扁舟消失在烟波浩渺的水天之际时，却留下了重重的疑问和无限的惊愕给了他的同僚：为何在经历了二十年的苦苦奋斗之后，就要坐享其成之时，悄然离去？

不久，到了齐国的范蠡给其好友大夫文种的一纸飞鸿，道出了其中的奥秘："飞鸟尽，良弓藏；狡兔死，走狗烹；敌国破，谋臣亡。越王为人长颈鸟喙，可与共患难，不可与共乐。"

历史很快证实了范蠡的论断。

文种见范书后没有果断出走，结果遭人谮害，勾践赐文种剑后说："你教我伐吴七术，我只用其三就打败了吴国，另外四术还在你那里，请你为我到越国先王那里去试用这四术吧。"

果真是一个可与同患，难与处安的小家子气君王！

范蠡与文种的两种结局，说明了隐在人生中的价值所在。功成名就、急流勇退，既是一种境界，也是一种谋略。

就人性的弱点而言，共难易，共享难。故历史上多杀戮功臣、过河拆桥的不义之君。所谓鸟尽弓藏、兔死狗烹是也。尤其对那些犯颜直谏、功高震主的大臣，一般器度不大的君主都难以容忍。从伍员到文种再到韩信……多少英雄豪杰在功成名就时身遭不测而饮恨黄泉。

也许受了这些历史的启示，大名之下，其久难居的思想深入人心，以致平民的生活也渐受其影响。但任何事情做过了头，都会产生负面作用，所谓

"枪打出头鸟""树大招风""人怕出名猪怕壮"等等，这些思想虽凝结了人们的处世经验和智慧，但更多的恐怕是反映了人们甘于平庸、亦步亦趋的消极倾向。

无论作为仕者还是隐者，范蠡无疑都是历史上少有的成功者。务农也好，经商也好，他都能使自己的事业迅速发达。他在齐国曾叹息道："居家则致千金，居官则至卿相，此布衣之极也，久受尊名，不祥。"(《史记·越王勾践世家》）于是散尽其财，间行以去。《史记·越王勾践世家》记载他三徙其家，最后定居陶地，世称"陶朱公"。

从卿相到地主，从地主到商贾，范蠡走到哪里，成功就追随着他到哪里。范蠡的一再成功表明了，人类最大的财富不是金钱，不是土地，也不是权势，而是人的智慧、人的韬略。

然而，事隔两千多年再来看范蠡的事迹时，我们又不能不产生一种悲哀来。范蠡固然凭借他的智谋取得了经农、从商的成功，但我们还是看到了他的智谋本可以派上更大的用场，他如果作为卿相留在越国，对越国的事业和发展无疑将起到很大的作用。如果有范蠡、文种在越，越国的霸业就可能不是我们看到的这样了。然而范蠡不能，文种不能，这说明一个君主的开明与否，往往决定了古代士大夫们的智慧发挥如何。一个人能掌握千万人的命运，这就不是一种正常的社会现象，而这又恰恰是中国古代社会的正常现象。从这个意义上来讲，范蠡被迫弃政从农从商，又实为古代士大夫们的一种悲剧，古代智慧和谋略的一种悲剧。即使是被称为大智大圣的孔、老，他们所倡导的"卷而怀之""蓬累而行"，也都集中地表现了中国的士大夫们面对着专制集权的一种深深的无奈。"尊王"也好，"攘夷"也罢，都只是在王权、君权的镣铐下跳舞的智慧而已。就是挟天子以令诸侯、政变篡位，甚至是农民革命，它们都无非是在用一个帝王和君主更换着另一个帝王和君主。人的智慧和谋略始终未能挣脱君权的绳索，它只能在君权所规定的那个范围内左右时势。因此，无论智慧多么绚丽，无论谋略多么耀眼，都只能是镣铐下的歌舞，樊篱内的驰骋。这就从根本上、从终极价值上限定了它们的意义。

霸权的掘墓人

齐景公有一次在酒宴上对晏婴感慨道："如果人不会死，我们就能一直这样酣畅淋漓地宴饮下去，那将是多么快乐的事呀！"

晏婴笑道："如果人不会死，那么快乐将是古人的快乐，就不会轮到君主您了。齐国这块地盘最初属于爽鸠氏，快乐自然将属于爽鸠氏，这可不是君主您所希望的吧？"

天下没有不散的筵席。再艳的花朵，也要凋零；再圆的明月，也会阴缺。生命如此，世事亦然。

纵观近三百年的春秋史，可以说它是一部霸权的兴衰史。齐桓公去了，晋文公去了，楚庄王也去了，霸权在经历了它辉煌的年代后，也迎来了它衰败的末日。日渐专权的卿、大夫们，便成了它的掘墓人。

正如天子王权的破坏者诸侯是天子分封的一样，诸侯霸权的破坏者卿、大夫则是诸侯分封的。诸侯们在为旧势力掘墓时，也"培养"和"选择"了自己的掘墓人，这些或许是他们始料不及的。然而历史的进程就是如此，它从来都是不以人的意志为转移的。这种权力重心的不断下移，这种低贱者挑战高贵者、否定旧权威的行为本身，正说明了历史的进步和人的自我意识的逐渐觉醒。

于是即便诸侯被卿大夫逐走，甚至被篡位夺权，也渐渐少有人兴师问罪了。季平子赶走鲁昭公多年，昭公一直流亡在外，最后客死异乡。这件事要是发生在春秋早期，一定会引起他国的注意和干预，可这时在国际上没有引起什么反响。赵简子对此曾不解地问起史墨，史墨平静地解释说："《诗》曰：'高岸为谷，深谷为陵。'三后（三王）之姓（子孙），于今为庶。所谓'社稷无常奉，君臣无常位'，自古以然。"

　　或许其他诸侯也曾想过要帮鲁昭公，然而此时他们已自顾无暇，其处境并不见得比昭公好多少。如果说在公元前546年晋、楚弭兵之前，各国诸侯的注意力主要放在对外事务（对外争霸、对外兼并和反兼并）上；那么之后，各国诸侯的注意力就主要放在对内事务（与卿、大夫争夺政治权力）上了。然而令诸侯们懊悔不已的是，当他们把注意力转向内部时，才发现为时已晚了。卿、大夫们早就悄悄地攫取了实权，已经将"公室"架空。郑国的"七穆"，鲁国的"三桓"，宋国的戴、庄、桓等族，晋国的韩、赵、魏、范、中行、智、郤、栾、先等族，卫国的宁、石二氏，齐国的国、高、隰、崔、庆、管、鲍、田诸氏……他们早已按捺不住寂寞，纷纷走上前台，要求对权力进行重新分配，已经成为一股势不可挡的洪流……

　　齐景公想留住逝水的年华，永享欢乐的梦幻，其实反映了春秋末年没落的诸侯们企图安于现状、保位守成的普遍愿望。这种愿望无疑在卿、大夫们步步紧逼的脚步下，在"三分公室""四分公室""三家分晋""田氏代齐"等相继出现的严酷现实面前，被击得粉碎。

"三桓"蚕食鲁"公室"

所谓"三桓",是指孟孙氏、叔孙氏、季孙氏,因为他们都是鲁桓公(前711—前694在位)的子孙,故以此称之。

鲁桓公死后,其子鲁庄公继位。庄公三十二年(前662),庄公病重,其异母弟庆父认为夺权的时机到了,企图勾结胞弟叔牙杀死庄公。叔牙先假意去探问病情,庄公问叔牙应该让谁来继承君位,叔牙说:"庆父有才干。"庄公察觉出他们有篡国阴谋,赶紧召自己的另一个弟弟季友来商议。季友说,国君应该由您的儿子公子般来继承,他们竟出此言,看来是准备动手作乱了。庄公于是授权季友处理此事,季友派人用毒酒杀死了叔牙,因庆父并未直接出面,又没有抓住其谋反的直接证据,故主谋庆父未受到追究,从而留下了"庆父不死,鲁难未已"的祸根。

不久庄公死在路寝(君王处理政事的宫室),公子般继承了君位。可公子般即位后不到两个月,就被庆父所指使的圉人荦刺杀于党氏家。圉人荦与公子般曾有一段旧怨,一次圉人荦调戏公子般的妹妹,公子般大怒,使人鞭打了圉人荦。庄公得知后曾对公子般说:"怎么不杀了他呢?这个人可是力能举鼎呀。"当时,公子般并未在意。

季友在公子般被杀后,出奔陈国。庆父与庄公的夫人哀姜合谋,立了庄公的另一个儿子公子启为国君,是为鲁闵公。同时把圉人荦作为替罪羊给杀了,以此来搪塞国人。不久闵公召回了季友,庆父见自己所立的闵公并不怎么听话,又故技重演,唆使被夺了田产的鲁大夫卜齮行刺闵公于路寝之侧门。可这次鲁国国人再也忍耐不下去了,不到两年,庆父竟谋害了两位国君，把鲁国搅得一团糟，这怎能不引起国人的公愤呢？庆父怕被诛讨，逃到了莒国。季友见庆父走了，从避难的邾国又回到鲁国，立了庄公之子公子申为国君，是为僖公。为了彻底铲除后患，季友重贿莒国，要莒国交回庆父。当莒国解送庆父至鲁国的密地时，庆父想做最后一次挣扎，派公子鱼先回京都求情，被季友坚决拒绝。公子鱼只得哭着回到密地，庆父听到公子鱼的哭声，知大势已去，未等公子鱼禀报，便上吊自杀了。

鲁僖公见季友平乱有功，想封给季友一座城。季友却说："我跟庆父、叔牙，都是先君桓公的儿子。为了国家，我逼死了他们，现在还是请封他们的后代吧！这样可使百姓皆知君主不忘祖宗。"于是鲁僖公立公孙敖继庆父之位，称孟氏；立公孙兹继叔牙之位，称叔氏；季友称季氏。从此，开启了鲁国"三桓"的历史。

如果说庆父还只是乱乱鲁国"公室"，那么"三桓"则是从根本上削弱和架空鲁国"公室"，让它名存实亡了。

"三桓"立稳足跟之后，便开始了一系列的与"公室"争夺权力的斗争。三家大夫为了扩充自己的力量，采取了各种方法。例如季氏不让妻妾们穿丝织品，用节省下来的财富到处收罗人才。为了增加自己的土地，把公田收归私有。至春秋后期，季氏已拥有了大量的私田和大批私附的民众，私家武装达七千人之多，势力超过了国君。

由于各家私田越来越多，公田的收入愈来愈少。公元前594年，鲁国公室不得不宣布实行"税亩"制度，承认私田合法，公田、私田一律收税。这实际上是公室在不能消弭私田的情形下，与私田的拥有者争利的一种手段。

公元前562年，季武子将鲁国公室的上下二军改为上中下三军，季、叔孙、孟三家各得一军，各征其军之土地赋税，这便是历史上所称的"三分公室"。

三分公室，表明鲁国"公室"在与"私家"的斗争中全面失败。从此，三家势力的发展不可遏制。同时，三家势力的发展也出现了不平衡，由于各自在其土地上采用的征收制度不同，季氏采用征税制，叔孙氏仍保留奴隶制，孟氏则是新旧并用，这样其结果自然有所区别了。季氏适应当时形势所用的征收制度，对提高劳动者的积极性，得到民众的支持起了很大的作用，故季氏的势力发展最快，后来成为鲁国实际上的执政者。

公元前 537 年，三家废掉原来的三军，仍恢复两军，但把它们分为四份，季氏独得两份，孟氏、叔孙氏各得一份，三家把公室的军赋瓜分了个干净。鲁国人民从此只向三家交纳，再由三家转向"公室"进献，这就是所谓的"四分公室"。由此，鲁国实际上已分为三国，鲁君不过保存了一个宗主的虚名和一部分的民赋而已。

有道是：不到黄河不死心，看到破败的"公室"，鲁国的君主们自然不甘心，一场反夺权的斗争便紧张激烈地开展起来。

公元前 530 年，鲁昭公支持季氏的家臣、费邑的邑宰南蒯叛变季氏，但最终由于费邑民众支持季氏，前 528 年，南蒯叛乱失败，南蒯不得不逃亡齐国。

公元前 517 年，季平子的叔父季公若投靠公室，鲁昭公觉得这是击败季氏的机会，他要其子公景去串通旧贵族郈孙氏，待一切准备好后，昭公曾征问子家驹的意见："季氏无道，僭越公室已久，我想杀了他们，你看如何？"

子家驹认为不可，但昭公决心已定，于是年九月发兵突袭季氏，杀了季平子的弟弟公之，一举占领了季氏家宅。季平子请求昭公或把自己囚禁在费邑，或让自己只带五辆车子出亡，但均遭拒绝，看来季氏被灭在即。

叔孙氏和孟氏知道，倘若季氏被灭，下一步就该他们遭殃了，鲁昭公的目的实际上是要消灭整个三桓势力。于是两家联合出兵，把鲁昭公赶出了鲁国。鲁昭公出亡后，季平子竟将象征君王的宝玉"璠玙"佩戴在身上，俨然一副鲁国国君的样子。

公元前 510 年，鲁昭公死在国外。晋国的史墨评论说："鲁君世从其失，季氏世修其勤，民忘君矣。虽死于外，其谁矜（同情）之？"（《左传·昭公三十二年》）

可以看出，当时人们的观念较之春秋初期已有了很大变化。国君被逐，季氏"篡政"，已被人民认为是理所当然之事。后来鲁哀公也曾想借助强越从"三桓"的手中夺回权力，但结果是哀公在"三桓"的联合进击下，被迫逃出了鲁国，得到了与昭公同样的下场。可见，没有民众的拥护，面对着步步紧逼的"三桓"，鲁国"公室"只能是一筹莫展。

"六卿"分晋政

以庶支取代嫡系的晋武公及其子孙们怕他人以其人之道还治其人之身，于是先后采取了一系列抑制和剿灭公族（同宗家族）的行动。至晋文公时，晋国规定不给国君家族的子弟以一定的土地与职位，这样实际上在晋国消灭了公族势力。不久，晋国便让卿族（卿大夫的家族）代替公族，形成了新的"公族"势力。晋国这些前后矛盾的举措，虽然消弭了旁支替代武公一系"正嫡"的威胁，但又种下了卿族危及君权的隐患，这可谓是"前门驱虎，后门迎狼"。

春秋中期以后，晋国的卿位一直由十来个卿大夫的家族所占据，卿大夫既身居卿位，同时又是统率军队的将领。随着诸卿势力的膨胀，他们之间的矛盾也日益尖锐起来。至春秋晚期，经过火并后，只剩下韩、魏、赵、范、中行、智氏六家，这就是所谓的晋国"六卿"。

阖庐为了北上争霸，对中原霸主晋国的情况十分关注，他曾问孙武："晋之地由六卿分守，六卿当中谁先亡，谁能强？"

"六卿之中，范氏和中行氏先亡。"孙武说。

"其次呢？"

"智氏其次，韩、魏又次之，晋国将归于赵。"

"这个次序的根据何在？"阖庐问。

孙武分析道："六卿之中，以范氏、中行氏亩制最小，定为一百六十（平方）步为一亩，且养兵设官多，故先亡。智氏定为一百八十（平方）步为一亩，韩、魏二氏定为二百（平方）步为一亩，故他们的情况稍好些。只有赵氏定二百四十（平方）步为一亩，亩大却照原来的数额收税，所以民众富庶，且养兵设官少，故晋国将归赵氏。"

"善哉！"阖庐十分赞赏孙武的见解："这正是厚爱其民，才可以成就事业的道理。"

亩制大，何以与"厚爱其民""成就事业"挂上钩？原来旧亩制是"百步为亩"，由于当时对劳动者耕种的田亩数有一定的限制，故亩制大意味着人均实耕面积大，相反，亩制小则意味着人均实耕面积小。在生产力发展较快的春秋时代，适当扩大亩制有利于农业经济的发展，晋国"六卿"都看出了这一点，所以他们都将亩制有所扩大。然而，我们从他们扩大的程度上可以看出了他们对亩制改革的差异，范氏、中行氏还相当保守，在亩制的改革上不很彻底，因此民众地少而穷困的面貌没有大的改观，先亡，不是理所当然的吗？孙武把土地制度和民心向背看作是"六卿"兴亡的根源，凸现出"经济基础"的作用，不能不说是独具慧眼。

赵氏在自身势力的发展和与诸卿的斗争中一直非常注重民众的力量，善于笼络人心，这往往成了他转危为安、克敌制胜的法宝。一次赵简子派尹铎去做晋阳（今山西省太原市西南）的地方官，尹铎问："我去之后是像抽丝那样榨取民脂民膏呢，还是建立一个可靠的根据地？"赵简子答："当然是要建立一个可靠的根据地！"

于是尹铎到任后，立即调整了赋税，减少了农民的负担，果然使晋阳成了赵氏可靠的根据地，这一举措的重要性在后来赵氏与智、韩、魏三氏的对抗中便充分显示出来了。公元前493年，赵简子为断绝郑国对范氏、中行氏的粮草供应，在铁地（今河南省濮阳县西北）与郑军交战。当时赵简子的兵力远不及对手，为了极大地激发士兵们的斗志而争取胜利，赵简子向他的将士们开列了各种赏格："克敌者，上大夫受县，下大夫受郡，士田十万，庶人工商遂，人臣隶圉免。"（《左传·哀公二年》）

这样一来，跟随赵简子作战的每个阶层的人都看到了自己的希望：只要战胜敌人，立了军功，贵族们可以得到赏地，庶人工商可以因此而进入仕途，人臣隶圉可以免除奴隶身份。于是，充满着希望的赵家军，个个奋勇争先，以一当十，大败郑军并获粟千车。在寡不敌众的情形下，赵简子通过提高部队的质量来弥补了数量的不足。

在赵氏家族与诸卿的兼并战争中，以少对多的形势常常出现，至紧要关头时，赵氏总有办法提高自身的"质量"，从而战胜对手。

消灭了范氏、中行氏后，晋国就只有韩、赵、魏、智四卿了。当时这四家中智氏势力最大，它想独吞晋国，消灭其余三家。智氏的当权者智瑶以奉晋侯之命、准备治兵伐越恢复霸主地位为借口，要每家拿出一百里的土地和户口归"公家"所有。智瑶所说的"公家"，其实就是他的"智家"。韩、魏二氏慑于智氏的淫威照办了，但赵氏没有依。当时赵氏的掌权者赵襄子很清楚，这样一来智氏的势力将更加强大，从而谁也无法遏制住智氏独吞晋国的步伐了。

智氏本想先削弱三家，然后再将他们慢慢吃掉。现在赵氏公然作对，心想也好，那就先消灭赵氏吧！于是智瑶以平分赵氏的土地和户口为诱饵，联合起韩、魏来攻打赵氏。

公元前455年，智瑶的军队作为中路，韩氏的军队作为右路，魏氏的军队作为左路，三路人马直扑赵家。大敌当前，赵襄子知道硬拼是不行的，找一个可靠的据点固守方是上策。他采用了谋臣张孟谈的建议，将军队撤到赵氏原有的领地——晋阳。

晋阳原经过尹铎等人的治理，民心归附，据说可作为可靠的根据地。可赵襄子到晋阳一看，只见"城郭不治，仓无积粟，府无储钱，库无甲兵，邑无守具"（《韩非子·十过》），大为恐惧。张孟谈说，圣人治国不是靠府库，而是靠民众。只要民众手里有东西，又心向归附，就是最好的固守条件。

不久，智、韩、魏三家兵马将晋阳城团团围住，而守城的晋阳军民士气旺盛，双方在此相持近三个月。由于久攻不下，智瑶便想用水来助攻，将晋水引来灌往晋阳城，不出几天，水漫晋阳城。晋阳陷于水困之中，城中已是财粮将尽，将士赢病。赵襄子面对这种危急的情况，觉得照旧死守，势必难以持久，于是派张孟谈偷偷地溜出晋阳城去拉拢韩、魏两家。张孟谈对韩康子和魏桓子说："唇亡齿寒，赵亡之后，灭亡的命运就该轮到你们了！"

韩、魏两家参战本是慑于智氏淫威被迫而来，想起智氏平素专横跋扈，恐怕真如张孟谈所说，以后智氏得势将危及自身，于是同意反过来与赵氏联手对付智氏。

公元前453年的一个晚上，韩、赵、魏三家引晋水反淹智瑶的军营，智瑶兵败驾着小船逃命，结果还是没有逃出赵襄子的埋伏圈，被俘斩首。韩、赵、魏三家平分了智氏的土地和人口，并分别建立了三个封建政权。此后，三家继而平分了晋国，只给晋国公室保留了绛和曲沃两地。公元前376年，三家干脆联合起来把挂名的晋国国君也废了。从此，晋国在历史上彻底消亡。

田氏代齐的利器：斗

春秋初期，陈国内乱，公子完避难奔齐，齐桓公任命他为工正，这是陈氏（即田氏，古时陈田音近，陈公子完至齐后，改陈为田）立足于齐国的开始。田氏与齐公室的关系处理得很好，一直颇受齐国历代君主的恩宠。

但是随着齐公室的日渐衰落，田氏不想成为其殉葬品，开始另谋出路，便渐渐生出"反骨"来。齐景公当政时（前 547 年—前 490 年），田乞利用减轻剥削的方式，与公室展开了争夺民众的斗争。过去齐国的量具是升、豆、区、釜、钟，从升到釜是四进位制，从釜到钟是十进位制。田氏另外制作了一套家量，从升到釜是五进位制，从釜到钟仍是十进位制，这样田氏的家量显然比齐国通行的公量大得多。田氏往外借粮时用家量，收回粮食时用公量，这就是所谓的"大斗出，小斗进"。田氏用这种手段获取了民心，民众大量归附田氏门下，田乞将这些依附的民众变作"隐民"，使其不受国君的控制。如此一来，公室的劳动力大量流失，而田乞的"隐民"不断增多。在田氏的新斗面前，公室节节败退，日渐徒具虚名。从此，田桓子创制的新斗成了他后来的子孙们与公室较量的一件锐利武器。

田乞看到当时国氏、高氏在齐国位高权重，他要夺取齐国的政权，就必须先除掉这两只拦路虎。不过就田氏当时本身的力量而言，还无法完成这一艰巨任务，于是田乞导演了一出漂亮的离间戏。

田乞先装出一副侍奉国、高二氏的样子，每逢上朝必陪坐在他们的车上，一个劲地说诸大夫的坏话："他们都很傲慢，想不再听从你们的号令。他们私下里谋划道：'高氏、国氏受君宠信，必然会胁迫我们，何不将他们去掉呢?'他们已经在图谋你们了,你们应该早点考虑对策才是。而最好的对策莫如将他们一网打尽,不留后患。千万不要犹豫呀,迟疑不决没有不坏事的。"

田乞把这边的火点起来之后,又跑去对那边的诸大夫说:"国、高二氏要发难了,仗着国君的宠信来对你们下毒手,他们说:国家患难之所以多,完全是你们造成的。只有将你们全部铲除干净,国君才能安定。据我所知,他们已经定下了计划,我们何不趁他们没有动手时先下手呢? 等他们发难之后再吃后悔药,就来不及了!"

国、高二氏以为田乞是亲近他们的,于是对其所言深信不疑。诸大夫以为田乞一向接近国、高二氏,对国、高二氏的底细一定有所知晓,于是也信其所言。他们再从彼此的眼睛中看到了那已经被田乞煽动起来的怒火时,于是更信了。

诸大夫听从了田乞的安排,于鲁哀公六年(前489)夏季六月二十三日起兵冲进宫,国、高二氏的军队随即进宫救援,双方发生激战。由于国人都站在田乞和诸大夫一边,国、高二氏军队战败,高氏的当权者高张逃往鲁国,国氏的当权者国夏亡奔莒国。

田乞的儿子田常(即田成子)为齐国左相时,田氏代齐的路上又遇到一只拦路虎——齐简公的宠臣、任右相的监止。当时有个叫御鞅的官员曾英明地断言:"田常和监止不能并存!"田常也意识到了他与监止之间将无可避免地有一场你死我活的斗争。为了增强自己的实力,田常继续实行其先辈田桓子的办法——"大斗出,小斗进"。田常用这一祖宗法宝所取得的功效,在当时齐国流传的一首歌谣中便生动地体现出来了:

> 妪乎采芑(采芑菜的老妪),
>
> 归乎田成子!
>
> (《史记·田敬仲完世家》)

经过精心的准备和策划,田常于鲁哀公十四年(前481)五月先发制人,杀了监止和齐简公,立了简公之弟骜为齐平公。从此,田常独揽了齐国之政柄。为了稳固自己的统治，田常对残留的旧贵族鲍氏、晏氏以及有势力的公族赶尽杀绝，将安平以东至琅琊的地区划为自己的封地，其面积大大超过了齐平公的食邑。同时为了避免他国干预，田常主动归还鲁、卫被齐占领的土地，与晋、韩、赵、魏结盟订约，派使者去吴、越访问。这些措施和对策，不仅巩固了田氏在齐的统治地位，而且逐渐获得了他国的承认。《史记·十二诸侯年表》云："齐自是称田氏。"姜氏政权已名存实亡，田氏代齐姜之君位，只是一个时间问题了。

斗，量具也，它是被人用来量谷物的。然而，它到了两千多年前的田氏手中，却量来了民心，量来了万乘之齐。呜呼！古往今来，天下用斗者对其功能的发挥和妙用，还能超过田氏吗？

第十章

CHAPTER10

小国的尴尬

《孙子·谋攻篇》云："上兵伐谋，其次伐交，其次伐兵，其下攻城。"伐交在这里被提到了比攻城拔寨的用兵更重要的地位。伐交在春秋时期的中小国家那里似乎显得尤为重要。倘若大国还可以凭借自己的实力来说话，占得一席地位的话，小国则往往只有用自己灵活的外交手段来周旋，为自己谋求一片可怜的生存空间。

春秋之时，没有一个大国能自始至终地称霸，没有一个大国能在其称霸之时征服所有的国家。即便是一个大国正在称霸，另一个大国也已在伺机兴起。就春秋中期而言，主要是晋与楚的争霸，但其间由于彼此的势力消长，呈现出一种起伏不定、霸主无常位的局面，常常令弱小国家无所适从，使它们不得不陷入"朝晋暮楚"的尴尬境地。

然而这种变化莫测的险恶的生存环境，也为外交家的驰骋提供了舞台，使他们纵横捭阖的历史作用更鲜明地凸现出来了。

鲁国大夫季武子曾先后对晋国大夫范宣子说过，鲁君与晋君，有如花与味；小国与大国，若百谷之仰膏雨。其中虽不乏谀美褒扬之意，但对小国和大国的比喻也颇为形象贴切。气味离开了花朵就不复存在，百谷没有膏雨就会枯竭。至于大国是膏雨还是毒日，那就要看大国的意愿了，也要看这些小国的"伐交"家们是否有本事能让大国不产生那些不利于己的意图来。

两封信

春秋中期的霸业舞台上，上演的是晋楚两国的戏，郑国夹在晋楚之间，成了晋楚交兵争霸的一个焦点。在某种意义上可以说，郑国的倾向是晋楚两国势力消长的晴雨表。

鲁襄公八年（前565），楚人伐郑。郑国的卿大夫们对从楚还是附晋争吵不已。子驷说："敬共（供）币帛，以待来者，小国之道也。牺牲玉帛，待于二竟（指与晋楚两国相接的边境），以待强者而庇民焉。"（《左传·襄公八年》）

子驷数言，道出了郑国在晋楚争霸中惯用的外交原则，生存是至上的，为了达到这一目的，可以不讲信用，甚至不要国格。这种谁来从谁，谁强附谁的做法，实际上集中反映了春秋时代中小国家的尴尬和无奈。

郑国是运用这一"小国之道"为数不多的成功者，它之所以能在兵车相会的中心地带，在晋楚两强的夹缝之中历经万劫而不灭，完全是因为凭借着像子家、子产这样的一大批杰出外交人才的韬略和智慧。

鲁文公十七年（前610），晋侯为伐宋，会合诸侯于扈（今河南省原阳县西北），因郑国新附楚，故晋侯不见郑伯。子家（公子归生）于是写了封长信给当时晋国掌权的赵宣子，说明郑国身不由己而服楚的苦衷。子家先是历数郑国各代君主忠心朝晋的历史，表白郑国事晋战战兢兢、"畏首畏尾"、如履薄冰的心态。他再是谈到小国奉大国常处于非人即鹿的地位，若大国德，则小国乃人；若大国不德，则小国乃鹿也。为鹿知其将亡，故有急不择路、赴险犯难之举。信的最后叙述了郑朝齐服楚，实乃迫不得已的应急之策，并非己之意愿，还抒发了郑国"居大国之间，而从于强令，岂其罪也"的感言。赵宣子见信后，同意与郑握手言和。

六十余年后，即鲁襄公二十四年（前549），子产亦有一封信给晋国的当权者范宣子。当时盟主晋国对诸侯的责求太多，使诸侯们难以承受，苦不堪言，于是子产在信中对范宣子说：

"您治理国家，四邻诸侯不闻令德，却只听说要收沉重的贡品，为此我深感困惑。我听说，君子治国不患于无财货，而患于无善名。如果诸侯之财货都聚敛在晋国公室，则会使诸侯内部分裂；如果您以这些财贸为利，则会使晋国内部分裂。诸侯内部分裂，则晋作为盟主必受害；晋国内部分裂，则当道之臣亦受祸。我不明白，您为什么要聚敛财货？

"令名，是载德远行的车子；德行，是国家赖以存在的基础。有基础才能不毁坏，您不也应该致力于此吗？有德则乐，乐则能久。《诗经》上说：君子快乐，是国家的基础。……如果晋国能推己及人，不把自己尚且不愿做的纳币进贡的事强加在诸侯身上，这样晋国的令名就会远播，从而使远方的诸侯来朝，邻近的诸侯安心。您是想让人对您说您真正地养活了我们，还是想让人对您说您榨取了我们的财货来养活自己呢？大象有牙而遭身毙，这是因为象牙值钱的缘故呀！"

范宣子读罢子产的这封信，顿开茅塞，于是减少了诸侯的贡品。

子家的信，以情动人，道出个中原委，掏出淤积的苦衷，如温火炖汤，只要火候到了，只要情到深处，功效自见。

子产的信，以理服人，讲清道理，为对方着想，也为自己考虑，不媚不怨，不亢不卑，似晚风拂铃，清澈警人，使范宣子不能不听，听后又不能不服。

两封书信，可以说是郑国伐交斗争中的一个缩影，或动之以情，或晓之以理——针对不同的对象，则有不同的说法；身处不同的场合，则用不同的手段。论理说义，却长于变通；咬定青山，却巧于周旋。

欲盟先战

鲁襄公之时，晋强楚弱，然郑亦难摆脱晋楚交伐的糟糕局面。由于郑长期采取的是晋来从晋、楚来附楚的"墙头草"外交策略，故即便是晋郑结盟之时，晋也并未把郑看成是自己十分牢靠的伙伴。这样晋对郑稍有不如意便动之以武，楚亦因郑倾向晋，常伺机北来，使得郑自鲁襄公继位以来，几乎年年有战事，灾难深重的郑国不能不开始寻找一条新的避祸出路。

于是郑国的众大夫们常在一起商议道："不从晋，国家就要灭亡，然而从晋，晋又不怎么看重我们。倘若晋能真心与我同盟，拼死来保护我们的话，楚一定不敢与之争锋，这样我们就可以跳出战争的火坑了。现在的问题是，我们怎样才能让晋去这样做呢？"

郑大夫子展根据当时大国对越是不服的小国越是想征服的心理，建议郑一反平常唯唯诺诺、亦步亦趋的做法，提出欲盟先战、欲亲先叛的策略，从而激起晋国的愤怒和强烈的征服欲，然后郑再俯首称臣，与晋结盟，以期达到郑国不再让楚国染指的目的。

为了扑灭火患，不惜引火烧身；为了引起晋国的重视，敢于去摸摸这只"老虎"的屁股，这确实是一个大胆而颇有创意的谋略。

郑国首先选择了邻国宋作为挑起战端的突破口。宋为晋的同盟国，宋晋关系一向密切，向宋挑战，无疑也是给晋下战书。鲁襄公十一年（前562）夏天，郑国子展率兵侵宋。不久晋率诸侯联军伐郑，齐国太子光、宋国向戌统齐宋军队进驻郑国的东门，晋国荀罃统晋军至郑国西郊，卫国孙林父统卫军直逼郑国的北境。六月，诸侯之师会于北林，尔后向郑国都城挺进合围。

一切果如子展所料："若我伐宋，诸侯之伐我必疾。"（《左传·襄公十一年》）

郑在重兵的围逼下求和，秋七月，范宣子同意与郑讲和，并与之盟誓："救灾患，恤祸乱，同好恶，奖王室。"（《左传·襄公十一年》）

楚国听说诸侯之师伐郑，郑又与之结盟，派子囊向秦国求兵，于是楚秦联军前来伐郑。这也正如子展所料："吾从晋盟，楚师必至。"郑伯按子展之计，开城门迎接楚秦联军，并协助联军去攻打宋国。

九月，诸侯之师又来伐郑，郑国又准备与晋结盟。但这次郑国采用了与以往不同的做法，即在还没有与晋讲和之时，事先通知了楚国，并声明之所以这样做的苦衷，希望楚能与晋和好，或者用武力慑服晋国，若两者都不能，那么郑国也只有走归顺晋国的一条路了。郑之所以事先与楚通气，无非是想表明郑仍畏惧和敬重楚国，让楚国不再在郑晋结盟之后来找麻烦。

与楚国通了气后，郑国正式派王子伯骈向晋求和，并许诺给晋侯以重贿，表明了在晋楚两强的夹缝之中，郑对晋的诚意和忠心，而厚重的礼物显示了这种诚意和忠心的分量。在此之前郑虽在与晋结盟后口血未干之时就背晋从楚伐宋，但在郑的重贿之下晋还是"饶恕"了郑的这种背叛行为。这一年的九月二十六日，晋国赵武入郑和郑伯结盟。十月初九，郑国子展出城和晋侯结盟。

子展曾对整个事件的发生、发展及其后果都做过预见："与宋为恶，诸侯必至，吾从之盟。楚师至，吾又从之，则晋怒甚矣。晋能骤来，楚将不能，吾乃固与晋（指与晋结成稳固的盟）。"（《左传·襄公十一年》）

从谋略实施的整个过程来看，子展的预见相当精准。正是这种精准，使郑国能达到欲盟先战、欲亲先叛的预期目的。史伯对郑选择新的立国之基后命运的预见，郑伯对共叔段和姜氏每一步行动的预见，蹇叔对秦师将兵败殽山的预见，伍子胥抉目观越之入吴的预见，范蠡对狡兔死走狗烹的个人前途的预见，这些都是春秋时代谋略巨匠们远见卓识的典范之作。英明的见识，正是谋略生命的根本所在。

说难与说易

郑国在子产当政之时，日子较之以前要稍稍好过一些。这是因为北方老牌霸主晋国内部异姓贵族势力的兴起，形成晋政多门的局面，权力之争削弱了晋国的实力，使它开始无暇外顾。南边的楚国虽然内部矛盾不像晋国那么突出，大权仍控制在楚王手里，但东吴的兴起和壮大，构成了对楚国生存的威胁，使楚这时有点自顾不暇了。

在这种特定的历史情形下，郑国的外交方针已开始悄悄地发生了些变化。子产认为郑国不应再是一只任人宰割的羔羊，他瞅准机会，也会去与那些霸主们理论一番，软弱之中，已慢慢地透出一点硬气来。

鲁襄公二十六年（前547），许灵公因与郑有宿怨，到楚国请伐郑，并发誓楚师不兴，他不回国，不久死在了楚国。而此时的楚国已失去了当年的雄风，出兵征伐已力不从心。但许灵公为请伐郑死在了楚国，如果不出兵去讨伐一下郑国，又有点说不过去，这一来不好向自己的同盟国交代，二来楚国今后再怎样去号令诸侯呢？正是在这种矛盾的心情下，楚国才延迟了出兵的。子产非常清楚楚人的这一心理，认为楚兵只是"眜于一来"，于是命令郑国采取不抵抗政策，使楚快意而归，从而使郑国免遭大劫。

鲁襄公三十一年（前542），子产陪同郑伯到晋国，晋侯以鲁国有丧事为由，没有马上接见他们。作为弱小盟国的郑国，受到晋国这样的怠慢大概已不计其数了。这一次，子产没有像往常那样，忍辱负重地恭候晋侯的召唤，而是采取了积极主动的方式。诚然，作为小国的代表，子产不可能对晋侯的行为直言鞭挞，而只能用婉转巧妙的形式来表示。他首先命令部下把晋国招待诸侯的宾馆围墙拆除掉，他认为这种大胆的举动必然会引起晋侯的注意和责难——老虎不愿出来，可敲山震之；蛇不愿出来，可打草惊之。

果然晋侯憋不住了，派出晋大夫士伯前来责问，这样子产便找到了一个与之对话的机会。

士伯说："敝邑政刑不修，寇盗充斥，于是才修了这高门厚墙，让客使无忧。今天您坏了馆垣，今后将怎样接待宾客？所以君主让我来向您请教。"

子产回答说："郑国狭小，处在大国之间，大国责求贡献无时，因此敝国国君不敢宁居，只得收索敝国财物，亲自带来朝会贵国。适逢贵国国君没有时间，不得获见，又没获命何时得见。我们既不敢擅自呈上，也不敢让财物暴露于野，任其腐败，以重敝邑之罪。我听说以前文公为盟主时，自己的宫室卑小，没有可供游览的台榭，却把接待诸侯的宾馆修得富丽堂皇。宾馆好像国君的寝宫，仓库、马棚修缮完好，司空按时修路，泥工准时粉刷。诸侯宾至，甸人点燃灯火，仆人巡宫守夜，车马有处所，随从有代劳，各种服务细密周到。文公从不耽搁宾客的时间，忧乐与共，宾至如归。诸侯来宾从不害怕寇患，也不担心湿热。而如今晋君的铜鞮别宫方圆数里，诸侯的宾馆却像奴隶的住房，正门不能入车，又不能翻墙而进，盗贼公行，天灾难防，接见宾客没有一定的时间，何时召见也不得而知。如果不拆除围墙，财物没有地方收藏，就会致使腐败，这样反而要加重我们的罪过了。敢问执事，您将对我们有何指示？虽然晋君有鲁君之丧，但这也是敝邑的忧伤。如果能受晋君的恩惠而获命献上礼物，我们会把围墙修好了再走。"

士伯复命后，赵文子感叹道："信如子产言，我们实在没有修德行，用像奴隶的住房来招待诸侯，这是我们的过失啊！"

于是派士伯向郑伯道歉，晋侯以隆重的礼节接见了郑伯，并设盛宴款待，回赠的礼物也特别丰厚。郑伯走后，晋国重新修造了招待诸侯的宾馆。

大凡说的奥妙，皆在于由难转为易。晋郑为大小之国，又有主臣之分，再加上晋侯的傲慢无礼，这就给子产之说造成了相当的难度。子产首先遇到的麻烦是，他见不到要去游说的对象，于是只得用破坏馆垣这种异常的举动来引出晋侯的使者，从而为自己赢得一个说话的机会。子产对于晋侯的无礼和薄待不能不说，不然郑国和诸侯今后的日子恐怕更难过；但又不能开口直说，因为如果惹怒了晋侯，小则危及个人生存，大则危及国家安全。怎么办？子产于是选择了从自身谈起，谈郑国对晋国的忠心，谈小国事大国那种唯恐失职得罪的心态。这当然是晋侯能够听进去的，同时这也开宗明义地表白了郑国无论是过去或现在所作所为都是为了晋国。接着颂扬文公的功德，文公是晋国的偶像，他的业绩也是后来晋国历代君主们仰慕艳羡、梦寐以求的。晋侯既然孜孜于霸业，想重振往日文公之雄风，那么他的所作所为必须要像文公那样，只是可惜晋侯现在并没有做到。子产指出晋侯的无礼，却是与其先贤相比，与其霸业相关，这种"好心"的批评，自然难以引起晋侯的反感。在这里子产抓住了晋侯试图中兴霸业的心理，就如同孙悟空钻进了铁扇公主的肚里，说便由难而转为易。

韩非子明于说难，却拙于说易，故害于李斯之手。不知说难，是为不知说；不知说易，是为不知如何说。

子产争承

霸主的衰弱，使中小国家有了更多的说话机会。子产，这个没有机会说话，也要创造机会去说话的郑国的政治家和外交家，自然不会放弃历史已为他提供的说话机会。

鲁昭公十三年（前529），晋国在平丘会合诸侯。然而这次平丘之会，已表明晋国的霸业走到了尽头。与会的诸侯只是在晋国的威逼利诱之下才勉强而来，因为他们知道，即便是一个衰败的大国，若是发起疯来也是令人可怕和担忧的。正如叔向威胁鲁国时所说的："牛虽瘠，偾（仆倒）于豚上，其畏不死？"（《左传·昭公十三年》）

不过，牛已瘠终究成了事实，因此，平丘之会再也不是晋国一手遮天的盟会。子产抓住这一有利时机，开始为郑国的贡赋之次（即"承"）不公平据理力争，他在盟会上大声说道："以前天子确定贡赋的等级，以地位轻重排列，位尊者贡赋就重，这是周朝的制度。现在郑国为男服，却要按照公侯的标准来进贡，这恐怕是我们难以办到的。如今讲诸侯靖兵，应该以友好的态度来共处，如果贡赋没有限度，小国免不了有缺失，这就是为何小国得罪大国的原因。诸侯重温旧盟，是为了使小国得以生存。贡赋没有限定，小国灭亡的日子指日可待。因此，存亡之制，将在今矣！"

于是子产争承，从中午开始，一直坚持到晚上，晋人才松口答应子产的要求。

盟后，郑国的子大叔责备子产说："怎么可以这样强硬呢，如果晋率诸侯来讨，怎么办？"子产胸有成竹地说："晋政多门，自顾不暇，哪有什么时间来讨伐。况且国家不和他国力争，也会遭到欺凌，这样还成什么国家？"

在对晋国和整个局势的认识上，子产较之子大叔可谓清楚明白得多。子产争承，其意义是深远的，事后孔子评价道："子产于是行也，足以为国基矣。"（《左传·昭公十三年》）

子产的胆大，绝非一时冲动的鲁莽之举；子产的成功，自然也不是一种侥幸的成功。只有对形势能够准确判断和对敌我势力消长变化了如指掌，才敢一反常态，与大国相争，并且寸步不让，从日中至于昏。昭公十六年（前526），子产拒绝了晋国当政者韩宣子的无理索求，则是子产这种胆大心细的外交政策成功的又一例子。

韩宣子有一只玉环，可与之配对的另一只在一个郑国商人手里，韩宣子想利用出使郑国的机会通过郑伯得到它。子产不答应，说："这不是国家府库中保管的器物，寡君不知道。"

子太叔、子羽私下劝子产道："韩宣子也没有更多的要求，我们对晋国可不能怀有二心。韩宣子是不可以怠慢的，如果此时有小人从中挑拨离间，激起了韩宣子的愤怒，我们后悔也来不及了。您为什么要冒着有可能得罪一个大国的危险去爱惜一只玉环呢？还是把玉环找来给他吧！"

子产却说："我听说君子不忧虑没有财物，而是忧虑没有美好的名声自立；治国不是忧虑侍奉大国安抚小国，忧虑的是不用礼仪来定其地位。那些大国只知道给小国下命令，如果他们的一切要求都要去满足，小国用什么去不断地供给他们？如果一次给了，一次不给，所获之罪就更大了。大国的要求，不合礼仪的就要予以驳斥，他们哪里会有满足的时候？况且一味地满足大国的要求，则会使我国成为其边鄙之邑，从而失去了国之为国的地位。而韩宣子奉命出使，却在这里求取玉环，他的贪婪邪恶不是也太过分了吗？我们若拿出一只玉环引出以上两种罪过，不也是太不值了吗？"

韩宣子见子产不同意，就私下向商人去购买这只玉环，成交后，商人说："请一定告诉执政的大夫。"

于是韩宣子向子产请求道："前不久我请求得到那只玉环，执政认为不可，没有再敢请求。现在我从商人那里买到了它，商人说一定要将此事上报，所以我冒昧地来向您请求。"

　　子产回答说："从前我先君桓公与商人们一道从周朝迁移来到此地，我们合作开辟了这块土地，世世代代都有盟誓，誓词说：'你不要背叛我，我也不强买你的东西。'依靠这个盟誓，我们才能相保以至于今天。现在您带着友好来敝邑访问，而告诉敝邑强夺商人的东西，这是教导敝邑违背盟誓，恐怕是不可以的吧？您如果得到玉环失去诸侯，那您一定是不干的。如果大国发布命令，让我们不按法则贡献物品，这样郑国就成了大国的边邑，这也是我们不能干的。我不知道献上玉环会有什么好处，所以我也冒昧地向您私下请教。"

　　韩宣子听了子产这番话，赶紧退回了玉环，惭愧地说道："我虽然不聪明，岂敢得玉环而获两项罪过？"

　　一味地顺从大国，只能使自己的生存空间越来越逼仄，最后只能是苟延残喘，奄奄待毙。因此，顺从只可作为权宜之计，不能视作长久国策，一旦有机会就要与大国抗争，或明或暗，或直或曲，设法为自己争得一片更大的生存空间。因此，从这个意义上讲，子产争承和拒献玉环，它们的意义不仅仅局限于郑国，它们为中小国家在大国的淫威下图生存、图活法树立了样板。

向戌弭兵

禹决伊阙，沟回陆，通三江，因水之力也；舜一徙成邑，再徙成都，三徙成国，因人之心也；汤王以七十里制夏桀，武王以百里制商纣，因民之欲也。故云："三代所宝莫如因，因则无敌。"（《吕氏春秋·贵因》）

善因者，臂无须加长，声无须加疾，登高而招，顺风而呼，就可使见者远，闻者彰。

向戌虽无孔墨之贤，所在宋国亦无晋楚齐秦之大，而他扬言："欲弭诸侯之兵以为名！"（《左传·襄公二十七年》）

时人不仅没有讥其张狂，反而遂成其愿，何也？向戌因时顺势取民心也。

春秋经过了郑庄、齐桓、晋文、楚庄的称霸，连年不断的战争使人民苦不堪言。尤其是中小国家，它们既蒙受着战争的创伤（如从宋被楚围困九月，城内出现易子而食、析骨而炊的惨状中可见一斑），又要承载着朝贡霸主的重负（如从上述子产毁馆垣、子产争承的史实中可见一二）。春秋中叶的晋楚交替称霸，使中小国家往往无所适从。"朝晋暮楚"，便成了当时的一大历史现象，许多中小国家不但要朝贡晋，而且还要朝贡楚。因此，弭兵休战成了当时中小国家一种普遍的、强烈的愿望。

这时争霸的晋楚在通过长期的交战后也逐步地认识到，仅凭武力他们谁也无法征服谁。残酷的战争也削弱了他们自己的力量，晋国内部异姓贵族势力的兴起壮大，楚国边界吴国的屡屡进犯，使他们开始感到了身心疲惫、自顾不暇的危机，于是双方要求握手言和的愿望也越来越迫切了。

　　早在向戌打算以弭兵扬其名的前两年，即鲁襄公二十五年（前548年），晋国的当权者赵文子就明确地提出了"自今以往，兵其少弭矣"的想法，向戌的功劳便是将这种想法付诸实践。他利用自己与两个大国的执政者赵文子和令尹子木的私人关系，顺利地完成了春秋史上意义重大的弭兵壮举。

　　值得注意的一件事是，这次向戌于宋会合诸侯，与以往大国会合诸侯不同，诸侯们少了一种被迫和无奈，多了一份愉悦和惊喜，因此出现了争先恐后、踊跃前来的景象。即便是大国诸侯，这次也达成了少有的共识。向戌到晋国游说时，韩宣子就说："战争，是百姓的祸害，是财货的蛀虫，是小国的灾难。有人想消除它，即便实际上难以办到，我们也一定要答应下来。不答应，楚国将会答应，并会用此来号召诸侯，这样我们就会失去霸主的地位。"向戌到齐国，齐国执政者陈文子也说："既然晋楚答应了，我们怎能不同意？而且人说弭兵，我说不行，这不是要我们的老百姓背离我们吗？我们将怎样去驾驭他们呢？"就这样向戌在很短的时间内召集了晋、楚、齐、秦、宋、鲁、郑、卫、曹、许、陈、蔡、邾、滕十四国的代表，从而在宋国召开了规模盛大的弭兵会议。可见，立谋施略顺乎民心是何等重要。

　　值得注意的另一件事是，弭兵大会之后，诸侯之间大约四五十年里未出大兵，虽然小战仍间或有之，但宋、鲁、曹、卫皆被免伐。这种相对和平安定的社会环境，使诸侯间折冲樽俎式的伐交的重要性愈发显现出来，一大批外交人才应运而生。这时在宋国有向戌，在郑国有子产，在晋国有叔向，在吴国有公子季札，在齐国有晏婴……其中"晏子使楚"的一段故事，可以视作在这个伐交舞台上表演的一出千古杰作。

　　晏婴为齐国灵公、庄公、景公时的三朝元老，他身材矮小，相貌丑陋。一次他像往常出门那样，身着破旧的皮衣，驾着瘦马轻车出使楚国。楚人对这个其貌不扬，却在诸侯中享有盛名的人颇为不服，便想出一个恶作剧来羞辱他一番。当晏婴一行来到郢都东门时，城门却紧闭不开，晏婴问守门人何故如此，守门人笑笑，指着大门旁刚刚开凿的小侧门说："相国出入此门已绰绰有余了，为何还要开启大门呢？"晏婴见新开的小门又窄又矮，正与自己的身材相仿，心里已明白了楚人的意图，便不动声色地说："哦，这是狗门！出使狗国，当从狗门入，今臣是使楚，不当从此门入。"

晏婴面对楚人的侮辱，没有翻脸斥责，因为这只能闹僵，显得自己笨拙无能，而这也正是楚人所期待的结果。楚人的无理之举虽带有阴险的恶作剧意味，但毕竟具有玩笑性质，所以回击的方式应该也是玩笑式的。婴谓只有出使狗国才从狗门人，这分明是在骂楚为狗国，但又不说死，给楚人留一个台阶，说自己出使楚国不当从此门人。晏婴的反击可谓辛辣锐利，但在紧要处却收住锋芒，让对方既感到了疼，却又抓不住把柄，只得暗吞苦果。这种有理有利又有节的做法是由使臣的特殊地位决定了的，因为不能把事情弄得太僵，还有重要的使命去完成呢。

楚人自讨没趣后，只得开启大门让晏婴进入。楚人在城门前的第一个回合落马后并不心甘，于是楚王想在庙堂之上与晏婴再较较劲。他傲慢地俯视着身高不过三尺（据《孔丛子·对魏王》载："晏子长不过三尺"）的晏婴说："嘻嘻，我看你们齐国是没有人了吧？"

对于楚王的鄙视，晏婴装着不知，故作惊讶地答道："您是不是弄错了，临淄三百闾，张袂成荫，挥汗如雨，呵气成云，大路上人山人海、比肩接踵，何为无人？"

楚王哈哈一笑，然后摇摇头说："不，不，如果是这样怎么会把你派来呢？"

晏子听到此，似乎"如梦方醒"，哈哈一笑道："原来您说的是这呀！我们齐国有个规定，朝廷选派使臣是根据所使对象而定的，有德有能的人去见有德有能的君主，无德无能的人去见无德无能的君主。婴在齐国是最无德无能的人，所以只配出使楚国。"

楚王的脸一下涨得通红，一时竟无言以对，没想到欲借晏婴的生理缺陷予以攻击，最后却搬起石头砸了自己的脚。看来在生理上做文章是难以击败这个善于机辩的晏婴的，于是楚王搬上了他的第三套节目，他想：你晏婴不是会狡辩吗，那么我现在就把一个无可否认的"事实"摆在你面前，让你纵使有浑身解数也失去效用。这一次，楚王觉得已胜券稳操了。

是何"事实"使得楚王这样充满信心？原来楚王抓住了一个在楚为盗的齐人，并将其押至堂上。如果晏婴承认这一事实，显然有损齐国的形象；不承认它，显然是睁眼说瞎话，更不行。怎么办？晏婴没有急于去回答这个棘手的问题，而是去举出另一个事实："晏闻之，橘生淮南则为橘，生于淮北则为枳，仅仅是叶子相似而已，味道则大不相同，之所以会这样，是水土不同使然。"接着晏婴话锋一转，从这个自然的事实引出一个类似的人间事实，那就是："今民生于齐不盗，入楚则盗，是不是楚国的水土使民善盗呢?"楚王一听，为之一惊，不能不对这个虽外表丑陋却通身充满灵气的智者叹服，于是自嘲道："与圣人是不能开玩笑的，我这是自讨没趣啊!"

孔子曾赞扬道："夫不出于尊俎之间，而知千里之外，其晏子之谓也!"（《晏子春秋·杂上》）

司马迁的敬仰之情，更是溢于言表："假令晏子而在，余虽为之执鞭，所忻慕焉。"（《史记·管晏列传》）

像子产、晏子这类人的智慧，何止是折冲千里!即或是千年之后的我等小辈，倘若能效其一二，亦能立于不败之地了。

第
十
一
章

CHAPTER11

长袖亦能舞智

在漫长的男权社会里，尽管统治者换了一茬又一茬，王朝换了一个又一个，贫富早已几起几落，贵贱早已数度易位，然而女人的地位却始终远低于男人。一个失势的人可以充满希望地说：三十年河东，三十年河西。而一个女人却不可以这样说。

现代科学表明，女人的智商绝不在男人之下。尽管古代的历史是男人们自己为自己写的历史，但我们还是通过一些散乱零星的记载，看到了妇女们的智慧透过那森严逼仄的男权壁垒放射出的熠熠光芒。

让出一片新天地

我们对于男性英雄们的诸如尧舜禅位、太伯让贤、介子推逃赏之类的典故，可以如数家珍。然而对于女人们诸如此类的谦让故事，又能记住多少？在义利之间，在进退关口，女人们的判断和抉择，女人们的果敢和勇气，事实上一点也不比男人们逊色。

晋文公之妻、公子雍之母杜祁，始在夫人排名第二，但她从大局着眼，先后两次礼让尊位。第一次让位晋襄公之母偪姞，此从君尊亦母贵出发；第二次让位季隗，因为季隗出于狄，狄为晋之强邻，所以此从国家安全利益出发。杜氏两让尊位，虽然致使自己的名位退居第四，但是这些举措对于晋国内部的稳定和边境的安宁，其意义则是明显的。

春秋之时，北狄一直是威胁着中原诸侯安全的强大政治势力，因此晋国与狄国的关系是否能处理好，是它走向中原霸坛至为重要的一步。重耳居狄时，狄君曾将他的两个女儿叔隗和季隗分别嫁给了赵衰和重耳。赵衰随文公返晋后，文公又以其女赵姬妻赵衰。赵姬要赵衰迎回狄女叔隗，然而赵衰不愿意，赵姬指责道："得宠忘旧，你凭什么再去指使他人？"在赵姬的再三督促下，赵衰请回了叔隗。赵姬便以赵衰与叔隗之子赵盾为嫡子，让自己的三个儿子赵同、赵括、赵婴退居卑位，自己也主动尊叔隗为上。赵姬的请迎狄女和杜祁的两让尊位，对晋国来说，其政治意义都是不可低估的。

我们说晋国霸业的兴起是因为有晋文公这样的明君和一大批辅佐他的贤大夫们，却常常忘记了站在他们身后的这些贤内助们，是她们深明大义、礼让谦恭，为安定晋国的内政和北部边境做出了不可磨灭的功绩，从而使晋国解除了后顾之忧，可专心开拓，致力霸业。

对于个人得失不锱铢必较，这在讲求名义、看重尊卑的古代，并非易事。尤其是在一个妇女地位已十分低下的男权社会里，对于一个妇女来说，能做到此更是难能可贵。她们不像男性英雄们那样，有着更多的别的方面的补偿，太伯三让天下，可以在南吴自成一君；介子推逃赏，可以得"介山"之追封。而女人们的谦让，似乎被视作理所当然，史书所载甚少，有也是轻描淡写，一笔带过。实际上，她们付出的往往比男人们更多。社会为她们提供的舞台本来就十分有限，她们让出去的，也许意味着永久的失去。尽管如此，女人们并不计较这个世俗的社会，她们默默无闻地做着她们认为应该做的事情。

这个世界似乎是为男人缔造的，朝廷由他们出入，疆场任他们驰骋，他们将一把扫帚交给女人说："这便是你们的整个世界。"（中国象形文字"妇"，是一个女人手持一把扫帚）然而在许多问题的处理上，这些不可一世、手持斧钺的男人们却常常败北在他们瞧不起的妇女们手中。

鲁成公十四年（前577）春天，卫定公携夫人朝见霸主晋国。这时从卫国逃亡的孙林父正在晋国，晋侯想帮助孙林父归国，便强迫卫定公与孙林父见面，卫定公坚决不干。到了夏天，卫定公要启程回国时，晋侯又让晋大夫郤犨把孙林父送去见卫定公，卫定公仍拒不接见。这时定公夫人定姜在一旁劝说道："不能这样，孙林父是先君大臣的后嗣，况且又有大国为之请情，再不相见，卫国危亡就无日了。孙林父虽然可恶，但较之卫国的灭亡不是好些吗？君主还是忍耐一下吧，安定百姓而赦免宗卿之罪不是也可以吗？"

卫定公见夫人言之有理，便接见了孙林父，并恢复了他的职务和采邑。

卫为小国，晋为强霸，在公理无存、霸权横行的春秋一代，卫定公竟一再拒绝强晋之请，实在是一种不明智之举。定姜从全盘考虑，抛弃个人好恶，劝定公接纳孙林父，避免卫、晋之间的纠纷，从而使卫国避免了一场有可能由此引起的灭顶之灾。

如果说谦让更多地表现为一种道德的修养、一种主动的退让，那么忍耐则更多地表现为一种生存的智慧、一种被迫的防守。所谓退一步海阔天空，道出了退让中所蕴含的人生真谛。确实，许多生机和活路，是只有在退让中才能找到的。谦让与忍耐尽管在表现形式上都是一种智慧的退却，但忍耐除了智慧之外，它还需要一种顽强执着的意志。

忍，不是逃避，它是深藏于坚冰下的种子，是蛰伏于地壳里的岩浆，它是能量的收缩，是时运不济时的自我防护。忍，不是沉睡，它是等待，是寻找，是等待来年春天的第一声春雷，是寻找那喷薄而出的突破口。

鲁昭公元年（前 541），鲁国大夫叔孙豹出席以楚国为盟主的盟会，鲁国的季武子却想破坏正在进行的和谈，出兵侵莒。楚人大怒，要杀掉鲁使叔孙豹。这时晋国大夫赵文子的臣属乐桓子要叔孙豹贿赂赵文子，请赵文子出面去楚人那里为之说情。叔孙豹知道这样虽然可以幸免，但鲁国仍将受诸侯之师，故坚辞不肯。赵文子听说后，为叔孙豹临患忧国的行为所感动，认为这才是真正的伟丈夫。于是主动为之说情，终使叔孙豹免受戮身之刑，鲁国也免了兵燹之灾。

叔孙豹回国后，曾夭御季武子亲往叔孙豹家犒劳。叔孙豹恨季武子伐莒，使己险遭不测，故久久不出来会见。曾夭对叔孙豹的家臣曾阜说："我们从早上一直等到中午，表明已经知道自己的过错了。鲁国向来以相互忍让来治理国家，叔孙氏对外能忍让，怎么对内就不能忍让一点呢？"

曾阜亦寸步不让地说："他既然在外已忍受了数月之久，你们在此只等一个上午，这又何妨呢？"曾阜转身回到房中对叔孙豹说："可以出去了！"叔孙豹满腹无奈，指着厅前的大柱子对曾阜说："虽恶是，其可去乎？"（《左传·昭公元年》）于是只得出来会见了季武子。

"虽恶是，其可去乎？"道出了忍者心中的苦衷，也道出了忍者所需要的耐心和毅力。

人之所以成为社会的人，就是人能忍让的结果。任何社会契约，任何公共道德，都是以人能退让、交出一部分权利和自由为先决条件的。共同设置一个雷池，谁也不许超越，没有忍让与妥协，也就没有公约与律令。只有各自退出一块共同的禁地，才有"三八线"，才有联合国公约。因此，"忍"是人之所以成为人的基本品德。夏日炎炎，任何加诸身体的布条都成为多余，但是你能赤条条地立于门户之外，享受着无遮无拦的畅快吗？不能。

虽恶是，其可去乎？

人类智慧的制高点，往往是在逆境的忍耐中显现出来的：

"昔西伯拘羑里，演《周易》；孔子厄陈、蔡，作《春秋》；屈原放逐，著《离骚》；左丘失明，厥有《国语》；孙子膑脚，而论兵法；不韦迁蜀，世传《吕览》；韩非囚秦，《说难》《孤愤》；《诗》三百篇，大抵贤圣发愤之所为作也。"（《史记·太史公自序》）

一个哭来的君位

人生在哭声中开始，亦在哭声中终结。

人，喜极亦哭，悲极亦哭，绝望亦哭，新生亦哭。

现代科学表明，这个与生俱来、不学也会的平平常常的哭，其泪水能带走人体中的有害物质，其宣泄能平衡人的生理机制。

当然，聪明的人类并不会只让哭停留在这点自然功能上，他们在绞尽脑汁运用一切方法和手段去实现自己的种种人生目标时，自然不会忘记去发掘哭这种最通俗、最易懂、最生动、最感人的原始语言的潜能。

当哭成为达到某种社会目的的手段时，它不再是一种简单的哭，它已成了一种技巧、一种智慧、一种谋略。

在与强手遭遇时，倘若用尽一切方法尚不能征服对手，那么，让哭这一人类最具表现力、最富人情味的语言，去悄悄触动那潜伏在对手隐秘深处的恻隐之弦，也许会得到一个意想不到的效果。

在适当的机会下，在适当的场合中，哭，往往能胜过千种语言、万般智慧。

女人在掌握哭的技巧上具有得天独厚的本领，其声之凄婉，其状之哀楚，确实使男人难以望其项背。

孟姜女哭倒长城的传说，便是对女人这种哭泣之震撼力推崇至极的神话夸张。

神话自然源于生活，早在孟姜女的时代以前，就有女人将哭的魅力发挥得淋漓尽致了。

鲁文公六年（前621），晋襄公去世。由晋文公兴起的晋国霸业开始出现危机：北有狄之南扰，西有秦之东侵，南有楚之北犯。为了应付这种不利的政治局势，以赵盾为首的晋国执政者，决定抛弃年幼的太子，立年长的公子雍为君。并且，他们已经派出使者到秦国去迎公子雍，秦国护送公子雍的军队也开拔上路了，不日就可入晋，看来嗣君的改立已成定局。

然而一个女人却站了出来，她要改变这种局面。

她就是年幼太子夷皋的母亲穆姬。当时就势力而言，穆姬及其党羽远不及正当权的赵盾一干人和有着强秦为后盾的公子雍。因此，选择何种手段来争夺君位，是穆姬行动成败的关键。

对于势单力孤的穆姬来讲，军事角逐显然不是她明智的选择。同时作为女人，她不能直接参与朝政，故政治斗争也不是她应该选择的方式。在所有人的眼里，穆姬似乎无路可走。然而穆姬却有着一件秘密武器，这就是上帝赋予这个女人的会哭的本事。

于是在每日上朝之际，穆姬就抱起年幼的太子来到朝廷上哭啼，一边哭着一边道来："先君有什么罪过？其嗣子又有什么罪过？你们舍弃嫡嗣，出外求君，太子将置之何处？"

女人的哭泣莫小视，它在正面出击无望时，往往能潜入敌后，在对手防不胜防的薄弱环节上撕开一个缺口，可使对手精心构筑的城池顷刻坍塌，从而起到千里之堤溃于蚁穴的功效。

在穆姬的哭泣声中，赵盾一干人开始动摇起来。为了扩大战果，罢朝之后，穆姬又抱起太子赶到赵盾的家中，先是叩拜顿首，尔后嘤嘤哭诉："记得先君在托付此子给您时说过：'此子若能成器，是我受您之惠赐；此子若不成器，我就唯您是怨。'如今君上虽去，其言犹在耳际，您却已经背弃，这到底是为什么？"

至此，我们可以看到穆姬无论是啼在朝廷，还是诉在赵家，她都注意分寸，不失礼节，将哭泣与讲理结合在一起。众所周知，无理取闹者可恶，得理不饶人者亦不可取。穆姬始终以先君已立的嫡子为正统作依托，借助于哭泣哀求的可怜外表，与赵盾及士大夫们周旋。人有时对付硬的一套好办，对付软的一套就无从下手。在天天厮守近侧，且哭且诉、有理有节的软磨之下，赵盾一干人终于让步了。于是他们发兵拒绝公子雍入境即位，立太子夷皋为晋灵公。

一个女人哭来了堂堂之君位，这不能不说是一个奇迹，一个女人在男权社会里所能创造的最成功的奇迹！

哭，当它与智慧相连时，它的作用你还能小视吗？

邓曼知人

知人难，难在人心难测。故俚语有"画虎画皮难画骨，知人知面难知心"。

宋代诗人苏轼曾对此有过一段精彩的描绘："人之难知，江海不足以喻其深，山谷不足以配其险，浮云不足以比其变。"

知人难，但并非不能，只是能者罕矣。故能知人善任者，往往会成为后人仿效、千古传颂的楷模。

自古以来，女人因长期被排斥在政治圈外，故少有机会表现这方面的才能，加上传统的偏见，史书所载凤毛麟角。楚武王夫人邓曼是个幸运的女人，以至我们在今天还能知其人知其事。

鲁桓公十一年（前701），楚莫敖屈瑕指挥的蒲骚之役，大破随、绞、州、蓼四国联军。十二年，莫敖屈瑕击败绞国，迫使绞订下屈辱的城下之盟。十三年，莫敖屈瑕又率楚师出征罗国，楚大夫斗伯比为之送行。在送行后回来的路上，斗伯比对其御者说道："这次莫敖屈瑕必败无疑，看他那趾高气扬的样子，遇敌时一定会松懈无备。"

他回来后觐见楚王说："要想伐罗成功，一定要增强楚师的力量才行。"

楚王未解其意，以为楚师已倾巢而出，一时无法派出军队去增援，再说楚师在人数上占据了优势，也无须增援，于是否决了斗伯比的提议。

楚王回到寝宫，将此事告诉了邓曼。邓曼沉思片刻后，对楚王解析道："您错误地理解了大夫斗伯比的意思，他的本意是认为交兵争战不在于师之多少。他是想告诉您，要用信用去安抚民众，要用道德去教导士兵，要用刑罚去震慑莫敖。莫敖屈瑕在蒲骚之役后，已经有点得意忘形，刚愎自用而自以为是。他现在出兵伐罗，一定不会将罗放在眼里，君王如果不派得力的亲信去镇抚，莫敖屈瑕将不备而败。斗伯比的建议就是要您去训诫监督他们，用美德去勉励他们，向莫敖屈瑕警告上天是不会饶恕他的过错的。如果斗伯比不是这个意思，又是什么呢？他难道不知道楚师已倾巢出动了吗？"

楚王认为邓曼的分析在理，马上派人去追赶楚师，可惜未能追上。

莫敖屈瑕在进军的途中通令全军："有敢进谏者将严惩不贷！"他表现出的这一副专横独断、自以为是的样子，足见邓曼知人之明。楚师渡鄢水时，队伍混乱，毫无秩序，且根本不设警戒防范。到达罗国后，罗国的军队早已严阵以待，与卢戎的军队联合夹击楚师。楚师顷刻溃不成军，被打得大败。莫敖屈瑕自知罪责难逃，自缢于荒谷，余将部帅也纷纷自囚于冶父（今湖北省江陵县东南），听凭楚王发落。

伐罗惨败，楚王自知是自己用人不当造成的，故对其他将帅概不追究。

观莫敖屈瑕兵败罗国的根本原因，可以归之于两条：一是其掉以轻心，无防范之措；二是其刚愎自用，拒绝谏言。如果斗伯比发现了其一，那么邓曼更洞悉到其二。若论轻重，恐怕邓曼之发现更为重要。掉以轻心，则有可能通过部将的提醒予以弥补；而刚愎自用，则只当是拒绝了所有可能的正确建议。事实上，人不可能没有错误和短见，关键是能否听取意见。故古之成功的君人者，都是群体智慧的集大成者。与之相反，那些失败者，则大多是拒纳忠谏、我行我素的骄横者。人不怕愚钝，阿斗能纳诸葛之策，照样可安享君位。人就怕自以为是，项王赶走身边最后一个谋臣范增，于是被汉王所擒。所以古人常说，君人者，在乎善听而已矣。从这个意义上讲，拒绝谏言，则是莫敖屈瑕兵败的直接原因。

邓曼的过人之处还在于她能将自己的想法明晰地表达出来，让人易于理解，便于接受。而斗伯比不知是拙于辞令，还是过高地估计了楚王的理解力，总之，他进谏后的结果是楚王并没有得其要领，以至很快否决了他的建议。这样即便斗伯比见识高明，也只能是明珠暗投，于事无补。幸而这颗明珠被邓曼重新拾起，再擦拭一番后，才得以重放光芒。

纺绳的启示

　　一位身份低下的女子，仅凭她自己柔弱的双手，能向其国君讨回亲人的血债吗？

　　答曰：几乎不可能。

　　同样是这位女子，倘若能巧妙地借用他人之手，能向其国君讨回亲人的血债吗？

　　答曰：有可能。

　　当这位女子把复仇由"几乎不可能"变成"有可能"时，那么她的这一行为无疑也就成了一种谋略的实施。

　　春秋鲁昭公之时，莒国的莒共公是一个以残暴闻名的君主。他平生喜欢弄剑，每得新铸之剑，必用杀人的方式来测试剑锋的利钝。如果上述这位女子的丈夫能有幸不成为那暴君剑下的众多无辜的鬼魂之一，如果这位女子面对不幸也像其他人一样忍气吞声，那么纺绳复仇的故事就不会发生，这位女子也就将度过那平淡无奇的一生。然而命里注定一切不该如此，她的丈夫未能幸免，她也没有忍气吞声，这样一个弱女子抗争暴君的故事便不可避免地发生了。

　　于是历史的画面上出现了这样一个不平常之夜：正当围攻莒国纪鄣之城的齐兵面对着高大的城墙无计可施时，一根从天而降的纺绳意外地出现在受阻的齐兵面前，欣喜的齐兵即刻攀缘而上，旋即占领了纪鄣城。从国都逃难至此的莒共公险些被擒，不得不又继续着他的逃亡生涯。当欢呼胜利的齐兵开始平静下来时，突然想起了那个投放纺绳的功臣女子。人们开始四处寻找，却再也找不到她的踪迹了，人们只是在朦胧的夜色中依稀地记得她在城墙上投掷纺绳的一瞬。

然而就在这一瞬，历史的焦距对准了她，对准了她投掷的那根决定着一座城池存亡、一国君主命运的纺绳。就在这一瞬，她完成了从一个平凡女性向神奇女性的飞跃。仅此一瞬，历史便永远记住了她！

当史家们拿起笔来要为这位女子写点什么时，却发现关于她的情况所知甚少，只知道她的丈夫很久以前死在莒共公的剑下，到了晚年才来到纪鄣城寄居。至于她出生何时，长在何地，姓甚名谁，从何处来到纪鄣，在投掷纺绳前干了些什么，这之后又去了哪里，则一概不知。

幸而她留下的纺绳多少透露出了一些有关她的信息：纺绳的长度正好是纪鄣城墙的高度，可想而知，她在制作纺绳前，已偷偷地将纪鄣的城墙度量过。根据纺绳的成色推断，纺绳的制作已有了一些年月，并非应急之作。为了便于攀缘，纺绳自然要比一般的绳子粗些，而这样一根又粗又长的绳子，在那个动乱的岁月里极易引起人们的注意，故纺绳的制作过程一定得诡秘，收藏也要格外小心。为了避人耳目，可以想象出老妇人在黑灯瞎火里是怎样进行艰难制作的。总之，用纺绳来接应外敌，利用外敌来替夫君报仇，是这位妇人蓄谋已久的计划。

然而让人疑惑的是，这位女子为何选择了纪鄣作为她报复的地点，为什么她没有选择莒国君主居住的都城（事实上都城在齐兵的进击下一攻即破）？她怎么能知道莒共公在都城失守后会逃到纪鄣？而更让人不可思议的是，在齐兵围攻纪鄣之城，而城内又有国君督阵的情形下，纪鄣城的防范应当是严密的，作为一个女人，又带着那么一根又粗又长的绳子，她是怎样躲过那众多守卫的眼睛，越过那壁垒森严的警戒，顺利地爬上城墙，而一举完成她投放纺绳的计划的？其中一定有细致的考察、精确的判断和缜密的策划。这个从表面上看似并不复杂的报仇故事，其中却饱含了一个女人多年的心血和才智。

这位女子没有选择用屠刀和匕首铤而走险地去硬拼，而是选择了以一根平常的纺绳借用他人之力来复仇，仅从这一点上就可以看出这位女子非同寻常的智慧。一向被古代士大夫传颂的豫让复仇的故事，其实从谋略的角度来考虑，则大不如纺绳女复仇的故事。豫让虽然有吞炭变声、残身毁容等手法，但这只不过是一个刺客所耍的小伎俩而已，仇未报而身先死的下场，自然是他最终难以逃脱的结局。在面对强大的对手时，豫让的失败就在于他过分地依赖于一己之力，纺绳女的成功就在于她善于借用他人之力。一个侧重于勇，一个立足于谋；一个在苦形劳力上下功夫，一个在运思巧作上做文章，其高下优劣，显而易见。

一根稻草，可让骆驼倒下；一粒石子，可让车马颠覆；一只小小的秤砣，可与千钧抗衡；一根寻常的纺绳，可使城池沦陷。它们成功的秘诀，就在于"巧用"。

第十二章

CHAPTER12

智慧，常在死神面前说"不"

智慧，常常帮助我们走出危困之地，逃脱死亡之手。

当一只饿虎向你扑来时，你可以爬上一棵大树而安然过关，这正是虎不能上树的知识帮了你。

如果向你扑来的不是虎而是熊，你则会倒地装死，而不是去愚笨地展示你的攀登技巧，这正是熊能上树，但又不吃僵死动物的经验救了你。

如果向你扑来的既不是虎也不是熊，而是你的同类异己，你的这些与动物周旋的简单伎俩，就于事无补了，因为你要对付的是和你具有同样高等智慧的人，尤其是当对手的力量处于绝对优势的情况下，你的所有生路和活法，就只能在你的智慧库里去翻寻了。

人在危急时刻，调动起来的潜能是巨大的；人在生死关口，迸发出来的智慧是不可思议的。

钟仪囚晋

机遇的出现，往往不是人为的；机遇的失去，则往往是人为的。能否抓住机遇，是区分愚与智的关节点。古往今来的所谓成功者与失败者，尽在这一得失之间。

鲁成公九年（前582），一天，晋景公视察关押在晋的战囚，发现一个穿着特别的俘虏，在好奇心的驱使下他随口问起陪同的官员："那个戴着南人帽子的，是什么人？"

陪同的官员禀报："是郑国献来的楚囚。"

听说是个南方劲敌楚国的囚徒，晋景公的兴趣就更大了，叫人将其松绑招来询问。囚徒钟仪拜叩谢恩，晋景公问道："祖传的职业是什么？"

"世代乐官。"

"能奏乐吗？"

"这是先人之职，我岂敢再从他业？"

晋景公让人搬来一架琴，钟仪旋即奏了一首南曲。

晋景公又问："你认为你的君主楚共王怎么样？"

开始钟仪避而不答，认为这不是他这等小人所能知晓的事情。在晋景公的一再追问下，钟仪才回答说："他为太子时，有师、保教导，早晨请教于婴齐（子重名），晚上访问于侧（子反名）。至于其他的情况，就一概不知了。"

视察回来，晋景公对这个囚徒一直难以忘怀，觉得此人非同寻常，为了证实自己的想法，他与范文子谈起了这件事。范文子马上肯定地说："此楚囚一定是个君子，开口便言祖先之职，是不背其本；奏乐而操南调，是不忘其旧；问君主而答太子之事，是无私；在您跟前直呼楚国大臣（子重、子反）的名字，是尊君。有仁德才不背本，有信义才不忘旧，有忠心才能无私，有敏达才尊君。用仁德来接待事情，用信义来固守它，用忠心来完成它，用敏达来推行它，即便要去做的事情再大，也一定会成功。君主何不放他回去，让他结成晋楚两国之好？"

晋景公听从了范文子的建议，以厚礼款待钟仪，让他回去作为晋国的和平使者。

几句简单的问话，寥寥数语的对答，一个人的命运就因此而决定了。这除了是智慧使然，我们又能做出何种解释呢？

钟仪在鲁成公七年（前584）就成了晋囚，一关便是两年，其间无人过问。若不是晋景公这次视察，若不是其与众不同的服饰引起晋景公的注意，何时才能重见天日，也许是生是死也都难以预料。因此，对于晋景公的这次接见，钟仪自然知道它的重要性。如何在简短的提审应答中运用才智去征服对手，这一定是钟仪在那些漫长的囚禁日子里反复思考过的问题。因为对于一个任人摆布的战囚来说，这或许就是他唯一的自救方法。而对于有可能提出的问题该作怎样的回答，也许在钟仪的心里已演绎了无数次。钟仪知道，晋国是北方之国，崇德尚礼之风大大超过南方，因此坚持以德至上，时刻表现出君子风范，这是在有可能出现难以预料的多变情形下应保持的不变原则。而事实上这正迎合了景公和范文子追求晋国霸业中兴的心理，把诸如"忠诚""无私""尊君"这类春秋时代仍很珍视的品质在一次简单的对话中就巧妙地展示给了对方。

晋景公的接见，对钟仪来说是一次改变自己命运的绝好机遇。但是，钟仪若在这次接见中不能给人留下深刻的印象，让人顿生钦佩之情，那么这种机遇无疑又成了一种厄运，因为自此以后钟仪就会被视作一般平常的战囚，有可能再也无人问津，或戮或刑，那真正只能是听天由命了。

抓住对方的心理，投其所好，这在处于劣势，尤其是自己的命运掌握在对方手里时，是必须具有的一种生存本领。

钟仪没有长篇的议论，没有滔滔不绝的表白，而是将世人津津乐道的人生道理通过自己的操行体现出来，用个体的人格和魅力去征服对手，凭借着智谋为自己搭起的阶梯，从一个阶下囚而一跃为座上宾，从一个两年无人过问的囚徒，一夜间成为晋楚两国的和平使者。

知罃的"报答"

古之论人有所谓"八观六验",其中有一条就是"贱则观其所不为"。不为,就是不为非义之事。这句话通俗点讲,就是在困厄之中不见利忘义。

如果说钟仪是用他的崇德尚礼的君子风范博得了晋侯的青睐,那么知罃则是以他的铮铮铁骨和凛然之气赢得了楚王的惊服。他们的行为都是在"贱"时不为非义之事的一种德行,而这在美德尚存的春秋一代,往往不失为一种自救的手段。如解扬不事二主不从二命的做法,使楚庄王宽恕了他的诳楚行为;叔孙豹坚决不送礼给赵文子,赵文子反倒主动为营救他而奔走说情。

知罃在邲之战中为楚所俘,后来在晋楚两国交换战争中的俘虏时,楚王打算释放他。开释前楚王特地召来知罃问道:"你怨恨我吗?"

知罃回答说:"您没让我的血去涂鼓,而是放我回去,这已是您莫大的恩惠了。二国交兵,只因我力不胜任当了俘虏,我敢怨谁呢?"

"那么你感激我的恩德吗?"

"两国重修旧好,互释其囚,我没有参与此事,我又能感激谁的恩德呢?"

楚王仍不甘心地问:"你回去后,将用什么来报答我呢?"

知罃回答得仍然泰然:"我没有什么地方怨恨您,您也没有什么地方有德于我,我们既然无怨无德,那么不知您要我报答什么。"

楚王有点恼怒了,执意追问道:"尽管如此,你也一定要说说你将如何报答!"

至此，这种看似平和的对话，实际上已潜藏了某种吉凶难测的内容。楚王一味地强迫知罃谈出回报的方式，这已表明释放知罃是他楚王的开恩，而知恩图报是他楚王想要听到的结果。虽然他已答应了释放知罃，但只要知罃还未离开楚国疆土一步，释与囚、生与死的大权仍然掌握在他楚王手里。知罃对这种逼问只能作答，至于那回答是否合乎楚王的胃口，则是决定知罃命运的关键。

知罃当然能掂出楚王那逼问中的分量，但他并不想去迎合楚王的口味，而是鲜明地表白了自己的观点：

"如果能托君之福，囚臣得归骨于晋而不被戮，且受任率偏师以保边疆，要是再遇上了您，我不敢逃避，一定为我君竭力至死，以尽为臣之道。若谈回报的话，这就是我对您的回报！"

此与若干年前晋公子重耳许诺楚成王"退避三舍"的一席对话如出一辙，所谓富贵不能淫，威武不能屈，贫贱不能移。行不苟合，义不取容的骨鲠士节，大约就是指的此吧！

德行，本不是一种韬略。但在一定的场合若能以不变应万变，用它的魅力来感化对手，用它的人格力量来震慑对手，从而使自己走出困境。在这种意义上，它不是韬略又胜似韬略了。

一个囚徒"优哉游哉"的凭据

在生死攸关的危急关口，人往往会惊恐失措，慌不择路。

一个溺水者，常常会死死地抓住一根并不能救生的稻草，这种"逃生"的结果自然可想而知。

处变不惊，临危不乱，在生死关口沉着应对，这无疑只有智勇双全的人才能做到。

春秋中后叶，晋国发生了一起"栾盈之乱"。栾盈是栾桓子和范宣子之女栾祁生的儿子。范宣子有个儿子叫范鞅，曾被当权的栾桓子驱逐出晋国，因此后来栾盈和范鞅虽同为晋国的公族大夫，彼此却极不相和。栾桓子死后，成为遗孀的栾祁和她的家臣州宾私通，州宾凭借着和栾祁的特殊关系，逐渐蚕食着栾氏的家财，对此，栾盈十分忧虑。

栾祁害怕儿子栾盈讨伐自己，于是利用栾、范的不和，向正当权的父亲范宣子诬陷栾盈："盈将作乱，他认为是范氏弄死了栾桓子，从而攫取了晋国的大权。他说：'我父亲赶走了范鞅，范鞅回国后范宣子不表示愤怒反而宠用他，让他得到和我一样的职务。范宣子弄死了我父亲从而专断大权，使范氏更加富有，我是宁死也不会听从他范氏指挥的！'我怕让您蒙遭祸害，所以不敢不向父亲您报告。"范鞅也在一旁煞有介事地"证实"了姐姐栾祁的报告。

由于栾盈平素喜欢施舍，归附其门下的士人不少，范宣子一直对他有所提防，此次女儿一番有鼻有眼的密报，使范宣子大为恐惧。不久，范宣子就将栾盈逐出了晋国。

这次所谓"栾盈之乱"，受到牵连的人不少，范宣子杀了箕遗、黄渊、嘉父、司空靖、邴豫、董叔、邴师、申书、羊舌虎、叔罴等十位晋大夫，并囚禁了伯华、叔向、籍偃。

叔向被囚，纯粹是受其弟羊舌虎的牵连。叔向一向被称为晋国的"智者"，故有人在事发后讥讽叔向道："您蒙遭此难，大概再也称不上一个智者了吧？"

叔向辩道："比起那些死者何如？有诗云：'优哉游哉，聊以卒岁！'这咏叹的正是智者的人生啊！"

晋平公的宠臣乐王鲋听到叔向被囚，便来见叔向，说："让我为您去向国君请求吧。"

按常理，一个身陷囹圄并随时会遭不测之患的人，见有人来帮助自己，且此人又是国君的近幸，那真是求之不得的事了。但令人费解的是叔向不仅没有答应，而且在乐王鲋告别时，也不趋步拜送。当人们责备叔向时，叔向说道："能救我者必祁大夫也！"

祁大夫，乃以举贤闻于世的祁奚也。叔向的家臣不明白这位早已闲居在家的祁老夫子何以能救主人，并且非他莫属。于是问道："乐王鲋的话，国君可谓是言听计从，他主动伸手来救援您，您不答应。祁大夫在国君那里并不能做到这样，而您说一定只有他才能救您，请问这是为什么？"

叔向答曰："乐王鲋，只是个见风使舵、对国君唯命是从的人，他怎么能行？祁大夫外举不弃仇，内举不失亲，怎么能独独弃我不顾？《诗经·大雅·抑》篇不是有句'有正直的德行，四邻之国一定归顺'的诗吗？祁大夫正是这种有正直德行的人呀！"

由此可知，叔向处于困厄险境却仍泰然自若，对乐王鲋的"救援"视而不见，他所凭恃的无非两条，一是自己的贤能，二是祁大夫"外举不弃仇，内举不失亲"的德行。一匹千里良驹站在伯乐面前，还怕伯乐不为它执辔备鞍，开启樊笼？叔向不领乐王鲋的情，是因为乐王鲋根本不具备祁大夫这种品德，他来救叔向，实际上是为自己获取救贤者的美名而来，而一旦这种救援行动遇上麻烦，或不如君主之口味，便会旋踵而去。这类见风使舵、溜须拍马者是靠不住的，自身利益才是他们奉行的最高原则，所谓人格、品操在他们那里是见不到的，一切行为都是围绕着自我这一原则而驱动。因此他们今天可能是一个救援者，明天则可能充当一个落井下石的角色。

叔向对乐王鲋的这些先见之明很快得到了证实，当乐王鲋未能如愿地当上救贤者的角色，从叔向那里气鼓鼓地出来后，晋平公向他问起叔向是否有罪时，他便操戈反击道："叔向一定不会遗弃其兄弟，必与羊舌虎同谋！"

叔向不答应这个小人来救自己的要求，可谓智矣！如果真是被这种小人救了，那也是一种奇耻大辱！

告老闲居的祁奚听到叔向被囚，立刻乘车赶来见范宣子，力陈道："《诗》云：'赐我恩惠无疆的，子孙会永远保持它。'《书》亦云：'圣哲有谋略的功勋，应该诚心维护。'谋划而少有过失，不倦地赐人以恩惠，这都是叔向能做到的。他是国家之柱石，即便是他的十代子孙有过错也应该予以宽宥，以此来劝勉贤能者。而今连叔向自身都不能享受宽宥，这不是弃社稷、毁国家的做法吗？确实让人大惑不解！过去鲧殛而禹兴，伊尹放大甲又相之，大甲始终无怨色。管叔、蔡叔被戮，周公辅弼成王。为什么一定认为叔向为了其弟羊舌虎而弃社稷呢？您如果为善，谁敢不努力？多杀人又有什么用？"

祁奚一席话使范宣子茅塞顿开，范宣子让祁奚与自己同车去见晋平公，终于让叔向走出了樊笼。

于是，在晋国争霸的历史上，我们又可以看见这匹纵横驰骋的千里良驹了。

耐人寻味的是，祁奚救出叔向后就径直回家去了，连叔向的面也没有照一下，此与乐王鲋未救叔向就先示惠的做法形成了鲜明的对比。叔向呢，也不去向祁奚面谢就径直去了朝廷。他们觉得一切本该如此，似乎没有必要去演那场慰抚、感激的俗戏。只不过一个做了他应该做的事情，一个得到了他应该得到的待遇，如此而已，谁也不欠谁，用不着去套近乎、拉感情，各自心安理得而自行其是。这种为官之道，这种高风亮节，实为后世廉政之楷模。

有了祁奚这样的人，叔向自然可以"优哉游哉，聊以卒岁"了；有了叔向这样的人，祁奚在历史上自然可以名声弥张了，他们可谓相互得之矣！

蹶由论占

贪生未必生，求死未必死，其中奥秘，尽在一"智"。

你知道在军事角力的战场上，有置之死地而后生的战法。你还知道在心战斗智的舞台上，亦有置之死地而后生的表演吗？

鲁昭公五年（前537）冬十月，楚灵王率诸侯和东夷之师攻打吴国，以报昭公四年吴侵棘、栎、麻等楚地之仇。楚灵王乘驿车至罗汭（汨罗江）会合诸师，吴王为探虚实派其弟蹶由至楚营犒劳军队，楚人不理会这一套，准备杀了他用其血来涂鼓。楚灵王很快派使者来审讯他，来使料其必死无疑，故讥讽地问道："你这次前来占卜吉利吗？"没想到蹶由答道："吉利！"使者诧异："为什么？"

蹶由侃侃道来："寡君听说君王将在敝邑用兵，就用守龟占卜，致告守龟说：'我赶紧派人去犒劳楚军，前去察看楚王的怒气大小，从而为之准备应策，也许神能预先使我知道吉凶。'龟兆告诉我们吉利，并说，胜利是可以预先得知的。君王如果高兴地迎接使臣，必使敝邑滋生懈怠之心，忘记身临死地，这样我们就危亡无日了。现在君王勃然大怒，虐执使臣，将以臣之血涂鼓，那么吴国就知道提防了。敝邑虽然羸弱，如果早把武器城池修缮完备，大概是可以阻止贵国的进军吧！对祸患与平安皆有所备，可以称得上是吉利了。况且吴国占卜的是社稷之吉凶，岂为一人？使臣得以用血涂鼓，而使敝邑知道了防备，以御不虞，难道还有比这更吉利的吗？"

使者还报楚灵王，楚灵王觉得蹶由所论甚善，于是便放了蹶由一条生路。

蹶由论占，其善在何处？就在于他巧妙地将个人生死与吴国的吉凶、楚国的成败紧密地联系起来了，生死已不属于个人的私事，而是群体的大事。这样个体的价值在群体中放大，脆弱的生命因有了群体为后盾而变得强大。

值得一提的是，我们从春秋时代那些走出困境、虎口逃生的英雄们身上看到了一个共同点，即他们在对手面前，从来不是以一个纯粹的个体出现的，他们除了代表自己那个特定的集团外，身上都具有一些人类群体共有的优秀品质，他们成了那个时代推崇备至的某些观念（如仁义、道德、忠孝、诚信等）的化身。这样就使得他们的对手动摇起来，杀了他们无疑是在"戮仁贼义"，从而背上千古骂名。相反，宽宥了他们，便即刻会得到时人的称赞，倘若能起用他们，则更会得到礼贤知士的美名。如此一来，英雄们在生死关头的幸生，不仅是英雄们的智慧胜利，亦是他们的对手——宽宥者的智慧胜利。于是管仲与齐桓、知䓨与楚共王、钟仪与范文子……双双都将美名载入了史册。

现代医学领域里有一种权威的观点，认为人的死亡不再是以心脏的停搏为标准，而应以大脑的死亡为标准，这实际上是将关于生命的价值与意义的人生观植入了医学的结果，其哲学意义在于强调了智慧的价值和意义。于是，智慧不仅是人与动物的分水岭，也成了人生与死的分界线。

人之生命在于智慧，人之价值在于智慧。有了智慧，便有了动人的故事，便有了神奇的传说，便有了五彩的社会，便有了多姿的人生。

智慧不仅体现着一个生命个体的价值和意义，也决定着一个群体、一个社会、一个时代的价值和意义。

纵观春秋三百年，历史舞台上出现的那些无论是成功者还是失败者，无论是敌人还是朋友，他们都有一个共同的特点（当然有例外，此就历史大势和时代取向而言），那就是对智慧的尊重！于是在这片相对自由（指思想自由）的土壤里，在这种备受礼遇的氛围中，智慧之花得以绚丽绽放。

春秋，无怪乎被后人仰慕为"黄金时代"。

春秋，无怪乎被后人赞誉为"轴心时代"。

春秋是自由的花朵。

春秋是智慧的果实。

第十三章

CHAPTER13

一芽一叶与天下春秋

我们或许无须踏破铁鞋去漫山遍野地寻览春秋的踪迹，一芽新绿、一叶枯黄，便会向我们透露出它们的消息。

远与近、小与大，这本是两两对立的矛盾异体，一棵新芽、一片黄叶却将它们美妙和谐地统一在自己的方寸里了。

当我们反观人事的春秋时，看到的又何尝不是如此？

抓住体现事物本质的一点，就能收到驾一驭万、纲举目张的功效。这个"一"，于自然中或许它就是一棵新芽、一片黄叶……，在人事里或许它就是一件看似平淡的小事、一个瞬息即逝的眼神、一首即兴吟唱的诗歌……

诗以言志（上）

诗以言志，古人们赋予诗的这种功能和使命，正为那时的谋略家们提供了一扇窥视对手心底隐秘的窗口。

鲁襄公二十七年（前546），郑伯在郑地垂陇（今河南省荥泽县东北）设享礼招待赵文子，当时陪同的有子展、伯有、子西、子产、子大叔、印段、公孙段等七位郑国大夫。赵文子对郑伯说："七位大夫随君作陪，是对我赵武的莫大恩惠。再请诸位作赋，以完成郑君的厚赐，我也可以从中观察这七位大夫的志向。"

于是子展赋《诗经·召南·草虫》，诗句中有：

>| | |
>|---|---|
>| 未见君子， | （长久不见君，） |
>| 忧心忡忡。 | （忧愁心头搅。） |
>| 亦既见止， | （我们已相见，） |
>| 亦既觏止， | （我们已相聚，） |
>| 我心则降。 | （心儿不再焦。） |

子展借此诗颂扬赵文子是"君子"。赵文子听后叹道："好啊，这（指子展）才是百姓的主人。不过，'君子'之称我尚不足以匹配。"

伯有赋《诗经·鄘风·鹑之奔奔》，此诗本是为讽刺卫宣姜淫乱而作的，诗中有"人之无良，我以为君"两句。伯有赋诗之意，显有刺郑君之嫌，这必然会引来郑伯的不满，故赵文子说："床笫之言不出门，而何况在野外呢？

这不是其他人应该听到的啊!"

子西赋《诗经·小雅·黍苗》之四章:

肃肃谢功,	(快快修建谢邑城,)
召伯营之;	(召伯苦心来经营;)
烈烈征师,	(筑城民工真火热,)
召伯成之。	(召伯用心来组成。)

子西赋诗之意,是把赵文子比作召伯。赵文子谦逊道:"有寡君在上,我又有什么能耐呢?"

子产赋《诗经·小雅·隰桑》,赵文子听后说:"我请接受其卒章吧!"卒章,即是最后一章,其云:

心乎爱矣,	(我爱你啊在心里,)
遐不谓矣。	(为啥总不告诉你?)
中心藏之,	(思念之情藏心底,)
何日忘之?	(哪有一天能忘记?)

赵文子欲借此诗卒章之意表达要用子产之见解教诲自己,并且永记心底的意图。

子大叔赋《诗经·郑风·野有蔓草》,诗中有"邂逅相遇,适我愿兮"之义,故赵文子说:"这是您的恩惠。"

印段赋《诗经·唐风·蟋蟀》,其诗中"好乐无荒"(娱乐却又不荒废正业)句反复咏唱三次,赵文子听后赞道:"善哉!这(指印段)是保家之主哟,我看到了希望!"

公孙段赋《诗经·小雅·桑扈》,诗句中有:

君子乐胥,	(恭贺诸君常欢乐,)
受天之祜。	(上天赐福运气好。)

赵文子说："不骄不傲，福禄还会跑到哪里去？如能保持是言，想推辞福禄也是推辞不掉的呀。"

享礼过后，赵文子私下对叔向说："伯有将有杀戮之祸了！诗以言志，志诬其上，其能久乎？因此，他必定先亡。"

叔向首肯道："是这样的，他确实太骄奢了！所谓'寿不及五稔（年）'者，说的就是这个人吧。"

赵文子接着说："其余几位都是可以传位数世的大夫，子展一族大概能坚持得最久，因为他位居尊位而不忘抑己。印氏应该是第二长久的，乐而不荒，乐以安民，不过分使用百姓，灭亡在后，不也是应该的吗？"

诗以言志，明白人可以从言者那里洞晓其志，并以此预见其前途和命运。不明白的人则有可能不知所云，甚至对他人给自己的讥刺和警示都茫然无知，如此昏弱之人，在那个动乱的年代里，其前程之可悲，自然是可想而知的。

就在赵文子出使郑国的这一年，齐国大夫庆封也出使了鲁国。由于其车子装饰华美，引起了鲁国大夫们的纷纷议论和谴责。孟孝伯对叔孙豹说："你看庆封的车子是不是太华丽奢侈了？"

叔孙豹答道："的确如此，我听说过这样一句话，叫作'服美不称，必以恶终'。"

叔孙豹在宴请庆封时，庆封显得傲慢无礼，叔孙豹于是赋《诗经·鄘风·相鼠》一诗赠予庆封，其诗云：

> 相鼠有皮，　　　　（看那老鼠都有皮，）
>
> 人而无仪。　　　　（却见有人没礼仪。）
>
> 人而无仪，　　　　（却见有人没礼仪，）
>
> 不死何为？　　　　（为何还活不倒毙？）

此诗意旨应是很明确的，然据《左传·襄公二十七年》所载，庆封"亦不知也"，其智之昏暗可见一斑。这样的人对自己将要面临的困难和险境，以及针对这些不利的情况，如何做出正确的抉择，自然是"亦不知也"。

崔杼弑君不得人心，其地位已如累卵岌岌可危，庆封却贪眼前之利，去与崔氏分享齐国的左、右相，后来遭鲍氏、高氏、陈氏、栾氏的联合攻击，不得不出奔他国。他先逃至鲁，把光可鉴人的车子献给了鲁国当权者季武子。鲁国另一大夫展庄叔见到车子后不由得感叹道："拥有如此漂亮车子的主人必定会被毁坏，他庆封陷灭顶之灾确实是理所当然的啊！"

叔孙穆子设宴款待庆封，庆封不懂礼节，却在此遍祀诸神来。这使穆子极为不快，但又不好直说，于是让乐师给庆封奏诵《茅鸱》一诗，此诗与《相鼠》大抵相同，旨在讥讽不敬（据杜预注："《茅鸱》，逸《诗》，刺不敬。"）。可悲的是，庆封对此"亦不知"（据《左传·襄公二十八年》）。

鲁国于是决定，对于庆封这样的人不值得以得罪齐国为代价而给予保护，这样庆封不得已又逃奔至吴。吴子句余将朱方（今江苏省镇江市东南）赐封给他，庆封聚其族定居于此。到这时庆封应该有所醒悟了，倘若他能修身理民，励精图治，或许在异国他乡还能安顿立足下来。然而庆封旧恶不改，为了继续过着其铺张挥霍、穷奢极欲的生活，他殚力搜刮，使其财产很快"富于其旧"。当子服惠伯告诉叔孙穆子"庆封又富起来了"时，叔孙穆子便直摇头，他预言道："善人富谓之赏，淫人富谓之殃。大概是上天要彻底地惩处他，好让他将其全族聚在一起然后再一举歼灭之吧！"

果然正如叔孙穆子所料，庆封不久为楚灵王所擒，其族亦被全部剿灭。

由此可知，言志之诗并非仅仅是窥视他人奥妙的窗口，同时也成了反映窥视者自己的一面镜子。于是这里两者的关系实际上成了一种互为窥视的关系，即被窥视的言志者亦可从窥视者的所获之中反观其能力的大小、品味的高下。

诗以言志（下）

　　从诗言志中不仅能窥探出个人的命运和前途，亦能从中洞晓一个国家的兴亡盛衰。我们知道《诗经》里的"十五国风"是各国的地方乐调，这里的言志者不是以个体而是以一个国家的整体出现的。因此，善观者便可从这些诗的情趣的雅俗、格调的高下、气度的宽狭、旨意的远近中看出其各自不同的前景。

　　鲁襄公二十九年（前544），吴公子札（即季札）聘鲁，请观于周乐。鲁便让乐工为之奏唱。听了《周南》《召南》后，季札叹道："真美啊，国家的基础开始奠定了！虽没有完成，但百姓已勤而不怨了。"

　　听了《邶风》《鄘风》《卫风》后，叹道："既美且深！虽有忧思但不困窘。我听说卫康叔、武公之德就是如此，这大概是《卫风》吧！"

　　听了《王风》后，叹道："美啊！虽有忧思但不恐惧，大概是王室东迁后的诗歌吧！"

　　听了《郑风》后，叹道："美是美，不过太琐碎了。百姓难以忍受，郑恐怕会先亡。"

　　听了《齐风》后，叹道："泱泱乎大国之风！能为东海一带诸侯作表率的，大概就是太公之国吧，其前程不可估量啊！"

　　听了《豳风》后，叹道："坦荡无邪，乐而不淫，这大概是周公东征时的诗歌吧！"

　　听了《秦风》后，叹道："这正是西方之夏声！夏声真是宏大到了极点，这大概是周室的旧乐吧！"

听了《魏风》后，叹道："委婉而悠扬，粗犷又细腻，险峭却易行，再辅之以德，就是贤明之主呀！"

听了《唐风》后，叹道："其思何其深！这里面大概有陶唐氏的后嗣吧，不然怎么会如此深远呢？不是美德者的后裔，谁能如此？"

听了《陈风》后，叹道："其国无主，其能久乎？"

自《桧风》以下再未作弹评了。接着鲁国的乐工又为之奏唱《雅》《颂》。听了《小雅》后，叹道："忧思而无二心，怨恨而不言语，这恐怕是周德之衰时的诗歌吧！"

听了《大雅》后，叹道："宽广而和美，委曲又刚直，这大概是文王的德行吧！"

听了《颂》后，叹道："真是达到了顶点！直而不倨傲，曲而不卑屈，近而不逼迫，远而不游离，变而不荡淫，复而不厌倦，哀而不忧愁，乐而不荒唐，用而不匮乏，广而不张扬，施而不耗费，取而不贪婪，静而不留滞，行而不浮流。五声和，八风平，节有度，守有序，这些都是只有盛德之人才共同具有的品质哟！"

众所周知，只有当人们对事物有着整体的把握，以及对其运行前景有着准确的预见后，才能使我们不为局部所限，不为近利所惑，从而制定出目光远大的不败谋略来。吴公子札正因为他站得如此高，看得如此远，对各国的大势及前景如此了然，所以他制订出的一项项谋略计划屡试不爽，无往而不利——

吴公子札到齐国后，见齐国政局不稳，便劝晏婴说："您赶快归还封邑和政柄，只有没了它们，您才能免于祸乱。齐国之政，将有所归，未获所归，祸乱是不会停止的。"

晏子于是通过陈桓子归还了封邑和政柄，从而在栾氏、高氏之乱中免于受难。

公子札在郑国时，见到子产宛如老相识，互赠礼品后，他对子产说："郑国现在的执政者奢侈，难将至矣，最后政柄一定会落到您的手中，希望您为政时能慎之以礼。不然，郑国将衰败。"

在卫国时，公子札很欣赏蘧瑗、史狗、史鰌、公子荆、公叔发、公子朝等人，他感叹道："卫国多君子，国家没有祸患。"

在去晋国的路上，公子札一行准备住宿在当时卫国执政大夫孙文子的采邑戚地（今河南省濮阳市东北）。这时，忽然从远处传来了钟鼎之声，公子札诧异道："怪哉！我听说：'与人相争而不修德行，必遭杀戮。'孙文子他得罪了卫献公，照说害怕都来不及，哪还有什么胆量去寻乐呢？他在此地的危险犹燕之巢于幕上呀！况且国君还没有下葬，怎么可以去作乐呢？"

于是公子札带着部下赶紧离开了戚邑。孙文子听说了此事后，终身不敢再听琴瑟。

公子札到晋国后，对赵文子、韩宣子、魏献子说："晋国的政柄大概要归属你们三家了！"

在晋国时，公子札很欣赏叔向的才干。将别离时他衷心劝告叔向："贵国君主奢侈却良臣济济，大夫皆富，政将在家。您喜欢直言，一定得考虑能自免于难呀！"

据说象棋高手可以预见到七八步乃至十多步之后的棋局，而只能走一步看一步的"近视眼"，他那棋盘上的"老帅"无疑是短命的。吴公子札周游列国，与诸侯论盛衰，和大夫话亡兴……春秋之大势可谓尽入其胸矣！就连晏婴、子产、叔向这类权谋场上的人杰也不能不为其折服而言听计从！

不过我们只要细细地品味就会发现，原来吴公子札他那深邃远大的目光，却是着眼于近前诸如一首诗、一记钟声这类平凡细小的事物之上的。古人有云：审堂下之阴，知日月之行；观瓶中之冰，知天下之寒。堂下之阴近矣，瓶中之冰小矣，然而正是这近，让我们丈量出了日月之远；正是这小，引导我们走进了天下之大！

从"鞭七人，贯三人耳"说起

晋楚城濮之战前，楚国令尹子文传政子玉。子玉在芳邑练兵时，一天下来，"鞭七人，贯三人耳"（《左传·僖公二十七年》）。

楚国的元老旧臣皆登门贺子文，认为他举荐得人。"鞭七人，贯三人耳"，在他们看来是治军有方的体现。当时唯年幼的芳贾后至不贺，子文问之，芳贾答曰："不知所贺。鞭七人，贯三人耳，照我看来这只能体现子玉是一个暴戾刚愎且又无礼的人。倘若让他带领超过三百乘的军队出去作战，我想他是难以再率整师而回的。等到他能凯旋时，再祝贺也不算晚吧？"

后来的事还真让这位后生说中了。城濮之战中，好大喜功、刚愎自用的子玉被晋军打得一败涂地，致使楚国在好长一段时间里也难以与晋国争锋。

"鞭七人，贯三人耳"，也许只是子玉在某一天所做的事情，相对他一生中林林总总的所作所为而言，它或许只能算得上是子玉人生之木上的一片叶子。然而就是通过这片"叶子"，芳贾却看到了那个弥漫在子玉人性上的"残忍之秋"，洞悉了那片生长在子玉未来人生路上的"失败之林"。

如何治军，怎样用兵，是春秋那个争霸时代里人们非常关注的大事。统军者的道德理想和价值取向，无不可以从中得以体现。宋襄不进击未阵之敌、不重伤、不擒二毛的"义举"，晋文城濮之战后对晋军火烧楚营、大火数日不熄的叹息，楚庄邲之战后不为京观的举措，这些无疑是在向世人表白，他们不是贪求近利、为战而战的庸主，征服人心，霸主天下，才是他们最后要去企及的目的。

据兵观志，是当时人们去观察敌军主帅意向的一种重要手段，故而也有一些心怀异志的将帅常利用这点做起文章来。例如抱着篡位野心的公子弃疾率兵过郑时，命令部队秋毫不犯的做法，其本意是想让自己率领的楚军给诸侯留下一个"仁义之师"的印象，从而为自己的篡位赢得广泛的外援。没想到他这种一反楚军传统的异常之举，正好给了那些明眼人去把握他内心隐秘的一个凭据，当时在郑国执政的三卿（子皮、子产、子太叔）皆知其将有篡王之举了。

早在这之前，齐国大夫崔杼就上演过类似的把戏。崔杼曾经娶了个美貌的妻子，齐庄公常借故来与他美貌的妻子幽会。戴了绿帽子的崔杼心中自然难受，伺机报复便成了他余生最大的愿望。

鲁襄公二十五年（前548），齐庄公让崔杼率兵攻打鲁国的北境，由于崔杼一心想复仇雪耻，所以这次出兵他不想得罪鲁国，以便为日后报仇捞点资本。于是他一反过去的做法，率兵只来而不寇，不许部队对鲁民有过多的侵扰。正当鲁襄公对齐兵压境深感忧患时，鲁大夫孟公绰据崔杼率兵的这些异常举动去安慰襄公道："崔杼将有大志，他此次来心思不在我们这里，他一定会很快撤兵，您担忧什么？"

果然，齐军来了什么也没有得到就迅速撤离了。不久，"崔杼弑君"成功。

从谋略学的角度来看，崔杼、公子弃疾摆弄"仁义之师"的骗局并不怎么成功，因为他们过早地暴露了自己的企图。只不过让他们觉得万幸的是，他们谋略所施的对象齐庄公、楚灵王并没有觉察到，以致他们的阴谋最后一一得逞了。

俗谚道："泥鳅暴跳，必有风暴。""秋后蚱蜢叫，石板要晒翘。"反常的现象，往往昭示着某种始料不及的反常事情的骤然降临。倘若齐庄公、楚灵王能早点窥探出崔杼、公子弃疾那反常举动背后的用心何在，想必他们也不会死于非命了。

因此，善于捕捉信息，掌握一叶知秋的本领，不仅是施谋主体必不可少的，也是被施谋的客体去戳穿对手圈套所必备的。

孙子根据前人和自己的大量实践经验，曾就军事学的角度为我们总结出了一套据兵观志的方法，其内容之丰富，其观察之敏锐，其分析之透辟，即使是在千秋之后的我们看来，仍具有重要的借鉴意义。他在《孙子兵法·行军篇》中写道："敌近而静者，恃其险也；远而挑战者，欲人之进也；其所居易者，利也……辞卑而益备者，进也；辞强而进驱者，退也；轻车先出居其侧者，陈也；无约而请和者，谋也；奔走而陈兵者，期也；半进半退者，诱也。杖而立者，饥也；汲而先饮者，渴也；见利而不进者，劳也……"

识读"含蓄"

含蓄，犹如宣纸上着墨不多的中国画，简洁中藏着丰富，黑色里孕着五彩，大片大片的空白是留给读者驰骋纵横的想象之地。

露骨的宣泄、单纯的出击，也许只是一种外在力量的张扬，而含蓄则更多的是一种内在力量的体现，它把难以估算的分量留在了对手的心上。

当晋公子重耳在楚成王一再索取报答时，说道："如果凭借您的神灵我得以返回晋国，一旦晋楚交兵相遇中原，我将退避三舍。如果这样还得不到您的宽恕，那我只好挽弓执鞭，与您驰逐周旋了。"

婉转而含蓄的表达，却让楚成王感到了它那沉重的分量。

含蓄，就是藏起锋芒，所以它亦不失为一种保护自己的手段。尤其在君主面前，过分地表现自己，往往会引火烧身，古人深谙"象有齿以焚（通愤，僵也）其身"的道理。

鲁襄公十七年（前556），宋太宰皇国父要为宋平公筑台，大夫子罕以为这样会耽搁农事，故进谏请求忙完农事后再修建。宋平公没有采纳子罕的意见，遂下诏征调民工兴建高台。

当时筑台的工地上广泛地传唱着这样一首百姓自编的歌谣：

> 泽门之皙，实兴我役；
> 邑中之黔，实慰我心。
>
> （《左传·襄公十七年》）

"泽门之皙"，指的是皮肤白皙、居在泽门的太宰皇国父；"邑中之黔"，指的是皮肤黝黑、居在城内的大夫子罕。子罕听到这一歌谣后赶紧下到工地，提起竹杖亲自答击那些不肯卖力的役者，并大声呵斥道："我们这样的小人，尚还有房舍以避燥湿寒暑。今国君仅筑一台却难速成，像什么话？"

唱歌的人这才止住了歌声。"邑中之黔"这一前一后判若两人的做法，颇令人迷惑不解。故当时有人问他为何这样做，子罕自解道："区区宋国，有人遭诅咒，有人被赞扬，这是祸乱的根源啊！"

子罕的意思是这样会引起国内大乱，这似乎有点夸张之嫌。子罕担心有祸乱也并非没有道理，不过这祸乱恐怕多与他自身有关。筑台虽是太宰皇国父所倡，但却为宋君首肯。后来子罕谏阻，仍然遭到了宋君的否决。老百姓的歌谣尽管只是在指责皇国父而颂扬他，可是在支持了皇国父、拒绝了他建议的宋君听来，也许就是另一番含义了。如果他不赶紧将此事平息下去，做出积极配合宋君筑台的样子，恐怕真是祸临无日了。

再能干，不能比君主能干；再得民心，也不能靠有损君主的形象来获得。在君主这颗北斗面前，臣子永远是拱卫的群星。当自己的光辉将要罩住北斗时，得赶快收敛，必要时甚至要不惜以自毁形象为代价，历史上有几个功高震主的臣子落得个好下场？

有价值的东西不一定都得显露出来，否则，再陡峭的崖壁，也不能使灵芝安身；再粗壮的躯体，也难以让象齿自完。

对于一个谋略家来讲，仅仅自己学会了含蓄仍然是不够的，他必须学会去破解识读他人的含蓄，昭示那些已被"含"起来、"蓄"起来的真正有价值的内容。

鲁襄公三十年（前543），楚王郏敖派薳罢出使鲁国。当时郏敖新立不久，大权掌握在公子围手中。鲁大夫穆叔于是想摸摸这位楚使的底，便提了一个颇为敏感的问题："公子围现在执政的情况如何？"

薳罢回答说："我等小人，只知一心吃饭听使唤，即便如此还怕完成不了使命而有所错失，怎么能参与政事呢？"

穆叔再三问起，薳罢还是避而不答。

然而就是这再三避答，使穆叔从中捕捉到了一条非常重要的信息，他于是很有把握地向大夫们宣告："楚国令尹公子围将有大事（指篡位），薳罢也将参与，他已经开始为令尹隐匿实情了！"

穆叔缘何得出如此结论？因为按常理，在他穆叔的再三追问之下，薳罢应该有所答复，即便是通过某种暗示也会将他的或是不满或是赞许的情绪表现出来。而只有当他薳罢心中有鬼时，才会对评价公子围这个问题讳莫如深，一再拒答。因为他若说"是"，怕直接暴露了他与公子围的特殊关系以及那个"将有大事"的秘密；若说"不是"，这既言不由衷，又怕别人会从反面去理解而予以戳穿。于是他以为最聪明的办法就是顾盼左右而言他，或者干脆闭口不答，让别人无从知晓。而这种讳莫如深、一再拒答的态度，恰好表明了这个问题与他有密切的关联，昭示出他的心结、他的奥秘就在这里。这就好比想让宝物不被偷窃而将装有宝物的箱子锁上一道又一道，但这一道道的锁却正好是在告诉那些想去偷窃宝物的人："喂，主人的宝贝就在这里！"

薳罢本欲通过闭口不答，把自己的秘密"含"得更死一些，"蓄"得更深一些。孰料穆叔这位权谋高手，从他的不答中找到了答案，从他的含蓄里窥出了秘密。

这样，薳罢的所谓不答，实际上成了不答之答。

人最宝贵的财富是智慧，智慧最大的贡献就是使人知道了选择，从此告别了那种动物式的被动接受。人类社会之所以能发展到今天这个样子，就是人在历史的进程中不断选择的结果。世界上事物的发展往往具有多种可能，尽管人不可能去硬性规定事物的发展，但却可以在其发展的多种可能中，按照自己的需要来选择那些有利于自己的发展可能，而遏制那些不利于自己的发展可能。

人在选择之前，首要的是判断。判断的正确与否，决定着选择的成败得失。

判断，即是对事物的本质认识及其发展趋势的总体把握。而事物的本质及其运行前景往往并不是显而易见的，如何摆脱片面的局限和假象的迷惑，便是人制订计划、立略施谋要解决的问题。

任何事物必定通过一定的方式来表现自己（即使是假象，也是一种方式），就是未然之事物在它们诞生之前，也会或多或少或明或暗地向这个世界透露出一些消息。杰出的谋略家会利用各种手段和方法，去寻找和捕捉到这些各式各样的能体现出本质内容的信息（尤其是那些不易为人察知的，却又往往最能体现出本质内容的信息，诸如上述的一记奏乐的钟声、一次闭口拒答的举动之类），通过它们来完成自己对事物的正确判断，从而使自己所制定的谋略能够真正立于不败之地。

第十四章

CHAPTER14

诈：泯灭虚实界限的技巧

何谓 "诈"？以有示无，以无示有，虚虚实实，莫辨真伪。故《说文》云："诈，欺也。"

诈术，并没有正义与邪恶之分。只因追求的高下、目标的尊卑，才定出了它们的性质。

诈，是当真相显露出来不利于达到目的时不得已而采取的一种伪装技术，一旦伪装的假象被人揭穿，诈也就不复存在。故成功的诈术，必须是超出常人智慧的匠心独运的结果。

假戏真做，并让自己的敌手深信不疑，这的确不是件易事。古人们用他们的智慧，为我们创造出了不少有关这方面的成功的例子。

石碏假手

石碏有个儿子叫石厚，石厚与公子州吁来往密切。州吁为卫庄公的庶子，颇受庄公的宠爱。石碏早看出了州吁将成为卫国的祸害，他一方面禁止石厚与州吁交往，一方面力劝庄公道："我听说宠爱儿子，应当以正道引导他，不能让他步入邪路。骄傲、奢侈、无度、放荡，这是走上邪路的根由。而这四种恶习的产生，是由于宠爱过度、俸禄太多的缘故。如果要立州吁为太子，那就赶紧定下来；如果定不下来，又如此宠爱，就会酿成祸患。受宠而不骄傲，骄傲而安于地位下降，地位下降而不怨恨，怨恨而能自安自重的人是很少的。作为人君应该致力于去掉祸害，但现在却加速祸害的到来，这样做恐怕不行吧？"

结果是庄公不听劝阻，儿子照样与州吁打得火热。庄公死后桓公即位时，石碏就告老退休了。

鲁隐公四年（前 719）春，州吁果然作乱，杀了桓公自立为君。州吁自知以这种方式取得君位，不仅会引起国内民众的不服，也有可能遭到其他诸侯的干预。于是为了转移国内民众的视线，讨好其他诸侯国，他便发动了一场诸侯联军围攻郑国的战争。

郑国在历史上曾与一些诸侯国结下怨仇，尤其是宋国。在宋殇公即位时，公子冯逃亡到郑国，郑人一直想出兵拥护他回国夺取君位。于是州吁抓住宋殇公这块心病，派使者去宋国游说宋殇公道："君王如果攻打郑国来除掉君王的祸害，我们将以君王为主，卫、陈、蔡国的军队作为君王的属军。君王的愿望，也就是卫国的愿望。"

宋殇公立刻同意了州吁的提议，宋、卫、陈、蔡联军很快包围了郑国的都城，不久，使郑国屈服。然而与郑交战并没有达到州吁预期的目的，卫国国内仍动荡不安，民心没有得到收服，州吁的新君位亦在风雨飘摇之中。

鲁隐公向他的大夫众仲问道："卫州吁弑兄自立，你说能成功吗？"

众仲答道："我听说施德可以和民，没有听说作乱可以和民的。若用作乱的方式去和民，犹如理乱麻一样，会越理越乱。州吁向来是依仗兵威而安于残忍的，依仗兵威就会失去民心，安于残忍就会丧失亲信，这样结果是不言而喻的：众叛亲离，祸败危身！"

州吁似乎也意识到了这点，为了避免失败，这时他想起了他的心腹石厚的父亲石碏——这位德高望重的元老。

一天，在州吁的指使下，石厚向他的父亲寻问安定君位的办法。石碏对州吁和儿子的做法一直心怀不满，却又找不到回击的机会，这次儿子主动来请教，可谓天赐良机。石碏为他们"谋划"说："如果能朝见周天子，得到他的关照就可以安定君位了。"

石厚忙追问："怎样才能得以朝见周天子呢？"

石碏说："陈桓公现在正受着周天子的宠信，陈、卫的关系也正处在和睦亲善之际，州吁若能去陈国朝见陈桓公，求他代向周天子请命，必定会得到天子的应许。"

石碏知道，自己没有能力除掉州吁，州吁若待在国内，他人也一时很难把他怎么样，只有设法将他支出卫境，然后再假手于人，除掉州吁就有望了。当州吁和石厚听信了石碏的建议同往陈国朝见陈桓公时，石碏暗中派人给陈桓公送去了一封密信，信中说："卫是个小国，我已年迈无能，因此未能平息卫国的祸乱。州吁和石厚这两人，实是杀害寡君的凶逆，敢劳君主大驾，请立即将他们处死！"

于是，陈桓公命人拿下了他们，并请卫国派人去陈国予以处置。这一年九月，卫国派遣一个名叫丑的右宰，到陈国的濮地杀了州吁，石碏也派遣他的家臣獳羊肩到陈国杀了石厚。对于石碏的这一举动，《左传》如是评说："石碏，纯（纯直）臣也，恶州吁而厚与（参与）焉。大义灭亲，其是之谓乎！"（《左传·隐公四年》）

石碏灭州吁和石厚，实际上用了两计：一是"调虎离山"，一是"假手于人"。调虎离山，难在"调"字上，不过对石碏有利的是，他要调的这只"虎"在他要调之前，已经主动送上门来，把它一半的自由交给了他。他接下去要做的事就是利用对手的信任，巧妙地制造各种假象，编织出一个诱人的陷阱，因势利导，牵出对手的另一半自由来。

当石碏把"虎"牵出"山"来时，不禁又犯起难来，这只离山的"虎"，毕竟是"虎"。石碏早告老在家，一无权力，二无兵力，如何能制服即便是落入平阳的失势之"虎"？于是"假他人之手"便不可避免地成为下一步计划了。然而这个被假之手必须具备两个条件才行，一是它要有足够的力量降住这只"虎"，二是在它动手之前，这只"虎"要绝对地信任它，乖乖地进入它的势力范围，这些都无疑给石碏的计划增添了难度。而可喜的是，老谋深算的石碏最终都做到了。

《兵经百言·借》有云："己所难措，假手于人，不必亲行，坐享其利。"石碏只动了一下口，写了一封信，足未出户，就将一个不可一世、穷兵黩武的暴君送到了黄泉之下，真可谓"兵不顿而利可全"也。

阳子诈胜

"兵不顿而利可全",是古人们在"伐谋"时追求的至上境界。

《孙子兵法·谋攻篇》云:"百战百胜,非善之善者也;不战而屈人之兵,善之善者也。""善用兵者,屈人之兵而非战也,拔人之城而非攻也,毁人之国而非久也,必以全争于天下,故兵不顿而利可全,此谋攻之法也。"

两军交兵,推锋争死,冒白刃,蒙矢石,犯晨夜,驰阬谷,陷阵却敌,斩将搴旗,以致血流漂杵,沟壑盈尸,此实乃万不得已之举,不是办法的办法。春秋时代虽然讲求兵不血刃、不战而屈人之兵的全胜上策,但纵观春秋一代,仍是弱肉强食,战争频繁。不失一兵一卒而又能实现目标,就益发显得难能可贵了。

春秋中叶,晋、楚两大国谁也无法制服谁,它们争夺霸权实际上是争夺对中小国家的控制权,谁都清楚谁也不可能将对手纳入自己的势力范围,这样它们之间的所谓霸业兴衰,实质上是它们手中所控的诸侯国的数量的增减而已。因此,中小国家的去与从,往往成了它们兴师动众、大动干戈的主要原因。

鲁僖公三十三年(前627),楚国令尹子上率师进攻陈、蔡,陈、蔡随即附楚。晋国马上派大夫阳处父领兵出击蔡国,楚国子上驰兵来援,两军在泜(水名)相遇,夹水而阵。阳处父担心与楚交战失利,就派使者去对令尹子上说:"我听说,有文德的人不犯理顺之事,有武德的人不避寇犯之敌。您如果想战,我就退后三十里,让您过河布阵。是早打还是晚打,我都听您的安排。要不然就放我过河去,像这样屯兵不战,劳师费资,于双方都无益。"

阳处父令士兵驾好战车，做出一副等待子上回复、随时进退的样子。子上欲先渡河，大孙伯阻止说："不能这样，晋人不讲信用，如果乘我半渡而追击，到时我们连后悔都来不及，不如放他们渡河。"

子上同意了大孙伯的意见，命令部队向后撤三十里。阳处父见状，就四处宣言：楚军逃跑了！楚军逃跑了！于是率军返回晋国，子上也率军回到了楚国。楚国的太子商臣因令尹子上曾阻止过楚成王立自己为太子，一直怀恨在心，此时便趁机诬陷子上说："令尹是受了晋军的贿赂才逃避晋军的，这是楚国的耻辱，没有比这再大的罪过了！"

楚成王听信了商臣的谗言，杀了子上。

阳子诈胜，倘若没有商臣的诈败，那么阳子之胜顶多只能停留在口头上、名义上而已。商臣借机除掉了自己的政敌，从而使阳子的胜利也名副其实起来：他不损一兵一卒却夺了楚军的主帅，也沮丧了楚人之心，因为连楚王都相信了这次楚军的"逃跑"实乃奇耻大辱。这样，一个在外，一个在内，里应外合，完成了一部"无中生有"的大杰作。

这里值得一提的是太子商臣，他不仅能行诈，而且能识诈，从而使他在楚国内部险恶的权力争夺中立于不败之地，最终成为楚穆王。

楚成王虽然当初没有听从令尹子上的劝阻立了商臣为太子，但对商臣并不是十分合意，或许后来楚成王对商臣的奸诈已察觉出一二，便又想废商臣而立其庶弟王子职。精明的商臣已隐约地感到了这点，但苦于不能得到证实，于是就此问题去请教自己的师傅潘崇。潘崇让商臣设享礼招待楚成王的宠妹江芈，然后要他在享礼上对江芈不礼貌而故意激怒她。果然，江芈在享礼上大发雷霆道："你果真是个贱东西，无怪乎君王要杀掉你而改立王子职！"

商臣赶紧向潘崇讨问应急之策，潘崇问："你能在将来侍奉王子职为君吗？"

"不能！"商臣如实答。

"能出亡他国吗？"

"不能！"

"能举大事自立吗？"

"能!"

鲁文公元年（前 626），商臣率宫中警卫包围了楚成王，楚成王想拖延时间以待外援，请求食熊掌之后再死。熊掌为难熟之物，烹制需要时间，而时间对于只拥有少量兵力的商臣来说，是举大事的关键。商臣一眼识破了楚成王的缓兵之计，坚决不同意。楚成王无计可施，只得上吊自杀了。

诈是一种欺骗，所以它的寿命往往是有限的，所谓能骗人一时，难蒙人一世是也。因此聪明者，只在不得已的情况下偶尔为之而已。

假真真假的苦肉计

春秋时，韬略文明已达到了很高的水平，后世几乎所有的谋略智慧都可以在这里找到它们的母体。严酷的政治斗争和激烈的军事角逐，使对峙着的双方为了战胜对手，无不绞尽脑汁。人的智慧，在是生存还是毁灭，是兴盛还是衰败的这类尖锐对立的抉择中走向辉煌。

因此，为了使对手相信自己制造的某种"事实"，从而堕入自己编织的圈套，再用简单的办法和雕虫小技已无法实现目的。人们不得不使自己的技巧日臻完善，各种"仿真术"便纷纷出笼，立意颇新的苦肉计就是其中的佼佼者之一。

尽管"苦肉计"是典出三国时周瑜打黄盖的故事，但在春秋时其计的原理已屡被运用，只是未命其名而已。《三十六计》把"苦肉计"释为："人不自害，受害必真；假真真假，间以得行。"这是说人一般不会故意伤害自己，受到伤害必然是真实的，这样施苦肉计的人就可利用人们这种"理所当然"的常识，以假作真，使对手信而不疑，从而实现自己的目标。

苦肉计中的"自害"可以是狭义的，如故意伤害自己的身体乃至生命，或是亲人和亲信的身体乃至生命，下面几例属此。

《吴越春秋·阖庐传》载，春秋末年，剑客要离由伍员推荐给吴王去刺杀在卫国避难的公子庆忌，为了取得庆忌的信任，要离请求吴王断掉自己的右手并杀死自己的妻子儿女。这一招果然博得了庆忌的信赖，使他们成为好友，于是在庆忌毫无防备的情况下，要离轻易地达到了刺杀庆忌的目的。

《史记·刺客列传》载，战国末年，逃到燕国的秦将樊於期为使刺客荆轲取得秦始皇的信任，伏剑自刎，让荆轲带上自己的人头作为进见秦王的礼物，使荆轲得以顺利地受到了秦王的接见，后来只是荆轲由于技术上的操作问题才没有完成刺杀秦王的任务。

《韩非子·说难》载，郑武公为了灭胡，先把自己的女儿送给胡国君主，然后又杀掉了提议攻胡的大夫关其思，也是用的"苦肉计"。

"苦肉计"中的"自害"也可以是广义的，即只要是故意伤害自身的某些"利益"以及与己有关的团体乃至国家的某些"利益"，来骗取对手的信任，从而达到目标的都可以算作苦肉计。

春秋时代晋国诱取士会即是一个成功的例子。

士会本为晋国的将领。鲁文公六年（前621），晋襄公卒，以赵盾为首的执政者想废年幼的太子改立襄公庶弟公子雍，并派先蔑、士会入秦迎回在秦任职的公子雍。后不久，太子的母亲穆姬"日抱太子以啼于朝"，使得赵盾一干人又改变了初衷，率晋军拒斥公子雍、先蔑、士会于国门之外，士会不得不随先蔑奔秦。

鲁文公十三年（前614），晋人担心秦起用士会，因为前一年即文公十二年，秦康公曾听从了士会之计，小胜了晋国。这样，晋国的六卿此时不得不去京城外的诸浮密会，商讨对付士会的问题。经过一番激烈的争论，后达成共识，认为士会是个人才，应想法召回为晋所用。由于怕秦不放人，就上演了一出先把魏邑邑主魏寿余及其妻子儿女收捕关押，然后让魏寿余深夜只身逃出，率魏邑叛晋降秦的苦肉戏。因为魏寿余是自身的利益受到损害后，才举邑归秦的，这似在情理之中，所以秦康公很快就欣然接受了。

魏寿余在取得秦康公的信任后，来到了秦国，开始了他的第二步棋：把士会弄出秦境。在秦国的朝廷上，魏寿余见到士会时，在士会的脚上轻轻地踩了一下，示意要他予以配合。当秦康公率领秦军跟着魏寿余来到黄河西岸时，魏寿余停下来对秦康公说："是不是派一位东边的晋人和我一起先去那边与我的部属通通气呢？"

秦康公觉得魏寿余的考虑在理，便不假思索地指派士会前去。士会在朝廷上已得到魏寿余的暗示，知道此次前往再也不会复返，担心这样一来留在秦国的妻儿会受到牵连，便巧妙地拿话试探秦康公："晋人犹虎狼，如果他们搞假叛变，不让臣下回来，臣下的妻儿就会遭诛，这样对君主也没有什么好处，到时我们连后悔都来不及了！"

秦康公安慰说："如果他们真的违背诺言，我会送还你的妻子儿女，有河神为证！"

士会解除了后顾之忧，便一身轻松地与魏寿余同往，秦大夫绕朝在送别士会时将马鞭赠给他说："我知道您此次一去不会再回，所以送您这根马鞭作为一个纪念，您不要以为秦国没有识破晋国此计的人才，只是他们的谋划不能被采用而已。"

士会心里一惊，对眼前这位智者一时不知该说什么，只得默默鞠上一躬。魏寿余一行上了黄河东岸，觉得大功告成，于是鼓噪而去。而被晾在黄河西岸的秦康公望着自己亲手放走的士会渐渐远去，自吞上当的苦果不说，还要遵守誓言把士会的妻子儿女再度送过黄河去。此时此刻，秦康公心中的滋味可想而知。

"苦肉计"是以"自害"开头，故它具有很大的欺骗性，不是明眼人，很难察觉其中的诡秘。所以它一出台，就受到了历代施谋者的青睐，以致经久不衰。二战时，英国海军情报局的一批双重间谍中，穆特和杰夫两人原属德国间谍，后被英国人收买。当时德国人给他们的主要任务是在英国制造恐怖事件。英国人为了通过他们向德国提供假情报，并使德国人对他们的假情报深信不疑，于是帮助他们先完成了两起引人注目的爆炸"任务"。对此，德国人非常满意，满意的后果可想而知，德国为假情报付出了沉重的代价。

以少取多，以己之小害换敌之大害，这是苦肉计的精妙之所在。试问：谁不愿意以黄盖的皮肉之苦去换取曹操的八十万兵马之覆灭？

第一空城计

提起空城计，人们会很自然地想起《三国志·蜀志·诸葛亮传》中所载的诸葛亮在阳平空城退司马懿的著名战例。不过令人遗憾，后经史家们的考证，诸葛亮当时根本未与司马懿在阳平地区交过手，所谓诸葛亮在阳平城所施的空城计实属子虚乌有，南朝时宋人裴松之注《三国志》时也说明了这点。

有趣的是，诸葛亮虽然没有用过空城计，但他对空城计的"贡献"似乎特别大，因为空城计因他才声名鹊起。而那些在历史上真正实施过空城计的人反倒名声默默，至少比起诸葛亮来大为逊色，看来我们所知的历史与真实的历史之间委实有一段不小的距离。

历史上以空城计退敌的战例确有不少，与诸葛亮同时代的蜀将王平、赵云和曹操的部将文聘都曾使用过空城计，不过早在他们之前就已经有人成功地运用过这一计谋了。

春秋早期，鲁庄公二十八年（前666），楚国的令尹子元率兵车六百乘突袭郑国，郑国的军队在毫无防备的情况下仓皇撤退，远郊的桔柣门、近郊的纯门连连失守，来势凶猛的楚军直逼郑都的内城门，郑都危在旦夕。当楚军赶到郑都的内城门前时，一个反常的现象出现在他们面前：只见城门洞开，不见郑军的一兵一卒。攻城陷阵、久经沙场的楚军将领确实没有见过这种阵势，深谙"实者虚之""虚者实之"用兵之道的楚军将领，对于城门洞开、不设兵卒的异常之虚，自然会以为那潜藏在虚后的一定有暂且看不到的实。然而他们万万没有想到，郑国人会不顾军事常识，让自己的弱点故意暴露给对手，即采取"虚者虚之"的做法。在这里，郑国人正是利用了那常识使楚国人判断失误。由此可见，一旦人们遵守的信条成为某种权威，成为某种思维定式时，便有可能束缚人们的思想。

蒙在鼓里的楚军在撤退时，还在啧啧称赞："郑国有人才！""郑国有人才！"

郑国确实有人才，不过想出这"空城计"的人才是被楚军逼出来的。在楚军锐不可当、势如破竹的攻势面前，郑国人如果照守战一条路走下去，他们的内城门就会顷刻重蹈桔柣门和纯门失陷的前辙。既然铁定守不住了，不如干脆打开大门不设防守，这样或许还有一线使敌兵生疑、判断失误、自行退兵的希望。

楚军退后，侥幸得逞的郑国人害怕楚军突然醒悟，准备逃奔桐丘（郑地名，在今河南省扶沟县西）避难。不过后来兵探回来报告说，楚军已连夜遁去，楚军抛弃的帐篷上正有乌鸦在安详歇息呢。

空城计实是把军事角逐转化为一种心理对抗，因为实施空城计的一方已无力与对手进行实力较量，在迫不得已的情形下来个一反常态，把门户朝敌人大开，让对手在这种异常的情况面前大惑不解，继而疑云丛生，最后退却罢兵。由于实施空城计的一方已基本上放弃了自己的军事抵抗，所以这是一种非常冒险的行为，他把宝完全押在了敌方只是有可能犯的判断错误上，一旦被识破，后果不堪设想。故施谋者不是在山穷水尽、走投无路时，是不会耍这种玩命的把戏的。因此郑国人在骗退楚军后，不敢再存侥幸心理，打算赶紧转移桐丘。刘备在赵云"空城"退走曹军后的第二天早上赶来，当他视察完赵云作战的营垒后感叹道："子龙一身都是胆也！"这感叹中既含有对赵云的赞赏，也含有对赵云能虎口余生的庆幸。

这种心理战，其激烈与惊险的程度绝不亚于兵刃相接的肉搏，如果是两强相遇又彼此了解，那将更是一出精彩纷呈的好戏了。16世纪日本江户幕府时期，将军德川家康与军阀武田信玄交战。1571年，武田在远田击败德川，德川逃进了滨松城，武田意欲乘胜追击，一举拿下滨松城。当武田兵临城下时，只见城门大开，城里灯火通明，却不见兵卒防卫。武田是当时名闻遐迩的军事理论家，他熟读过《孙子兵法》，将眼前的情形一看便知德川是在摆空城计，不禁窃喜起来，心想：德川啊德川，你摆空城计也不看看对象，怎么摆到我武田面前来了呢，这不是拿肉往虎口里喂吗？可正当他要挥师进城时，另一个想法却攫住了他的心头：德川是明知他会识破空城计的，一向老谋深算的德川怎么会如此轻率、如此冒险地用这个计策呢？或许他确实另有安排？望着洞开的城门，武田此时觉得自己反倒像一块虎口边的肥肉了。可狡猾的武田在没有弄清德川的葫芦里到底卖的是什么药之前，虽然不敢贸然进城，但也不轻易退师，他让部队就地驻扎在城外，以便观察城中虚实，再决定进退。他想，你德川如果真的摆的是空城计，那么总会有露出狐狸尾巴来的时候。让德川感到幸运的是，他的"狐狸尾巴"还没有露出来时，救援的部下已迅速赶来。

当时德川家康兵败逃进滨松城时，城中兵力空虚，守城毫无指望，他只能去摆摆他和武田都非常熟知的早在中国春秋时代就已出现过的"空城计"，也许正因为双方都很熟悉此计，极易被对方识破，所以当德川真的去实施它时，又极易骗过武田，至少会让他疑虑重重。事情有时就是这样，敌我双方都认为是最危险的地方，往往可能就是最安全的地方。德川深知，武田兵书读得多，反会多谋寡断。在武田举棋不定，错过他最佳的进城时间时，或许就是他德川柳暗花明、起死回生的那一刻。

实施空城计的一方必定是在对方并不明了自己的战斗实力的情形下才有可能去碰碰运气的，否则，对方对你已失去抵抗能力的情况了如指掌，你还要去摆什么"空城计"，那就真的是送肉填虎口，唯恐死之不速也。

空城计虽不是胜敌之术，但在兵刃交接的冷兵器时代，它的确挽回了不少失败在即的局面。随着现代侦察技术的日益完善和远射火器的迅猛发展，"空城计"的实施机会已越来越少了。然而它作为一种施计谋略，作为一种用兵思想，却是永远值得我们借鉴的。

"灵王回来了！"

　　礼制松动的春秋一代，被正统的"君子"们认为是人的"恶欲"膨胀的时期。大国欺凌小国，显贵抢班夺权……天下熙攘，莫不为利。为了霸权，为了君位，上演了"弑君三十六，亡国五十二"的一幕幕触目惊心的历史惨剧，只要能达到目的，种种手段可谓无所不用其极。失去了约束力的混沌乱世，着实为人类智谋的生长提供了丰沃的土壤。

　　君位，是人之极权的体现，它处在万人瞩目的中心，动它心思的人不少，自然有关它的故事也不少。为了它，人们付出的代价太沉重了，一场君位争夺战，往往是一场波及全国的大灾难。西周的统治者鉴于前代的经验和教训，确立了"嫡长子继承制"，这在一定程度上扼制了君位争夺的纠纷。然而，具体的历史情况非常复杂，在不少时候，嫡长子继承制并未得以贯彻，即或是名分已定，甚至君位有主，跃跃欲试者仍不乏其人。倘若身遭乱世，主子又昏庸无能，那情况就更糟，前后左右的显赫权贵，则都有可能是拉他下马的敌手。

　　楚国，地处南蛮，离周朝的统治中心远一些，传统的约束力少一些，嫡长子继承制的推行在楚国便显得步履维艰，连楚国人自己都不得不承认："楚国之举（举，指立太子），恒在少者（少子）。"当楚成王要立商臣为太子时，令尹子上就是以此为由进行阻拦的。后来晋大夫叔向在昭公十三年（前529）总结楚国的历史时也指出过："芈姓有乱，必季（少子）实立。"故而，楚国的君位争夺一直十分激烈，较之中原诸国可谓有过之而无不及。仅从楚成王至楚平王的九位相继的君王中，就有五位是发难自立的，其中"平王以诈弑两王而自立"(《史记·楚世家》)，可以视作这类故事的代表。

平王之父共王无嫡嗣，庶子中有五位倍受宠幸，一时不知立谁为太子才是，在彷徨迷惘中只得求助神灵来决断。于是与其宠妾巴姬埋璧于祖庙之中，让五子斋戒，按长幼先后而入，结果长子招（康王）跨过璧；次子围（灵王）用肘撑在璧上；子比（初王）、子皙远离璧；弃疾（平王）年幼，两次跪拜皆压璧纽。从后来的历史事实来看，这次在祖庙中所呈的"神意"果然得以灵验，凡与璧有所接触的都得到过君位，由于他们接触的方式不同，命运又迥异有别：招跨璧，故得共王策立，但因是跨过，其位至其子便失；子围肘之，故得夺兄子之位，但因是以肘压璧，难以控制，便落了个及身而弑之祸；子比、子皙远之，故与君位难有缘，只是子比所幸离璧近些，便过了十日君王的瘾；弃疾两拜，皆能以身压之，故能善终，且传位子孙。

这个所谓共王埋璧择嗣的传奇故事，显然是后人根据历史而附会的。故事虽不可信，但对楚人择嗣不严谨的态度的反映，却有着它真实可信的一面。正是这种不严谨，开启了觊觎者的方便之门。楚共王后至楚平王之间的君位的更替，实际上体现了共王五位宠子之间的争夺。平王技高一筹，为这场兄弟之间的火并画上了一个句号。

平王的所谓技高一筹，说白点就是诈高一筹。其实楚灵王得位后，王位还是较稳固的，只是他有着一系列的昏庸残暴之举，才使得他的王位渐渐飘摇起来——弃信灭蔡，逼许迁国，夺蒍居田产，占韦龟、成然食邑，以及在申之会上侮辱越大夫常寿过。由于树敌太多，楚灵王处于内忧外患的困扰之中，尤其是他诈召蔡侯，醉而执之，把蔡国变为楚国一属县的做法，使他在诸侯中名声扫地。叔向为此曾预言其结局：不信以幸不可再，必受其咎勿能久！

楚灵王的无道，却乐坏了他的几个野心勃勃的弟弟：子比、子皙和后来做了楚平王的弃疾。尤其是公子弃疾，早就怀有夺位之心，并一直为此在暗暗地做着准备。鲁昭公六年（前536），他作为使者带兵去晋国进行访问时，严令部队不得对所经之国的百姓进行任何骚扰，一定要做到秋毫不犯，否则"有犯命者，君子废，小人降"（《左传·昭公六年》）。他在郑国拜见郑伯时如同拜见楚王，拜见子皮如同拜见楚国的上卿，一反过去楚国以大凌小的骄横之态，与楚灵王的做法形成了鲜明的对照。故郑国的子皮、子产、子太叔三位卿士皆知公子弃疾将要做楚王了。

鲁昭公十二年（前530），楚灵王为了对付来自吴国的威胁，派荡侯等人率楚军包围了吴的属国徐，自己则率军驻扎在乾溪（楚地名，在今安徽省亳县东南）以作后援。楚灵王的出征，给他的反对派起来造反提供了一个大好机会，蒍居、蔓成然等人煽动越大夫常寿过起兵攻占了楚国的固城、息舟。与此同时，死在楚灵王手下的蔡大夫观起的儿子观从利用蔡人报仇复国的愿望，也起兵入楚。很快，一支由陈、蔡、不羹、许、叶等地组成的联军，在三位野心勃勃的楚灵王的弟弟子比、子晳和弃疾的率领下直取楚都郢。杀死太子禄和公子罢敌，驱除了楚灵王的所有亲信，子比被奉为楚王。新立的楚王以子晳为令尹，弃疾为司马，派观从至乾溪向楚灵王之师宣布新王之令：先回去的照旧任职，后回去的处以劓刑。本来楚灵王就不得人心，部队一听说有新王了，便作鸟兽散。

当楚灵王听到自己几位公子在都城惨遭屠杀的消息时，竟从车上摔了下来，环视左右，悲痛地说道："人之爱其子，还有像我这样的吗？"

"还有超过的。如果我听到了儿子被杀的消息，会摔进沟壑里！"楚灵王身边的一个侍从直言道。

楚灵王见一个小小的侍从此时也敢抗言直对，真是大势已去矣。在悲痛之余，反而清醒了不少，不禁叹息道："我杀他人之子太多了，怎么能不到这步田地呢？"

此刻还留在身边的右尹子革仍抱一线希望地劝道："请君王待于城郊，看国人如何处置？"

楚灵王摇头说："众怒不可犯啊！"

"那么也许可以到别的都邑暂避一下，再去向诸侯求援？"

"所有的都邑都反叛了，无处可去！"

"那么也许可以出亡其他诸侯国，让大国替君王想办法？"

"不再是国君了，出去只能是自取其辱矣！"

从这段对话中不难看出，楚灵王较之右尹子革又自明了许多。只可惜的是，这些自悟和自明，已有点姗姗来迟了。

最后，楚灵王孤身一人在山林野泽中彷徨，一日他碰上了过去的亲信涓人畴，可怜巴巴地说："给我弄些食物来吧，我已三天粒米未进了。"涓人畴不无惋惜地说："新王下法，有敢接济前王的，罪及三族，况且这深山老林中也无食可觅。"楚灵王想既然吃没了指望，那么就枕着你涓人畴的大腿睡个安稳觉吧，没想到一觉醒来，涓人畴的大腿变成了土块，原来涓人畴乘他睡着时逃走了。后来芉尹无宇的儿子申亥为报楚灵王过去的赦父之恩，把气息奄奄的楚灵王弄回家中，可不久，楚灵王自觉无颜再活下去，便在申亥家上吊自杀了。

由于楚灵王是单独出走，申亥将其迎回家里又不敢对外说，故楚灵王是死是活，人们无从知晓。害怕楚灵王卷土重来的心理使得郢中城民惶惶不可终日，京城每每夜惊，不断有人骇叫："灵王回来了！"新王位此时极不稳固，初王比、令尹子晳每日在恐惧中挨过。倒是观从较为明智，他以为真正的危险不是来自失势的楚灵王，而是居心叵测的司马弃疾，故他对初王比说："不杀弃疾，虽得国犹受祸。"

初王犹豫道："我不忍心。"

观从说："人将忍王！"

最后，初王比还是没有采纳观从的意见，观从知道祸患就要临头了，于是赶紧抽身离去。常言道：猛虎之犹豫，不如蜂虿（音 chài，蝎类毒虫）之致螫；骐骥之踟蹰（踯躅不前），不如驽马之安步；孟贲之狐疑，不如庸夫之必至。实际上，历史上的许多失败者并非没有机会，只是当机会来临时，他们不能把握而已。一犹豫，机会便从手中溜走了。也可以这么说，失败并非执意要去叩启这些失败者的门扉，注定要与他们结下不解之缘，只是他们的错误和失着，使他们自己最终选择了失败而已。

公子弃疾见人心动摇，时局混乱，正是实现他多年来君王梦的绝好时机，既然国人害怕灵王回来，那么何不让灵王"真的"回来一次呢？于是弃疾一方面在夜里派人四处喊叫"灵王回来了！灵王已进城了！"，搅得满城人彻夜不安；另一方面派亲信蔓成然跑着去向初王子比和令尹子晳煞有介事地报告："灵王真的回来了！都城里的人杀死了你们的司马弃疾，现在就要来杀你们了，你们如果早点拿主意，可以免受侮辱。众怒如水火，实在无法啊!"话还未落音,只见又有人气喘吁吁地赶来报告:"叛众已经到了!"初王比和令尹子皙本来已经很脆弱,哪里经得起这一吓唬,便争先恐后地自杀了。

就这样,公子弃疾略施小计,便轻易地取得了王位。不过,王位虽已得,但国人恐惧灵王回来的心理依然存在,威胁着初王比的"灵王"此时也正威胁着他。谁敢料定,没有人步他之后尘,利用这个"灵王"来打他王位的主意呢? 所幸的是,解决这类问题对于善用诡诈之谋的他来说,并不是件太难的事情,他既然能让"灵王"轻易地回来,自然也能让"灵王"轻易地消失,并且是永久性地消失。

于是他派人偷偷地找来一个囚犯,将其杀死并换上灵王的衣服后扔进汉水,再派人至下游打捞上来,公开安葬。有意思的是,公子弃疾是在昭公十三年五月十七日制造了"灵王回来了"的"事实",逼初王比和令尹子皙自杀。第二天即五月十八日他夺位成功,是为楚平王。紧接着他又制造了"灵王死了"的"事实",而真正的灵王是在五月二十五日才在申亥家自杀,或许他在国人面前安葬"灵王"时,灵王正在申亥家好端端地待着呢!

成功的诈术就是如此,能使虚实、有无、生死不受现实的制约。为了需要,可让有化为无;同样为了需要,亦可让无生出有。诈,是一根魔棒,通过它你尽可以得到你想要的东西,即便是你在黑夜想要见到一轮红日,它也能为你制造一个。

第十五章

CHAPTER15

囿，生在谋略机体上的毒瘤

春秋时代的战争舞台上曾出现过这样一则生动警人的实例：一个胜利者在追赶一个逃兵，逃兵在慌乱之中掉进了一个深坑，胜利者想把这个逃兵"救"出来，然后作为战利品带回去，于是他将战矛的长柄伸向逃兵，逃兵在胜利者的援助下爬出了深坑。然而就在逃兵爬上深坑的一瞬间，形势发生了逆转，因为逃兵握着的是矛柄，那犀利的矛头正指向胜利者。接下来发生的事情便顺理成章：胜利者变成了俘虏，逃兵变成了凯旋的胜利者。这个颇具戏剧色彩的例子说明了在激烈的政治斗争和军事角逐中，任何失算都有可能招致挫折甚至是毁灭性的打击，而这些失算正好成为可供敌方利用的成功阶梯。

因此，古人们一向力主"去囿"。在长期的实践中古人们逐渐认识到，最可怕的敌人往往不是凶狠强硬的对手，而是偏执顽固的自我。人一旦有囿不能去，便会成为对手立谋施计、大做文章的凭借。所以人要战胜自己的对手，首先就得战胜自己，所谓胜己者方能胜人也。

君主的"申池"和"桃园"

　　齐懿公是个荒淫的君主，既残忍又贪色。他做公子时与邴歜的父亲争夺田地未能获胜，便一直耿耿于怀。他继位后，邴歜的父亲已死，为了泄愤，竟掘坟砍去死者的双脚。他见阎职的妻子漂亮，强行将其夺了过来。在做了这些之后，齐懿公觉得还不满足，于是他把两个仇家召集到自己的身边做仆从，让邴歜为他驾车，让阎职为他陪乘，齐懿公似乎要天天看到两个仇家的痛苦表情，才能满足他的那种残暴施虐的心理快感。这种丧心病狂的行为无疑也将齐懿公自己送上了生死未卜的危险之旅，因为他每每出巡等于是坐在两座不定什么时候就要爆发的火山口上。

　　鲁文公十八年（前609）夏季五月，齐懿公一行来到申池游玩，邴歜、阎职二人在池中洗澡时发生了纠纷，邴歜用马鞭抽打阎职，阎职勃然大怒，邴歜嘲笑道："别人占了你的妻子都不生气，打你一鞭子又何妨？"阎职反唇相讥说："我想不比那个父亲的脚被砍掉而不敢怨恨的人更窝囊吧。"

　　各自的痛处经彼此这么一捅，那久久郁积于心底的屈辱与愤怒再也按捺不住了，两座沉默的火山终于喷吐而出，于是他们联手杀死了共同的仇敌齐懿公，将其抛尸竹林，然后远走高飞。

　　君与臣民的关系，古人们曾用了一个很形象的比喻来说明：水能载舟，亦能覆舟。君爱臣民，实际上也是在爱他自己；君辱臣民，终究会被臣民所辱。晋灵公在台上观人避弹丸以取乐，臣民们亦在桃园看赵穿刺杀他而称快。一个君主如果忘掉了他只是臣民们可载可覆的舟船，而肆意妄为、横冲直撞，那么他无疑已步入了齐懿公的"申池"、晋灵公的"桃园"。

恃有俊才

一个君主靠什么来守国？不同的君主有不同的回答，不同的回答自然也就引出了不同的结果。

鲁昭公四年（前538）春，楚灵王想要晋国支持他会盟诸侯，而此时的晋国已经衰弱，最好是答应楚国的要求以暂避锋芒。但晋平公过高地估计了自己，认为晋国有"三不殆"，准备拒绝楚灵王之请，他说："晋国地势险要又多产马匹，齐国多祸，楚国多难，凭此三条，晋国何向而不济？"

晋国大夫司马侯却分析道："依仗地势险要和多马，乐于邻国的祸难，这不是'三不殆'，正是'三殆'啊。四岳、三涂、阳城、太室、荆山、中南，都是九州的险要，这些并不属于一国所有。冀州的北部是盛产马的地方，这里也不见强大的国家出现。所以险与马不是国家巩固的条件，自古也是如此。再说邻国的祸难，我们是不可以高兴的。有的多难而巩固了国家，开辟了疆土；有的无难而丧失了国家，失掉了国土。齐国有仲孙的祸难因而得到了齐桓公，至今齐国还依赖着他的余荫。晋国有里克、丕郑的祸难因而得到了晋文公，从此当上了盟主。卫国、邢国没有祸难，却曾被狄人灭掉。所以别人的祸难，是不可以高兴的。仅恃此三条而不修德政，亡于不暇，又怎么能成功？"

幸而有司马侯的劝阻，晋国才得以安宁。如果国家弱小，君主所恃不是根本，又自以为是而不听劝阻，那么其结果就大为不妙了，请看——

弦国恃与齐有姻缘，僖公五年（前655）为楚灭。

虞国恃与晋同姓，僖公五年，为晋灭。

潞国恃有三俊才，宣公十五年（前594），为晋灭。

鄣国恃有赂在鲁而慢莒，襄公六年（前567），为莒灭。

莱国恃己有"谋"，襄公六年，为齐灭。

目光短浅，有一二便利，就有恃无恐，这是春秋时代不少小国被灭的一个重要原因。不过潞国恃才而亡颇让人费解，因为尊贤使能、俊杰在位是当时国治邦安的一大标志。当时潞国的宰相鄼舒就是以为自己拥有俊才，不把堂堂的晋国放在眼里，杀了晋景公的姐姐——潞国国君的夫人，又伤了潞国国君的眼睛。为此，晋国内部也为是否伐潞发生了激烈的争论，众大夫皆以为："不可。鄼舒有三俊才，不如待后之人。"（《左传·宣公十五年》）

大夫伯宗力主讨伐，他分析道："潞有五罪，俊才虽多，有何补益？不祭祀，一罪也；嗜酒，二罪也；弃贤人仲章而夺黎侯之地，三罪也；杀我伯姬，四罪也；伤其国君，五罪也。恃其俊才，而不以茂德，这就更加重了其罪过。如果其后继者事德奉神，而巩固他们的国家，那时我们将怎样对付他们？不趁此时讨伐有罪，而曰待后之人，后人无罪而去讨伐，不是授人以柄吗？这样恐怕不行吧！恃才无恐，这是亡国之道，商纣就是如此，结果被武王灭掉。天违时令就是灾害，地反物性就是妖异，人逆道德就是祸乱，乱则妖灾并生。上述这些反常之事，在潞国都有所反映。"

晋侯见伯宗言之成理，于是派荀林父统兵出征，于当年六月十八日在曲梁（今河北省永年县境）打败潞国军队，二十六日灭了潞国。鄼舒仗着他的俊才不仅未能保住国家，甚至连他自己的性命也未能保住。

看来，安邦治国是一项全面而艰巨的工作，仅凭做好一两件事情是远远不够的。即便是延揽了一些人才，也不能自以为高枕无忧了。况且君主的自身素质，往往决定了所得人才的能力发挥。同是百里奚，在虞、在秦都立于朝廷，然而在虞虞亡，在秦秦兴。这说明君主本身可能帝，可能王，贤臣才能使其帝，使其王。

因梦害己

法国学者列维·布留尔在分析原始人的梦时指出："他们首先把梦看成是一种实在的知觉，这知觉是如此确实可靠，竟与清醒时的知觉一样。但是，除此以外，在他们看来，梦又主要是未来的预见，是与精灵、灵魂、神的交往，是确定个人与其守护神的联系甚至是发现它的手段。"

布留尔所指的虽然是原始人关于梦的观念，但是我们应该看到它在很大的程度上，在相当长的时间里遗留在我们祖先们的思维里。

司马迁在他的《史记》中就记述了这样几个例子：

"（商王）武丁夜梦得圣人，名曰说。以梦所见视群臣百吏，皆非也。于是乃使百工营求之野，得说于傅险中。"（《殷本纪》）

"他日，王（赵武灵王）梦见处女鼓琴而歌诗曰：'美人荧荧兮，颜若苕之荣。命乎命乎，曾无我嬴！'异日，王饮酒乐，数言所梦，想见其状。吴广闻之，因夫人而内其女娃嬴，孟姚也。孟姚甚有宠于王，是为惠后。"（《赵世家》）

"孝文帝梦欲上天，不能。有一黄头郎从后推之上天，顾见其衣裻带后穿。觉而之渐台，以梦中阴目求推者郎，即见邓通，其衣后穿，梦中所见也。召问其名姓，姓邓氏，名通，文帝说焉，尊幸之日异。"（《佞幸列传》）

这些梦显然是现实的超前排演，现实只是这一梦中演出的再现而已。那个在冥冥之中主宰人类的神灵，早将人世间的一切安排好了，只是不时地通过梦，向人们推开了那扇瞭望未来的窗口。

不过，随着社会的进步，理性主义的日渐觉醒，人们在梦和现实的两端中，开始越来越倾向现实，如果所梦有可能干扰现实的行动，他们宁愿歪曲梦的意义来为现实服务。晋文公在城濮之战前夕害怕与楚交锋，这种害怕心理便显现在他的梦境中，他梦见楚成王伏在自己的身上，咀嚼自己的脑袋，这个意义显明的梦却在主战者子犯那里得到另一种完全相反的解释，他认为这正是一个吉利的梦，文公仰面朝上，表示得天；楚王俯身朝下，表示服罪。这种"全新"的解释无疑在很大程度上打消了文公的顾忌。从子犯的释梦中我们已看到了一抹人类理性的光芒，它已不同于那些神秘主义的圆梦了。

如果一味地唯梦是尊，让现实被梦牵着鼻子走，完全放弃自己的理性，则有可能使自己盲人骑瞎马，随时可能陷入危险的境地，叔孙豹因梦害己即是一个典型的例子。

叔孙豹为避其兄宣伯侨如之祸，私离其族出亡，在庚宗（鲁地名，今山东省泗水县东）与一女子私通。女子问其打算，叔孙豹将自己的困境如实道出，女子只得含泪送别叔孙豹。叔孙豹到齐国后，娶了妻子国氏，生下孟丙、仲壬。

一天，叔孙豹梦见天塌下来压着自己，在自己支持不住时，忽见一人出现在面前，此人皮肤黝黑，上身佝偻，双目深凹，口阔似猪，叔孙豹赶紧喊道："牛，快来帮我！"于是，叔孙豹才得以顶住了天。梦醒后，叔孙豹召集部徒来辨认，却没有发现如梦中的人，于是叔孙豹嘱咐部徒说："记住这个人！"

后来其兄宣伯侨如也逃到了齐国，他对叔孙豹说："鲁国因我们祖先的缘故，一定会保存我们的宗族，到时一定会召你回去，你将怎么办？"叔孙豹不假思索地回答道："回鲁国去，这正是我盼望已久的事情！"

果然不久鲁国召叔孙豹回去，叔孙豹没有与宣伯道别就回到了鲁国，很快被命为卿。那个在庚宗与他私通的女子赶来献上了野鸡，按古礼，此女子献鸡表示自己已有了儿子。于是叔孙豹问起儿子的情况，女子回答说："我们的儿子长大了，他是捧着野鸡跟随我来的。"叔孙豹赶紧召见，发现这个儿子正是自己在齐国所梦的那个助己胜天的人！无须问其姓名，他就直呼道："牛！"孩子见有人喊自己的名字，便应声答应。叔孙豹高兴地召来部下，让他们来看这个曾在自己梦中出现的孩子，当即决定让孩子做了他的小臣。从此牛受到了叔孙豹的宠信，长大后让他主管家政。

叔孙豹在齐国时与齐大夫公孙明是好朋友，叔孙豹回国后，没有迎回齐妻国姜，公孙明就娶了她。叔孙豹很气愤，把这种怨愤转移到他的两个在齐国的儿子身上，一直到他们长大后才派人将其接回鲁国。

一次，叔孙豹在丘莸打猎时染上了疾病，牛觉得这是乱其家室、据为己有的好时机。于是强迫孟丙和他结盟，欲让孟从己，孟不肯。牛便怀恨在心，伺机报复。

叔孙豹想传位给孟丙，为孟丙铸了一口钟，对他说：“你还没有与人交际，在为大夫们举行享礼的时候就举行钟的落成典礼。”孟丙在为享礼做了充分准备后，让牛向叔孙豹请示享礼的日子，牛假意满口答应，见了叔孙豹却并不提及此事，出来后骗孟丙说，日子已定在某月某日。孟丙按时举行了享礼，当叔孙豹听到落成典礼的钟声时感到诧异，牛解释说：“孟丙那里来了许多国姜的客人，他正在举行享礼和钟的落成典礼。”叔孙豹对孟丙不通知自己就擅自举行享礼、邀请国姜客人的行为大为不满，他想前去，被牛阻止了。待宾客走后，叔孙豹派人拘捕了孟丙，并把他杀了。接着牛又要和仲壬结盟，仲壬自然不肯。仲壬在宫中游玩时，昭公赐给他玉环，仲壬把玉环交给牛，要他向叔孙豹报告。牛又玩弄起陷害孟丙那样的老把戏，他入见叔孙豹时将此事隐瞒下来，出来后却诈称叔孙豹命仲壬戴上玉环。回过头去又假意劝叔孙豹要仲壬去见昭公，叔孙豹不解道：“为什么？”牛说：“您不让他见，他却自己去见过了，国君给他的玉环正佩戴在他身上呢！”叔孙豹证实后，将仲壬驱逐出了鲁境。

不久，叔孙豹病危，于是他想起了逃亡在齐国的仲壬，令牛召回仲壬，牛自然是假许不召。渐渐地叔孙豹看出了牛的嘴脸，他在家宰杜泄进见时，果断地将戈交给杜泄，要他把牛杀掉。杜泄对叔孙豹不分忠良的做法早已不满，便托词拒绝道：“好不容易把他找来了，为什么又要除掉他？”

牛为了完全断绝叔孙豹与外界的联系，向众人宣告说：“他老人家病很重，不想见任何人！”送食物的人也不得直接踏进叔孙豹的房间，只能放置在厢房里然后退出，由牛亲自去进献。牛于是一次次地将食物倒掉，很快叔孙豹便在这种"饥饿疗法"下死去。

尽管叔孙豹后来已从长长的噩梦中醒来，可是为时已晚，现实中的牛并不是像他梦中的牛那样，不仅没有助己胜天，反而过早地要了自己的性命。不经过考察，仅凭一个梦就委人以大任，并且深信不疑，结果害了两个儿子不说，还搭进了自己的老命。

叔孙豹在赴黄泉的路上，一定带着许多沉痛和许多悔恨。

宣伯谋去季孟

　　鲁国自僖公之后，政柄逐渐落入"三桓"，即季氏、叔孙氏、孟氏三家手中，所谓"叔出（出使）季处（守国），有自来矣"（《左传·昭公元年》）。鲁国公室与三家的矛盾日趋激烈，然而公室卑微，三家坐大已成必然之势，公室被三家取代只是迟早的事情了。

　　鲁成公十六年（前575），晋楚两军在鄢陵（郑地名，今河南省鄢陵县）相遇，两盟主的同盟国也纷纷出师助战，鲁国时为晋的同盟国，自然也有为晋兴师出征的义务。这时掌管叔孙氏大权的宣伯（叔孙豹之兄），认为这是去掉季、孟二家而独占公室的良机。

　　宣伯知道，如果没有外力的帮助，仅凭叔孙氏一家的力量是根本不可能扳倒季、孟二家的。宣伯在选择外力上可谓"慧眼有识"，他选中的两个对象，一是与自己私通的鲁成公之母穆姜；一是已被自己收买的晋国的实力派人物，新军主帅、公族大夫郤犨。这样一方面从内部利用君主之母的优势压迫鲁成公，依靠"正统"的力量出击；一方面从外部利用郤犨压服鲁国，依靠强大的武力胁迫。这种内外夹击的局面一旦形成，季、孟两家可谓在劫难逃了。

　　鄢陵之战开始的那一天，鲁成公率军从坏隤（今山东省曲阜市境内）出发，穆姜在送成公时，要他撵走季、孟两氏的当家人季文子和孟献子。成公以战难临头为托词，请求待回来后再行穆姜之命。穆姜对成公的这种态度大为恼火，此时公子偃、公子鉏正从身边走过，穆姜指着他们大声吼道："你若不同意，他们都可以来做国君！"成公听到这话，觉得不能不防备，于是在坏隤停留下来，安置好人留守，加强了公室的防范后才再出行。这样一来，自然延误了赴诸侯会战的日期。

宣伯趁机派人对郤犨说："鲁侯故意在坏隤拖延，是等待晋、楚分出胜负后，再决定去从。"

郤犨因受了宣伯的贿赂，就在晋侯的面前说了成公的不是。这年的秋天，战胜楚国后的晋国在沙随（宋地名，今河南省宁陵县北）会合诸侯时，晋侯拒不与成公见面。第一个回合，宣伯利用穆姜虽然没有说服成公，但通过郤犨却在晋国那里有所收获。

鲁成公尽管吃了晋侯的闭门羹，但晋侯主持的合诸侯之师攻伐郑国的行动不能不硬着头皮参加。出师前，宣伯又唆使穆姜像先前那样命令成公去掉季、孟二子。成公也如先前那样加强了留守后才出师。宣伯见利用成公这张招牌的路行不通了，于是集中火力去打开晋国的路子。

他派亲信向郤犨挑"明"："鲁国之有季氏、孟氏，犹晋国之有栾氏、范氏，国之政令就在他们那里制成。现在季、孟两家相谋道：'晋政多门，我们不能跟从，与其从晋，毋宁从齐、楚，这样即便是亡国也在所不惜！'晋国如果想要在鲁国得志，一定要扣留并杀死季文子，然后我们在国内杀死孟献子，如此鲁国事晋才不会有二心了。鲁国没有二心，其他小国自然也就不敢有二心。否则的话，季文子一回到国内，就会立即背叛晋国。"

从这段危言耸听的言论来看，宣伯已有点急不可待、孤注一掷的意味了。不过，宣伯将去不去掉季、孟二子，与鲁国的去从、晋国的霸业紧密地联系起来，这对于刚刚得志于鄢陵、欲乘势扩大威望和影响的晋国来说，确实具有一定的说服力。

果然，晋人在苕丘拘捕了季文子。为此，鲁成公很着急，派子叔声伯向晋国请求释放季文子，而成公自己连国都都没有回，停留在郓地等待着消息。

郤犨拉拢子叔声伯说："如果除掉了季文子和孟献子，我将使您得到鲁国的政柄，对您比对鲁国的公室还亲！"

子叔声伯却说："侨如（即宣伯）的德行，想必您也听说过了。如果除掉季文子和孟献子，这是彻底地抛弃鲁国了。如果您不想抛弃鲁国，还想让寡君侍奉晋君的话，那么这两个鲁国的社稷之臣是一定不能杀害的。倘若早晨杀了他们，鲁国晚上必亡。鲁国靠近齐、楚，鲁亡之后自然也就成了晋国的仇敌，到时补救都来不及呀！"

郤犨仍不甘心，说："我为您请求封邑。"

子叔声伯终不为所动："我，只是鲁国的小臣，岂敢依仗大国来求取高官厚禄？我奉寡君之命前来请求放人，如果得到了所请求的，就是您大大的恩赐，我还有什么别的奢求呢？"

对话像这样继续下去，立刻会陷入僵局，结果显而易见，鲁国得不到它请求的结果。看来，宣伯的计划就要宣告成功了。在这节骨眼上，晋国的另一个公族大夫范文子出面了，他或许并不清楚宣伯和郤犨背后的交易，而只是从事情的常理出发，认为郤犨汲汲于鲁国的内政，执意要扣留在他看来并不坏的季文子的行为不可理解。于是他对栾武子说："季孙在鲁国，已经辅佐过两个国君。其妾不衣帛，马不食粟，可谓忠矣。信谗慝而弃忠良，将来如何号召诸侯？子叔声伯奉君命无私，谋国家不贰，如果拒绝他的请求，这是抛弃贤人的做法，您说呢？"

在范氏和栾氏的干预下，郤犨不好过于坚持，晋国和鲁国握手媾和，季文子终于虎口脱险。不久，鲁国把宣伯驱逐出境，宣伯只好奔齐国去了。

宣伯谋败的原因是多方面的。一是手段不正当，凭借私情和贿赂这些见不得人的东西行事，也许只有在奸邪当道的情况下才能发挥它应具的威力；二是宣伯要除掉的对手劫数未到，季、孟二家此时在鲁国的势力正如日中天，并且他们的德行也没有多少可挑剔的地方，强行要去掉他们，很难得到他人的支持，成公不依、范文子说情即是明证；三是宣伯的计划主要依赖于外力来实现，这样整个计划的命运和主动权就不能操纵在自己手里，对于意外出现的情况就很难把握和左右，只能听之任之，无可奈何了。

由此可见，任何计谋的成功必然是在各方面条件成熟的情况下，人顺其自然、因势利导的结果。在某些必备条件缺乏的形势下，一味地强硬推行不合时宜的计划，这无异于揠苗助长，失败就成了这种人唯一可去的归宿。

第
十
六
章

————————
CHAPTER16

集春秋韬略文明大成的巨子之谋

外在权威礼乐的崩坏，内在自我意识的觉醒，动荡的社会，宽松的氛围，春秋一代不仅为纵横捭阖的人的谋略实践提供了广阔的舞台，也是各种学说和理论酝酿形成的黄金时代。

曾有学者指出："从公元前800年到公元前200年——人类的精神基础同时地或独立地在中国、印度、波斯、巴勒斯坦和希腊开始奠定。而且直到今天人类仍然附着在这种基础上。……让我们把这个时期称之为'轴心的时代'。"这个"轴心的时代"，相当于中国历史上的春秋战国时代。的确，仅就中国历史而言，把春秋战国视为"轴心的时代"，一点也不过誉。正如恩格斯盛赞西方的文艺复兴"是一个需要巨人而且产生了巨人……的时代"一样，春秋战国也是这样一个"需要巨人而且产生了巨人"的时代。

这些巨人不仅是政治家、思想家，同时他们也是谋略家。

"毋必毋固"的孔子

　　孔子的谋略思想主要体现在他的通达权变的思想中，这用他自己的话来说，就是"毋必毋固"，即不绝对肯定什么，也不拘泥固执什么。

　　过去我们一提起孔子，都认为他是一个满口只讲仁义道德的正人君子，似乎与"权术""诡道""圆通"有很大一段距离。其实这是对孔子的一种偏见，甚至可以说，这是对孔子思想中最精华部分的一种忽视。

　　正是孔子的这种"毋必毋固"的通达权变，才使得他能超越前人而提出自己一套新的理论体系——"仁学思想"，才使得他能在危机四伏的动乱社会里安身立命，才使得他的理论学说具有那么大的应变力和生命力，能在二千多年的各种环境下于各类人群中（包括统治者和被统治者、华夏和"蛮夷"）久传不竭。

一、君子不器

　　"君子不器"，是孔子在《论语·为政篇》中为当时君子立的一条处世原则。

　　何谓"君子不器"？就是说君子不应该像器皿那样只有某种限定的功能，因为器皿一旦被制成，从形式到内容就定格下来了，不变、僵死，便成了它永久的特性，故君子不为。

　　我们知道孔子讲礼讲义，讲仁讲德，讲这类千年不可更改的大道至理，却很少知道（或并不充分重视）孔子亦讲变讲通，讲权讲术，讲那些应物变化的"不器"之法。后学诸儒过分地强调了前者，往往使"孔学"流于呆板、僵化。这个道统有余、变通不足的"孔子"正是我们后人以自己之"器"去揣摩、去理解的"孔子"。

其实孔子的权变思想在他的言行中表现得非常丰富，正是它使得孔子能在各种限制和藩篱中"从心所欲"、出入自如，正是它给孔学带来了生动的多样性、实在的可行性和鲜活的生命力。

对《论语》稍加留意，我们便会发现孔子的言与言之间、言与行之间、行与行之间存在着一些并不一致的地方。我们知道孔子一贯主张天下有道则现，无道即隐，并且认为"邦无道，富且贵焉，耻也"（《论语·泰伯篇》）。但是两次"叛臣贼子"召孔子去做官，孔子却欣然前往。

一次是费邑的反叛者公山弗扰召孔子，孔子未加思索就答应下来了。子路很不高兴，劝阻说，没有地方去就算了，为什么一定要去公山氏那里呢？孔子解释道，那个叫我去的人，难道是白白地召我吗？"如有用我者，吾其为东周乎？"（《论语·阳货篇》）

另一次是晋国赵简子的家臣佛肸据中牟反叛，亦召孔子去。子路力劝道，以前我听您说过，君子是不去亲自干坏事的人那里的，而如今佛肸谋反，您却要去他那里，为什么要这样呢？孔子说，我的确说过这样的话，但是你知道吗："不曰坚乎，磨而不磷（薄）；不曰白乎，涅（染黑）而不缁（黑色）。吾岂匏瓜也哉？焉能系而不食？"（《论语·阳货篇》）

当自己所设的堤防妨碍自己的行动时，孔子用一句"磨而不磷，涅而不缁"就巧妙地跨越了过去。出淤泥而不染，只要守住了心中那块"圣地"，守住了"为东周"的理想，与几个叛乱分子厮混几天，又有何妨？况且举世混浊，要想学蛟龙和凤凰那样，非清水不游，非梧桐不止，那只能像匏瓜那样系而不食，学伯夷叔齐不食周粟，饿死于首阳山了。

《吕氏春秋·举难》所载一例，可以说是对孔子这种圆通灵活的处世哲学的很好注解。孔子为了接近当时鲁国的当权者季氏，以便向季氏晓谕自己所倡的大道，竟不惜折节辱身寄养于季氏门下，此举受到鲁国上上下下的非议，而孔子不以为然——

孔子曰："龙食乎清而游乎清，螭食乎清而游乎浊，鱼食乎浊而游乎浊。今丘上不及龙，下不若鱼，丘其螭邪！"故《吕氏春秋·举难》议论道：夫欲立功者，岂得中绳哉？救溺者濡，追逃者趋。

　　确实，要成就大功业，不能循规蹈矩，其理古今一也。纵观历史上那些大有作为的政治家们，几乎无一不是或多或少、或深或浅地破坏了祖宗立下的规矩，如尧有不慈之名，舜有卑父之号，禹有贪位之意，汤武有放弑之谋，五伯有侵夺之事……不一而足。

　　正是因为孔子本身具有这种不为小节所囿，着眼大功大业的精神，所以他对管仲的评价也是从大处着眼：

　　子路曰："桓公杀公子纠，召忽死之，管仲不死。"曰："未仁乎？"子曰："桓公九合诸侯，不以兵车，管仲之力也。如其仁！如其仁！"

　　子贡曰："管仲非仁者与？桓公杀公子纠，不能死，又相之。"子曰："管仲相桓公，霸诸侯，一匡天下，民到于今受其赐。微管仲，吾其被发左衽矣。岂若匹夫匹妇之为谅也，自经于沟渎而莫之知也？"（《论语·宪问篇》）

　　不为小节小信困扰，不学妇人自经于沟渎而无人知，担起历史的使命，救民于水火，解百姓于倒悬，这才是孔子所要的仁人本色，这才是孔子所追求的君子大信："君子贞（大信）而不谅（小信）。"（《论语·卫灵公篇》）

　　这样，我们再回过头来看看孔子的那句谈论人生所要企及的最高境界的话，即"七十而从心所欲不逾矩"（《论语·为政篇》），便又有了一种新的理解。这个"矩"已不是某种具体的条文规定，而是自始至终萦绕在仁者心际的那种强烈的历史使命感，这就是他的学生子夏所云的"大德不逾闲，小德出入可也"（《论语·子张篇》）的"大德"。只有弄懂了这个"矩"，体会到了它是"大德"，才能不至于在那些繁缛的小矩小德中左右不得，亦步亦趋，才能放开手脚"从心所欲"地干出一番惊天动地的事业。

　　孔子在《论语·里仁篇》中的一段话，对自己的通达权变思想给予了一次概括和总结："君子之于天下也，无适也，无莫也，义之与比。"这用我们今天的通俗话来讲，就是君子对于天下的事情，没有规定要怎样干，也没有规定不要怎样干，只要怎样干合理、恰当，便怎样干。在这里，一切规定消失了，在你面前呈现出的是一片宽阔的人生舞台，只有远方的"义"在向你招手，没有了"适（规则）""莫（戒律）"之羁绊，你只需向着那个"义"

勉力前行即可。

孔子还将这种思想进一步提炼成四个字：毋必毋固。这种"毋必毋固"的观点显然已含有对任何外在权威的否定，这与孔子一贯强调人的主观能动性的思想（如"为仁由己""君子求诸己"）是一脉相承的，而这正是孔子思想的精华所在。

在芝麻与西瓜之间，人人都能分出大小而选择西瓜，然而在大德与小德之间，在大节与小节之间，许多人就迷惑了。就连孔子的高足子路也未能分清，最终孔子只得送给他一句"由（子路名）也升堂矣，未入于室也"（《论语·先进篇》），作为对他一生学识的盖棺论定。后代不少腐儒恐怕连子路的项背都难以望见，离孔门那就更远了，他们津津乐道的那些"义士""烈女"，则无非是些早已为孔子所耻的自经于沟渎之间的"匹夫匹妇"而已。

二、子行三军，则谁与

孔子平生非常瞧不起匹夫之勇，它如妇人之仁一样，表面上堂而皇之，其实往往坏大事。

勇，本也是孔子所倡导的，他以为一个完备的君子应是仁、智、勇三者的结合："仁者不忧，知者不惑，勇者不惧。"（《论语·宪问篇》）

但是，勇落入匹夫之手，就有可能成为逞己能之私器。即便是像子路这样具有很好修养的孔门弟子，因过于尚勇，也常为孔子所不齿。一次孔子说道："道不行，乘桴浮于海。从我者，其由与？"（《论语·公冶长篇》）

子路听到老师说只有他才能跟随老师去"浮于海"，十分高兴。孰料孔子叹道："由也好勇过我，无所取材。"（同上）

连子路这样的人好勇过了头，都无所可取，那么一般匹夫就更不足论道了。勇只有与"义"、与"学"相结合，才能走入正途："君子有勇而无义为乱，小人有勇而无义为盗。""好勇不好学，其蔽也乱；好刚不好学，其蔽也狂。"（《论语·阳货篇》）

匹夫之勇往往是有勇无谋，只知一往无前，不顾及后果，常常是"小不忍，则乱大谋"，不知道变通，不善于保护自己。故孔子曾十分坚定地表白自己不屑于与这类人为伍：

子谓颜渊曰："用之则行，舍之则藏，惟我与尔有是夫！"（《论语·述而篇》）

子路曰："子行（统帅）三军，则谁与（与谁共事）？"

子曰："暴虎（徒手与虎格斗）冯河（不用船过河），死而无悔者，吾不与（不与其共事）也。必也临事而惧，好谋而成者也（善于谋划而能完功的人）。"（《论语·述而篇》）

摒弃"暴虎冯河"之徒，欣赏"好谋而成者"，说明孔子把谋放在了一个很重要的位置上。事实上，孔子不仅认为统兵打仗中谋略重要，就是在推行他的理想大道时，亦认为谋略亦具有非常重要的意义。孔子身遭乱世，他所主张的那一套常常并不为时人理解，因此随时都有不测之祸在前面隐伏，如果仅凭热情和勇气，不仅于事无补，反而性命难全。故孔子为自己立了一个进退出入的行为准则："邦有道，危言危行；邦无道，危行言孙（言语谦顺）。"（《论语·宪问篇》）

这一准则，实际上就是孔子在乱世之中用世行道的谋略方针。正是凭借着这一谋略方针，孔子能在多次危境之中化险为夷，让桓魋不能如之何，让陈、蔡不能如之何，让赵简子不能如之何……

孔子的智谋在与阳货的一次斗法上显出了一二。阳货本是季氏的家臣，季氏几代都把持着鲁国的朝政，而阳货此时正把持着季氏的家政。故对这样一个僭越的家臣，孔子是羞于与之相见的。但是阳货慕孔子之名，却想见他，并且想要孔子亲自去拜会他，怎么办呢？阳货想出了个点子，他趁孔子不在家时，送一个蒸熟了的小猪给孔子。他知道根据当时的礼节，孔子一定得回拜。

回拜阳货之门，对孔子来说已无法避免，但孔子没有傻乎乎地中阳货之计，而是以其人之道，还治其人之身。当孔子打听到阳货不在家时，便去拜访阳货之家，这样既尽了礼节，又可以不见讨厌的阳货。

孔子的谋略另外还体现在他的应变之才上，一次，陈司败问孔子，鲁昭公知不知礼，孔子马上回答知礼。陈司败对孔子的学生巫马期说："我听说君子无所偏袒，孔子怎么有偏袒的行为呢？鲁昭公违背'同姓不婚'的礼法，竟然从同姓国吴国娶回一位夫人，鲁君若是懂礼，谁不懂礼呢？"

巫马期很快将陈司败的这番议论转告了孔子，孔子慨叹道："丘也幸，苟有过，人必知之。"（《论语·述而篇》）

其实，孔子并不是对鲁昭公不讲礼的行为不知。据《史记·仲尼弟子列传》对这一事的解释是，"臣不可言君亲之恶，为讳者，礼也"。这就是说，当时陈司败给孔子出了一道难题：说鲁昭公不知礼这是实话，但说了实话自己就是不知礼。于是孔子干脆来个避重（避免不知礼）就轻（说错了只是一种过错）的说法。他知道鲁昭公娶同姓的吴国夫人是世人皆知的不礼行为，陈司败一定会批评他的说法，于是他可以马上承认自己的过错，这样既可以表现自己有错就改的君子风范，又表明了自己已首肯了鲁君不知礼的行为（但这不是从自己口中说出来的）。在这里，孔子玩了个"金蝉脱壳"的伎俩，即把那"臣子言君亲之恶"的非礼之举推给了别人。

人生在世，不可能不遇到难题，要由难转易，则只有通过谋略才能实现。

经与权，在孔子那里有如一枚硬币的两面，经是原则，是方向；权是为践履这些提供的多种选择。没有经，选择便会盲目；没有权，原则就会僵硬。在一条路上走到黑，其结果不言而喻。

"无为而无不为"的老子

　　把老子视为谋略家，这大概是老子最不能接受的。因为他的学说就是针对权术和诡诈而提出来的，他平生致力追求的便是去消灭它（王夫之《庄子解》云：　"内篇虽与《老子》相近，而别为一宗，以脱卸其矫激权诈之失。"）。

　　面对当时的社会，孔子与老子的感受大约相同：世风日下，人心不古！所不同的是，孔子认为这是礼乐崩坏的原因，老子认为这是"道"失落的恶果。老子说："失道而后德，失德而后仁。"看来老子将孔子及其儒家弟子们所津津乐道的"德""仁"（当然包括体现这些的礼乐制度）都置于痛斥和摈弃之列。老子还没有就此止步，他甚至提出了"绝圣弃智"，即将人类的一切文明现象统统划入了他攻击、消灭的范围。

　　那么，老子的学说到底是要引导我们去干什么呢？回答异常明确：什么也不干！自自然然，不要作为，即无为。任何蠢蠢欲动不知足的欲求和行为都是不可取的："罪莫大于可欲""祸莫大于不知足"。如何才能做到无为呢？老子提出了"为道日损，损之又损，以至于无为"。究竟怎样方可称得上"损之又损"呢？为此，老子给我们介绍了许许多多的方法，在这些方法中，我们看到了老子那深邃的哲理思想和高明的生存智慧。

　　于是，反对有为、摈弃谋略智慧的老子，却又不自觉地走进了有为，运用起谋略智慧来了。

　　在王权一统的禁锢被破坏、权力和财富重新分割的时代面前，人心中的欲望被大大地唤起，为国者、为家者、为名者、为利者……纷纷出笼、奔走忙碌。司马迁在《史记·货殖列传》中曾用寥寥数语点画出了这一时代的风貌："天下熙熙，皆为利来；天下攘攘，皆为利往。"

然而，就在这世人对功名利禄热情得难以自持时，有一双眼睛却显得出奇地冷静，一切人生的躁动在这里消失了。这种不动情感、保持着距离的冷眼旁观，很自然地使老子能看到那些在功利场上的"性情中人"尚且难以看到的许多东西，能看到在那耀眼的文明的表象下所隐藏着的深刻危机，能看到在人与自然中某些美好东西的悄悄流失（"失道而后德，失德而后仁""天地不仁，以万物为刍狗；圣人不仁，以百姓为刍狗"）。

的确，当人们为达到一个又一个的目的殚心竭力、大显身手时，却往往不知不觉地在渐次丧失那天地间最珍贵的东西——自然（包括人的自然和事物的自然）。要求"不物于物"，抗议"人为物役"虽出自庄周之口，但反对人异化的思想至少可追溯到老子那里。为了根除这种异化现象，老子提出了对后世影响至深的"无为"主张。值得注意的是，这"无为"并非消极的无所事事，其妙旨司马谈早已窥探得十分明了：

"道家无为，又曰无不为。其实易行，其辞难知。其术以虚无为本，以因循为用。无成执，无常形，故能究万物之情；不为物先，不为物后，故能为万物主。"（《史记·太史公自序》）

可见，无为是为了使自己"究万物之情""为万物主"，无为只是手段，无不为才是目的。

无为，用我们现在的话来说，就是顺应自然，不要违背事物的客观规律，故有人解释"无为"即是"无违"，它在主要方面应是积极的、进步的。

老子强调，作为统治者尤其要懂得和运用"无为"这一宝器，应该把它视为"君人南面术"的"君道"。因为统治者是至高无上的，是不可限定的，所以他们就要顺应这一"自然"，即"无为"才能"无不为"（通俗地讲，表面上不管什么，实际上却无所不管）。否则，不是"无为"，而是"有以为"，统治者不是处"无"，而是占"有"，那就被局限了，那就不可能总揽全局了。因为任何"有"，都是暂时的、可能被穷尽的，它只能是局部。

只有"无""虚""道"才能优胜于、超越于任何"有""实""器"，因为它才是全部、根源、真理、存在，而这正与君主所应处的无上位置、所应有的优越态度、所应采的统治方略相适应。正如《韩非子·解老》的阐释："凡德者，以无为集，以无欲成，以不思安，以不用固。为之欲之，则德无舍；德无舍，则不全。"

老子提出的"大成若缺""大盈若冲""大直若屈，大巧若拙，大辩若讷"的做法，实际上是这一思想的具体表现，它与《孙子兵法》中的"能而示之不能，用而示之不用"的兵家"诡道"有同工之妙。后代统治者乃至黎民百姓都从中学到了不少处世的智慧，如"韬光晦影""以退为进""以守为攻"，等等。章太炎先生曾在《訄书·儒道》中说："以为后世阴谋者法。"老子著言立说本想"以脱卸其矫激权诈之失"，却有人将其"脱卸"之术引为"阴谋者法"，这大约是老子始料不及的吧！

在老子这种辩证的、高明的处世智慧中有一个突出的特点，那就是在这个充满着矛盾对立（如刚柔、强弱、贵贱等）的世界中，老子特别重视"柔""弱""贱"的一方。这就是著名的"守柔曰强"的思想：

"弱也者，道之用也。"

"侯王无以贵高，将恐蹶。"

"兵强则灭，木强则折。"

"天下之至柔，驰骋天下之至坚。"

"必贵而以贱为本，必高而以下为基。"

老子认为只有处于"柔""弱"的一方，才能永远立于不败之地。因为"守雌""贵柔"，这样才能守住自己并且持久而有韧性，才能战胜对方而不被转化掉。老子的这种观念并不是凭空而得到的，他是"历记成败、存亡、祸福、古今之道，然后知秉要执本，清虚以自守，卑弱以自持"的。

盛衰兴亡的历史无疑是一面镜子，物极必反、否极泰来的例子实在是太多了，老子在这里强调对立项的依存渗透，中和互补，避免剧烈的动荡、否定、毁灭、转化，在一定对象和一定情况下，显然有其重要的合理性。

"以奇胜"的孙子

"自剥林木而来，何日而无战？大昊之难，七十战而后济；黄帝之难，五十二战而后济；少昊之难，四十八战而后济；昆吾之战，五十战而后济。"（罗泌《路史·前纪》卷五）

频繁、大规模的战争，使中国兵书那么早就如此成熟和发达，实属情理之中、意料之内的事情。正是由于它们有着这种长期的、繁复的、剧烈的战争的现实经验作为基础，所以直到今天仍对我们具有极高的借鉴价值。

约与孔子同时代的孙武，是春秋末期著名军事家，他所著的《孙子兵法》是我国现存最早的兵书，也是世界上最早的军事专著。历代人们把它奉为"兵学之冠"，司马迁曾说："世俗所称师旅，皆道《孙子》十三篇。"第一个注释《孙子兵法》的大军事家曹操也赞道："吾观兵书战策多矣，孙武所著深矣。"后世研究《孙子兵法》的著作可谓汗牛充栋，那么是否能用一个字概括出孙子兵法的精髓来呢？如果能用一个字的话，我们以为它应该是"奇"字。

奇，用孙武的话来说就是"出其不意"。一般来说，拥兵打仗的将领都是懂得普通的军事理论和常识的，然而一个"奇"字，就分出了他们的高下，分出了他们是寻常的军事将领，还是杰出的军事指挥家。

普通的军事理论和常识是可以通过学习得到的，但"奇"是不可以通过书本和借鉴历史而得到的，它是军事指挥者根据当时的特殊情况而进行的天才独创，正因为是独创，它才奇，才能出其不意，从而攻其不备。如果越王勾践在檇李之战使用的罪囚自刭之策，孙膑在马陵之战中使用的佯退减灶之计，它们在历史上早已被人运用过，那么何以能使吴军震撼，庞涓上当？"奇"的生命力就在于它是第一次，就在于它是无法之法。这样，《孙子兵法》很自然地引导我们去得出如此结论：真正的兵法不是书中的记录，而是军事指挥者运用书本理论在自己所遇的特殊情境中的创造。与其说是《孙子兵法》给了我们制胜的法宝，毋宁说是《孙子兵法》提示我们在实践中去寻求这一法宝。这可以说是真正读懂《孙子兵法》的关键。理解了这一点，我们就明白了两个熟读《孙子兵法》的对手，为何一个能取胜、一个却失败的真正原因。

兵家之道，贵一"奇"字。因"奇"无法可依，无典可循，故使敌手难以预料。所以孙子结语："兵者，诡道也。""诡"，道尽了"奇"的奇妙，虽然正规的军事原理和常识是对阵应敌的前提条件，但人人皆可晓的原则尚不足以克敌，最终制胜的法宝还是那不同寻常的"奇"法。所以孙子又下结语："凡战者，以正合，以奇胜。"老子更是说"以正治国，以奇用兵"（《老子·第五十七章》）。治军全用奇，显然不可能，不过老子在此的用意十分明了：他是在大大地强调"奇"在用兵中的关键作用。

孙子不仅仅是一个军事理论家，同时他也是一个自己军事理论的成功践履者。

孙子出仕一幕就颇具新奇。

吴王阖庐久闻孙武盛名，派伍员去劝其出山，孙子难却，只得与伍员来到吴王朝廷。吴王说："先生兵法十三篇，我尽观之，可以小试勒兵吗？"

显然吴王对孙子的理论能否运用于实践心存疑惑，想让孙子现场演练，以观其成效。在这种情形下，按常理孙子应该要求得到吴王手下的精兵强将来操练，以便更好地体现他的军事理论，不料孙子却道："臣之兵法，不但可施于卒伍，就是妇人女子，奉吾军令，亦可驱而用之。"

孙子在这里故意为自己设置难题，然而难题的用意十分明了：你吴王不是对我的兵法不放心吗？那么我现在就来告诉你，我的兵法就是连天下最看不起的弱女子也能为我所用。

吴王派出宫中美女一百八十人交予孙子，和文武百官来到训练场观看。

孙子将美女们分成两队，以吴王的两名宠姬各为队长，让她们全部换上戒装，然后问道："你们知道心口、左右手和背吗？"

美女们答曰："知道。"

孙子解释说："向前，就是朝着心口的方向走；向左向右，就是朝着左右手的方向走，向后，就是朝着背的方向走，明白了吗？"

"明白了！"

于是孙子又设斧钺，以明军威，三令五申后命人击鼓向右。平日里被吴王百般宠幸的美女们见孙子一副煞有介事的样子，便捧腹大笑起来。孙子正色道："约束不明，交代得不清楚，这是将之罪过。"

又三令五申后命人击鼓向左，美女们复大笑不止。孙子厉声呵斥："约束不明，交代得不清楚，这是将之罪过。约束既明，交代已清楚而不执法者，这是吏士的罪过！"

于是命人将左右队长抓起来欲斩，在看台上的吴王见状慌忙派人对孙子下令道："寡人已知将军能用兵了，寡人若无这两名宠姬将食不甘味，请将军赦之！"

孙子回答说："臣既已受命为将，将在军，君命有所不受。"于是立刻将两名队长斩首示众。

孙子另选任了两名队长，继续鸣鼓操练，此时美女们左右前后跪起皆中规矩绳墨，再也不敢出声喧哗。孙子见操练得可以了，便派人向吴王禀报："兵已整齐，请王亲临检阅，唯王所欲用之，虽赴水火犹可也。"

吴王见宠姬被斩，心中不快，回复道："将军辛苦了，回舍休息去吧，我也不想检阅了。"

孙子亦回复道："看来王徒好其言，不能用其实啊！"

吴王不得已从看台上下来检阅，只见美女们一扫往日的娇气，变得十分严肃。孙子用他的兵法把一群刚才还在叽叽喳喳的妇人顷刻训练成了一队军纪严明、能随时出征的勇士。孙子的这份颇具新意的见面礼终于赢得了吴王的敬佩和信任，他给了孙子"客卿"的身份，让他担任的职务是将军。

孙子不久率兵攻占舒城一例，显示了他"以奇胜"的用兵技巧。

舒城，为楚国与吴接壤的边邑，守城的部队除了一部分是楚军外，还有为数不少的吴国叛军。当年吴王僚被阖庐设计杀死时，吴王僚的两个儿子掩馀和烛庸率一部分吴军投奔了楚国，被楚王派往舒城驻守。而这些背井离乡为楚国守城的吴军非常思念故土，加上他们在楚国受到的不公正待遇，再叛楚归吴是很有可能的。孙子根据这些情况，于是放出话来："那些原属吴国的士兵只要肯出城，我就饶恕他们，送他们重返故里；如果能带上楚兵的首级或在我军破城时立功，我一定重赏。"此语一出，立刻在为楚守城的吴军中引起了轩然大波。

孙子带兵向舒城进发时，他一反自己"兵贵神速"的军事理论，而是有意放慢进军的速度，他的这番举动的用意十分清楚：让那些守城的吴军在听到他的赦免令后有足够的时间去制造他想要得到的效果。部队到达舒城后，孙子也不急于攻城，而是在城外集结待命。几天后孙子想要的效果终于出现了，城内的守军发生了激烈的内战，弃城出逃的吴兵不计其数。孙子见时机成熟，一声令下，部队向舒城扑去。刚及城门，城里的吴兵便开门迎接，孙子不伤一兵一卒轻取了舒城。孙子进城后，只见城内楚兵尸首满目尽是，掩馀、烛庸亦在乱军中被杀身亡。

可以这么说，孙子在取舒城之前，在心理上便已先自取了。孙子率兵去占领的，实际上是一座守敌已名存实亡的城邑。攻心战，向来为兵家所称道，它不仅能减少己方的损失，更重要的是它能彻底征服对手的身心。

孙子为吴王阖庐出谋大败楚国，圆了阖庐进入郢都的梦后，突然辞职不干了。当时论破楚之功，首推孙子，而孙子居然要从成功的峰巅退下，颇令世人不解。但孙子去意已决，阖庐无法挽留，只得将邻近越国的一个叫富春的地方送给了他，作为他世居的领地。

从后来的历史来看，孙子的急流勇退可谓明智，因为他从阖庐胜楚后的骄横残暴中看到了吴国暗淡的前景和个人命运的吉凶难测。与其终日与虎做伴，何如隐居潜心兵法？果然不久阖庐被勾践击毙，继位的夫差好大喜功。夫差为了伐越称霸，屡次派伍员邀孙子再度出山，孙子一一回绝，并劝伍员及时隐退。他曾打了一个形象的比喻想借以说服伍员，他说夏天却穿着冬天的皮裘，不是太可笑了吗？然而正热衷于功名的伍员没有听进孙子的忠告，最终吞食了苦果。

夫差想报勾践的杀父之仇，却苦于没有良策，只得向隐居的孙子讨计。

孙子可以拒绝出仕，但对登门求教的事不好拒绝，否则做得太过分，于己不利。于是孙子帮其谋划道：

"勾践年少气盛，三年前击败吴军，一定心高气傲，不以为意。不过越国有大夫文种和将军范蠡两位俊杰，他们一定会阻止勾践轻举妄动而以固守为策略。就目前的势力而言，吴还是比越强大，但如果越不出战而以固守为本，吴国就很难得逞。所以现在问题的关键是要千方百计地激怒勾践，从而使文种、范蠡的约束失效。如何达到这一目的呢？我想我们可以先派出一支人数不多的轻骑兵，从太湖乘船南下，在越国的西北部登岸，不断地骚扰越国，打打走走，灵活机动，意在惹恼勾践，引他出击。此时勾践虽有文、范两人劝阻，但对我们设置在他眼中的这颗钉子一定不会放过，当他离开会稽城出征时，我军主力便由东向南，直取会稽。不管勾践是否会回师救援，我们那支轻骑兵一定要死死咬住他，待主力部队前来合击，这样越军必定首尾难顾，会被我军打得狼狈大败。当越军败退时，注意不要截断其退路，以免他们孤注一掷，做困兽之斗。让他们落荒而逃，军无斗志，这样我们在后面穷追不舍，反而可以全歼敌军。这个计划有三要点，缺一不可。一是以轻骑兵为诱饵；二是勿断越军归途；三是穷追不舍，以绝后患。"

吴王夫差照孙子的计谋行事，吴军果获大胜，只是夫差并未将孙子的计划贯彻到底，他只追到会稽山就止步了。在勾践低下的哀求声里，留下了勾践五千人马，从而埋下了后来吴被越灭的祸根。

夫差胜利回国后，派伍员前往富春酬谢孙子，然而孙子已杳如黄鹤，把重重疑惑留给了世人：孙子是痛恨吴王夫差对越王勾践没有穷追不舍，是厌倦吴王夫差对自己穷追不舍，还是慧眼有识，早已预料到伍员的下场而自己先行规避？抑或这些都不是，一时的荣辱功名算得了什么，他只不过想找一个谁也找不到自己的地方，去完善那能传之万世的《孙子兵法》？

总之，孙子从出仕、谋事到隐世，让人感到飘忽莫测、出其不意。"以奇胜"，不仅是他的兵法理论，亦是他的处世哲学。

后记

　　翻开这本二十年前的旧作，虽不尽如人意，但有一点欣慰的是，所谈所评都是出于自己的胸臆。比如我在分析西秦南楚的霸业为何总不如齐桓晋文之盛时，觉得文化的认同与否起着至为关键的作用，只有身处华夏文化圈中心的齐桓晋文，才能真正打好天子这面旗帜，所以我说尊王是天下最大的谎言，也是天下最大的韬略。写到宋襄公时，我对当时学界流行的观点不以为然，所谓仁义的评价，实则是承袭了"于古为义，于今为笑"的传统说法，裹挟着明显的成王败寇的功利色彩。

　　记得我在写作是书时，央视一台黄金时段正在播放有关春秋历史的一个连续剧，里面许多史实被任意涂抹，宋襄公的形象被刻意丑化，最后没播几集便悄然退出了黄金时段。我一直认为写历史作品，无论何种形式，都必须尊重历史。其实在《左传》《史记》里，史家已经为我们展示了一幅精美绝伦的春秋画卷，我们不必戏说以娱世，粉妆来媚俗。你不尊重历史，历史自然也不会尊重你。感谢崇文书局不吝赐爱，于二十年后重拾这本几乎被遗忘的小册子再版付梓。我不奢求能博得读者的垂青喜爱，倘若在某个历史的街角我与你相遇时，你不心生厌恶皱起眉头，我便已心满意足。

　　光阴荏苒，那个写《春秋韬略》时的我，眨眼之间生命的年轮又走过了二十个春秋。我写这篇后记的目的，一是为了感谢崇文书局的领导和编辑，二是为了缅怀这二十来的似水流年。鲁史有《春秋》，每个人亦有一部自己的《春秋》，我们在评说两千多年前的春秋时，实际上我们也在写就自己的《春秋》。鲁史春秋早已成昨，我们每个人迟早也会成为昨天。有感于此，写下这首《给昨天》的小诗，作为这篇后记的结语——

给昨天

一只鸟来了去了

只留下一道优美的弧线

镌刻在天空的记忆

我留不住那只鸟

只能在渐冷的秋风里

洒落一地黄叶的思念

来是风去是雨

风吹开白昼的笑靥

雨温润黑夜的长梦……

2017 年 7 月 18 日凌晨于华大家园